Nürnberg

Klausur-Leitfaden Umsatzsteuer

AF810884

Zusätzliche digitale Inhalte für Sie!

Dieses Buch bietet Ihnen mehr als nur eine gedruckte Version! Nutzen Sie die folgenden Möglichkeiten, die Ihnen für dieses Produkt in der NWB Datenbank zur Verfügung stehen.

Online-Version

Sie haben das gedruckte Exemplar Ihres Buches nicht zur Hand oder möchten etwas schnell recherchieren? Dann nutzen Sie die Online-Version Ihres Buches. Diese steht Ihnen nach Eingabe des folgenden Freischaltcodes direkt zur Verfügung.

Schalten Sie sich das Buch inklusive Mehrwert direkt frei.

Scannen Sie den QR-Code **oder** rufen Sie die Seite www.nwb.de auf.
Geben Sie den Freischaltcode ein und folgen Sie dem Anmeldedialog. Fertig!

Ihr Freischaltcode

LODS-MGRN-VDYE-BUIB-DLXS-L

www.nwb.de

Klausur-Leitfaden Umsatzsteuer

Von
Dipl.-Finanzwirt (FH) Philip Nürnberg, M.I.Tax

2., überarbeitete Auflage

nwb AUSBILDUNG

ISBN 978-3-482-**67242**-2

© NWB Verlag GmbH & Co. KG, Herne 2020
www.nwb.de

Alle Rechte vorbehalten.

Dieses Buch und alle in ihm enthaltenen Beiträge und Abbildungen sind urheberrechtlich geschützt. Mit Ausnahme der gesetzlich zugelassenen Fälle ist eine Verwertung ohne Einwilligung des Verlages unzulässig.

Satz: SATZ-ART Prepress & Publishing GmbH, Bochum
Druck: Beltz Grafische Betriebe GmbH, Bad Langensalza

Klimaneutral
Druckprodukt
ClimatePartner.com/16605-2105-1001

Scannen Sie den QR-Code oder besuchen Sie **Climate-Partner.com/16605-2105-1001** und erfahren Sie mehr zu unseren klimaneutralen Druckprodukten.

VORWORT

Das Umsatzsteuerrecht in seiner Gesamtheit auf knapp unter 150 Seiten darzustellen, ist eine schier unmögliche Aufgabe. Genau dies will der vorliegende Leitfaden jedoch auch gar nicht versuchen, sondern verfolgt einen anderen Zweck. Dabei soll eingangs dargestellt werden, welche Besonderheiten die Umsatzsteuerklausur als Teil der Steuerberaterprüfung auszeichnen und was bei der Bearbeitung von Sachverhalten im Allgemeinen zu beachten ist. Diesbezüglich werden allgemeine Ausführungen zu Prüfungsschwerpunkten der letzten Jahre aber auch zur Klausurtechnik im Umsatzsteuerrecht nähergebracht.

Herzstück des Werkes ist sodann einerseits die kompakte Darstellung des Grundlagenwissens des Umsatzsteuerrechtes entsprechend der Prüfungsreihenfolge, welche bei der Prüfung von umsatzsteuerlichen Sachverhalten nach dem Schema zur Lösung dieser Sachverhalte beachtet werden sollte. Es geht dabei ausdrücklich nicht darum die Themen in aller Tiefe zu erläutern, sondern vielmehr an gebotener Stellen darauf hinzuweisen, welche Besonderheiten sich bereits in Beachtung des Grundlagenwissens bei der Prüfung eines umsatzsteuerlichen Prüfungssachverhaltes ergeben können. Auch insoweit kann der Leitfaden gar nicht zum Ziel haben, alle Fragestellungen des Umsatzsteuerrechts zu behandeln.

Diese Sichtweise wird andererseits dadurch unterstützt, dass explizite Prüfungsschwerpunkte der letzten Steuerberaterprüfungen im Umsatzsteuerrecht extrahiert und für die jeweiligen Schwerpunkte klausurrelevante Ausführungen vorgenommen werden. Ganz dem Sinn dieses Leitfadens folgend, wird zudem bei der Schwerpunktvorstellung auch Stellung bezogen, wie bestimmte Fragestellungen zu beantworten sind. Diesbezüglich werden insbesondere Fallstricke in der Bearbeitung der Klausurlösung vorgestellt und darauf hingewiesen, wie es vermieden werden kann von diesen Fallstricken überrascht zu werden.

Nimmt man beides, d. h. das Grundlagenwissen, welches in der Regel für die Einleitung und den Standardfall eines umsatzsteuerlichen Sachverhaltes von Bedeutung ist und dem grundsätzlichen Schemata der Umsatzsteuer folgt und die Schwerpunkte zusammen, so gelangt man zu einer kompakten Zusammenstellung, welche Themen behandelt die zwar nicht immer Gegenstand umsatzsteuerlicher Klausuren sind, aber nach den Erfahrungen der Klausuren der letzten Jahrzehnte doch regelmäßig in den Umsatzsteuerklausuren anzutreffen sind. Dies verhindert zwar nicht, dass bisweilen die ein oder andere Aufgabe in der Klausur für eine Überraschung sorgt. Allerdings hat man so die wichtigsten und häufigsten Grundlagen vor Augen.

Um zu testen, ob sich das dargestellte Wissen gefestigt hat, dienen zum einen verschiedene Beispiele welche bereits im laufenden Werk immer wieder vorgestellt werden, andererseits jedoch insbesondere der letzte Teil dieses Leitfadens, welcher zwei komplexe sechsstündige Übungsklausuren zum Umsatzsteuerrecht bereithält, die mit vielen „Gemeinheiten" dem intensiven Training dienen.

Es ist daher die Zwecksetzung des Leitfaden, dass dieses Werk zum einen in der Anfangsphase der Vorbereitung für die Steuerberaterprüfung dafür sensibilisieren kann, in welche Richtung sich die Wissenserweiterung während des Lernprozesses bewegt und auf welche Fragestellungen man sich einzulassen hat. Andererseits dienen grafische und tabellarische Darstellungen auch in der laufenden Vorbereitung immer wieder dazu, dass das wachsende Wissen systematisiert wird. Kurz vor Absolvierung der Prüfungen kann dann nochmal die Bearbeitung der beiden umfassenden Klausurübungen gut auf die Prüfungssituation vorbereiten und das Standardwissen in kompakter Form Revue passiert werden lassen.

Explizit ist hervorzuheben, dass der Leitfaden kein Lehrbuch ersetzt. Er hilft umsatzsteuerliche Kenntnisse in Klausuren anzuwenden und dient der Vertiefung der Kenntnisse. Zudem eignet er sich zur Wiederholung des Stoffs vor den Prüfungsklausuren und soll sensibilisieren. Mithin soll der Leitfaden dazu befähigen, den Lösungsaufbau auch bei komplexen und schwierigen Fällen zu meistern, um dadurch überdurchschnittlich zu punkten.

Auch für die Umsatzsteuer gilt: Übung macht den Meister. Es sollten möglichst viele Übungsklausuren geschrieben werden, insbesondere alle, die in den Vorbereitungskursen auf die Steuerberaterprüfung angeboten werden. Genauso wichtig ist, das Bearbeiten von großen Prüfungsklausuren in Klausurenkursen zu üben, sei es bei einem Anbieter vor Ort (in „Klausurpräsenzkursen" oder „Klausuren-Crashkursen") oder zu Hause (in „Klausurfernkursen").

Wie es bei Büchern häufig der Fall ist, leben diese nicht nur vom Autor, sondern auch vom Leser. Hinweise, Verbesserungswünsche aber auch Fragen ganz im Allgemeinen können daher gerne an philip.nuernberg@roedl.com gerichtet werden.

Hamburg, März 2024 Philip Nürnberg

INHALTSVERZEICHNIS

Vorwort V

Abkürzungsverzeichnis XI

I. Gegenstand der Prüfungsklausuren „Umsatzsteuerrecht“ 1

1. Die Umsatzsteuerklausur als Teil der Steuerberaterprüfung 1
2. Wichtige Prüfungsschwerpunkte der letzten Jahre 1
3. Vorbereitung und Vorgehen für die schriftliche Steuerberaterprüfung 2
4. Hilfsmittel bei der schriftlichen Steuerberaterprüfung 3

II. Klausurtechnik und Methodik 5

1. Lernen im Umsatzsteuerrecht und Umgang mit dem Umsatzsteuergesetz 5
2. Klausurtechnik im Umsatzsteuerrecht – Lösungsschema 6
   2.1 Klausureinleitung 6
      2.1.1 Unternehmereigenschaft 6
      2.1.2 Besteuerungsform 6
   2.2 Einzelsachverhalte 7

III. Grundlagenwissen Umsatzsteuerrecht 9

1. Vorüberlegungen 9
2. Unternehmereigenschaft und Umfang des Unternehmens 9
3. Umsatzart 11
   3.1 Lieferung 11
      3.1.1 Grundlagen der Lieferung 11
      3.1.2 Ort der Lieferung 12
      3.1.3 Besonderheiten der Lieferung 14
   3.2 Sonstige Leistung 14
      3.2.1 Grundlagen der sonstigen Leistung 14
      3.2.2 Ort der sonstigen Leistung 15
   3.3 Unentgeltliche Wertabgabe 18
      3.3.1 Lieferungen gleichgestellte Wertabgaben 18
      3.3.2 Sonstigen Leistungen gleichgestellte Wertabgaben 19
      3.3.3 Ortbestimmung 19
   3.4 Innergemeinschaftlicher Erwerb und Einfuhr 20
      3.4.1 Innergemeinschaftlicher Erwerb 20
      3.4.2 Einfuhr 22
4. Steuerpflicht 23
   4.1 Steuerfreie Umsätze 23
   4.2 Steuerpflichtige Umsätze und die Option nach § 9 UStG 24

5. Bemessungsgrundlage 25
  5.1 Grundlagen der Bemessungsgrundlage 25
  5.2 Bemessungsgrundlage beim Tausch 27
6. Höhe der Umsatzsteuer 27
7. Steuerentstehung und Steuerschuldner 29
  7.1 Steuerentstehung nach § 13 UStG 29
  7.2 Steuerschuldner gemäß § 13a UStG 29
8. Vorsteuerabzug 30
  8.1 Allgemeines zum Vorsteuerabzug 30
  8.2 Abzugszeitpunkt der Vorsteuer 35
9. Vorsteuer- und Steuerberichtigungen 36
10. Besonderheiten der allgemeinen Hinweise 36
  10.1 Rechnungsstellung 36
    10.1.1 Erwerbsschwelle 37
    10.1.2 Lieferschwelle 37
  10.2 Abgabe von Voranmeldungen 38
  10.3 Besteuerungsform 38

IV. Inhaltliche Schwerpunkte der letzten Steuerberaterprüfungen 39

1. Geschäftsveräußerung im Ganzen nach § 1 Abs. 1a UStG 39
  1.1 Veräußerung durch Unternehmer 39
  1.2 Gegenstand der Geschäftsveräußerung 39
  1.3 Veräußerung im Ganzen 40
  1.4 Übereignung des Unternehmens 41
  1.5 Erwerb durch Unternehmer 41
  1.6 Fortführung der bisherigen Tätigkeit 41
  1.7 Besonderheiten bei Gesellschaftsanteilen 42
  1.8 Folgewirkungen der Geschäftsveräußerung im Ganzen 43
    1.8.1 Erwerber tritt an Stelle des Veräußerers 43
    1.8.2 Vorsteuerabzug nach § 15 UStG und Berichtigung nach § 15a UStG 43
2. Leistungsbeziehungen zwischen Gesellschaft und Gesellschafter 43
  2.1 Anwendung der allgemeinen Grundsätze 43
  2.2 Gründung einer Gesellschaft und Eintritt eines Gesellschafters 44
  2.3 Leistungen während des bestehenden Gesellschaftsverhältnisses 45
    2.3.1 Gesellschafterbeiträge ohne Leistungsaustausch 45
    2.3.2 Überlassung von Gegenständen und Dienstleistungen 46
    2.3.3 Geschäftsführungsvergütung als Sonderentgelt 46
    2.3.4 Mischentgelt und andere Leistungen 47
  2.4 Ausscheiden eines Gesellschafters, Veräußerung von Gesellschaftsanteilen und Beendigung der Gesellschaft 47

3. Auslandsumsätze 48
3.1 Innergemeinschaftlicher Erwerb in Abgrenzung zum innergemeinschaftlichen Verbringen 49
3.2 Steuerbefreiung der innergemeinschaftlichen Lieferung in Abgrenzung zur Steuerbefreiung bei Ausfuhr 51
3.2.1 Innergemeinschaftliche Lieferung 51
3.2.2 Ausfuhrlieferung 55
3.3 Innergemeinschaftliches Reihengeschäft 56
3.3.1 Grundlagen des Reihengeschäfts 56
3.3.2 Innergemeinschaftliches Reihengeschäft im Speziellen und Auswirkungen durch Drittlandsbezug 56
4. Unentgeltliche Wertabgaben und Vergünstigungen 57
4.1 Pkw-Nutzungsüberlassung 58
4.1.1 1 % Methode 59
4.1.2 Fahrtenbuchmethode 59
4.1.3 Besonderheiten 60
4.2 Unentgeltliche Wertabgaben an Personal und Geschäftsfreunde sowie Vergünstigungen mit Mindestbemessungsgrundlage 60
4.2.1 Unentgeltliche Wertabgaben 60
4.2.2 Mindestbemessungsgrundlage 61
5. Grundstücksumsätze 62
5.1 Erwerb einer Immobilie, Vermietung und Option zur Steuerpflicht 62
5.2 Vorsteuerabzug bei Grundstücken 64
6. Übergang der Steuerschuldnerschaft 65
7. Vorsteuerabzug und Vorsteuerberichtigung 68
7.1 Ausschluss vom Vorsteuerabzug 68
7.2 Vorsteuerberichtigungen 69
7.3 Berechnungsschemata 72
7.3.1 Ausgangsgröße der Vorsteuerberichtigung nach § 15a UStG 73
7.3.2 Ursprüngliche abziehbare Vorsteuer 73
7.3.3 Abziehbare Vorsteuer nach Änderung der Verhältnisse 73
7.3.4 Berichtigungsbetrag 73
7.3.5 Prüfung der Bagatellgrenzen 73
8. Sondervorschriften 74
8.1 Organschaft 74
8.2 § 14c UStG-Steuer 75
8.3 Kleinunternehmerregelung 76
8.4 Reiseleistungen 77
8.5 Differenzbesteuerung 77
8.6 Innergemeinschaftliches Dreiecksgeschäft 78

V. Fallbearbeitung von Übungsklausuren 81

1. Klausurübung „Umsatzsteuerliche Fragen in der Rechtsberatung“ 81
   1.1 Sachverhalt 81
      1.1.1 Vorbemerkungen 81
      1.1.2 Büroräumlichkeiten 81
      1.1.3 Rechtsberatung 82
      1.1.4 Digitale Rechtsberatung 83
      1.1.5 Wachstum 83
      1.1.6 Büromöbel 84
      1.1.7 Software 85
      1.1.8 Sicherheitsinfrastruktur 85
   1.2 Aufgabe 86
   1.3 Bearbeitungshinweise 86
   1.4 Lösungshinweise 86
      1.4.1 Vorbemerkungen 86
      1.4.2 Büroräumlichkeiten 88
      1.4.3 Rechtsberatung 89
      1.4.4 Digitale Rechtsberatung 90
      1.4.5 Wachstum 93
      1.4.6 Büromöbel 99
      1.4.7 Software 100
      1.4.8 Sicherheitsinfrastruktur 101
   1.5 Punkteschlüssel 104
2. Klausurübung „Geschäftlich neue Wege gehen“ 105
   2.1 Sachverhalt 105
   2.2 Aufgabenstellung 109
   2.3 Bearbeitungshinweise 110
   2.4 Lösungshinweise 110
      2.4.1 Unternehmereigenschaft der beteiligten Unternehmer und Umfang ihrer Unternehmen 110
      2.4.2 Einzelsachverhalte 112
   2.5 Punkteschlüssel 132

Stichwortverzeichnis 133

ABKÜRZUNGSVERZEICHNIS

A

Abl.	Ablauf
Abs.	Absatz
Abschn.	Abschnitt
abzgl.	abzüglich
AfA	Absetzung für Abnutzung
Alt.	Alternative

B

BFH	Bundesfinanzhof
BGB	Bürgerliches Gesetzbuch
BMF	Bundesministerium der Finanzen
Buchst.	Buchstabe
bzgl.	bezüglich

D

d. h.	das heißt

E

ESt	Einkommensteuer
EStG	Einkommensteuergesetz
etc.	et cetera

F

f., ff.	folgend, folgende
FA	Finanzamt

G

gem.	gemäß
GewSt	Gewerbesteuer
GewStG	Gewerbesteuergesetz
ggf.	gegebenenfalls
grds.	grundsätzlich

H

h. M.	herrschende Meinung
Halbs.	Halbsatz
HGB	Handelsgesetzbuch

I

i. d. R.	in der Regel
i. H.	in Höhe
i. S. d.	im Sinne des
i. V. m.	in Verbindung mit

K

Kap.	Kapitel
Kfz	Kraftfahrzeug
KSt	Körperschaftsteuer
KStG	Körperschaftsteuergesetz

L

LStR	Lohnsteuer Richtlinien

N

Nr.	Nummer

O

o. g.	oben genannt

P

Pkw	Personenkraftwagen

S

s. o.	siehe oben
StB	Steuerberater
Stpfl.	Steuerpflichtiger

T

Tz.	Textziffer
u. a.	unter anderem

U

USt	Umsatzsteuer
UStAE	Umsatzsteueranwendungserlass
UStG	Umsatzsteuergesetz

V

vgl.	vergleiche

Z

z. B.	zum Beispiel
zzgl.	zuzüglich

I. Gegenstand der Prüfungsklausuren „Umsatzsteuerrecht"

1. Die Umsatzsteuerklausur als Teil der Steuerberaterprüfung

Die Umsatzsteuer stellt eine Teilaufgabe der schriftlichen Steuerberaterprüfung am ersten Prüfungstag dar. Erfahrungsgemäß setzt sich die Aufgabe und die Lösung aus grundlegenden Sachverhalten, welchen dem allgemeine Prüfungsschema der Umsatzsteuer folgen (vgl. dazu insbesondere III.) und speziellen Sondersachverhalten als Schwerpunkte (vgl. dazu insbesondere IV.) zusammen. Die Kenntnis beider Themenbereiche sollte in Vorbereitung auf die Prüfung zwingend erfolgen. Die Zeit ist wie bei allen Klausuren sehr knapp bemessen, weswegen Grundlagenwissen soweit möglich sicher abgerufen werden sollte.

Besonderheit der Umsatzsteuerprüfung ist, dass diese zusammen mit dem Teil für Abgabenordnung und Finanzgerichtsordnung geschrieben wird. Zudem ist auch ein Erbschafts- und Bewertungsteil enthalten. In Beachtung der zu verteilenden Punkte für den Umsatzsteuerteil sollten circa zwei Zeitstunden avisiert werden. Es sollte stets darauf geachtet werden, dass auch für die verbleibenden Teile Abgabenordnung/Finanzgerichtsordnung und Erbschaftsteuer und Bewertung hinreichend Zeit zur Verfügung steht. Von den zu verteilenden 100 Punkten des ersten Prüfungstags entfallen regelmäßig 35 Wertungspunkte auf den Umsatzsteuerteil. Insbesondere Sondersachverhalte nehmen dabei einen hohen Anteil der Wertungspunkte ein. Einige dieser Sondersachverhalte oder auch Schwerpunkte der letzten Jahre werden wie erwähnt in diesem Leitfaden unter IV. dargestellt.

Die vergangenen Prüfungsjahre haben gezeigt, dass die Aufgabenstellungen zur Prüfung regelmäßig aus vier bis sechs Textziffern bestanden. Diese verteilten sich in der Regel auf ein bis zwei Besteuerungszeiträume. Zwei Besteuerungszeiträume stellten dabei den Regelfall da. Die Personenanzahl der zu prüfenden Personen variierte stark. So waren bisweilen nur für eine Person die umsatzsteuerlichen Folgen zu prüfen, während in anderen Jahren für bis zu vier Personen die umsatzsteuerlichen Folgen geprüft werden mussten.

Die Gesamtnote der Prüfung für den ersten Prüfungstag ergibt sich mithin aus den drei Themengebieten des Umsatzsteuerrechts, der Abgabenordnung/Finanzgerichtsordnung und der Erbschaftsteuer und Bewertung. Wie bei allen Prüfungen kann es sein, dass bisweilen auch Aspekte aus anderen Themengebieten Einfluss finden.

2. Wichtige Prüfungsschwerpunkte der letzten Jahre

Betrachtet man die umsatzsteuerlichen Prüfungsklausuren der Steuerberaterprüfung der letzten Jahre, so fällt auf, dass in aller Regel allgemeine Grundsätze des Umsatzsteuerrechts geprüft wurden. Nichtsdestotrotz werden zusätzlich auch komplexe umsatzsteuerliche Sachverhalte sowie verschiedene Besonderheiten des Umsatzsteuerrechts geprüft. Die Schwerpunkte der letzten Jahre können in einer überblicksartige Darstellung der nachfolgenden Tabelle entnommen werden:

Schwerpunkt	Jahr	Kapitel
Geschäftsveräußerung im Ganzen	2018, 2017, 2016	IV. 1.
Leistungsbeziehungen zwischen Gesellschaft und Gesellschafter	2016, 2014	IV. 2.
Innergemeinschaftlicher Erwerb und innergemeinschaftliches Verbringen	2022, 2020, 2018, 2017, 2016, 2015	IV. 3.1
Innergemeinschaftliche Lieferung und Ausfuhrlieferung	2022, 2020, 2018, 2017, 2016, 2015	IV. 3.2
Innergemeinschaftliches Reihengeschäft	2016, 2015	IV. 3.3
Unentgeltliche Wertabgaben und Vergünstigungen	2021, 2018, 2017, 2015, 2014	IV. 4

Schwerpunkt	Jahr	Kapitel
Grundstücksumsätze	2023, 2021, 2019, 2018, 2017, 2016	IV. 5
Übergang der Steuerschuldnerschaft	2023, 2021, 2020, 2019, 2018, 2017, 2016, 2015	IV. 6
Ausschluss vom Vorsteuerabzug	2023, 2018, 2015	IV. 7.1
Vorsteuerberichtigung	2023, 2021, 2019, 2018, 2017, 2015, 2014	IV. 7.2
Organschaft	2016, 2014	IV. 8.1
§ 14c UStG-Steuer	2021, 2019, 2017	IV. 8.2
Kleinunternehmerregelung	2020, 2017, 2012	IV. 8.3
Differenzbesteuerung	2022, 2014	IV. 8.5

Unabhängig der Schwerpunkte ist insbesondere das Umsatzsteuerrecht eines jener Prüfungsfelder, in welchem es von entscheidender Bedeutung ist, dass die sogenannten „Basics“ beherrscht werden. Dies liegt daran, dass das Umsatzsteuerrecht an sich sehr strukturiert aufgebaut ist und dadurch eine stringenter Abarbeitung der Prüfungsfälle in der chronologischen Reihenfolge des Gesetzes grundsätzlich ermöglicht wird. Um hinreichend Zeit für die Beurteilung komplexer Schwerpunkte zu haben, sollten daher die einleitenden Ausführungen bestens beherrscht werden. Dazu wird auf II. verwiesen. Im Anschluss werden diese Ausführungen in III. weiter aufbereitet.

Die tiefergehenden Ausführungen unter IV. sind anschließend themenbezogen zugeordnet. Entsprechende Grundlagen werden soweit wie möglich nicht mehr angesprochen, um die jeweilige Schwerpunktfrage unter Beachtung des Umfangs dieses Buches zu würdigen. Insoweit wird mit verschiedenen thematischen Hinweisen gearbeitet. Die Prüfungsschwerpunkte werden dadurch abgerundet, dass jeweils die Jahre genannt werden, in welchen vergleichbare Schwerpunkte Gegenstand der Prüfungen waren.

3. Vorbereitung und Vorgehen für die schriftliche Steuerberaterprüfung

Die Aufgabenstellung bei Umsatzsteuerklausuren ist i. d. R. am Ende des Sachverhalts zu finden. Indes sind die allgemeinen Hinweise regelmäßig vor der Aufgabe platziert. Hilfreich ist es, zunächst die Aufgabenstellung zu lesen. Dafür können zunächst der Sachverhalt und die allgemeinen Hinweise beiseitegelegt werden. Da in Umsatzsteuerklausuren regelmäßig mehrere Personen beteiligt sind und es gefordert wird, dass man zu mehreren Personen bzw. Unternehmen Stellung bezieht, ist es sinnvoll sich vor Lesen des Sachverhalts damit vertraut zu machen auf welche Personen man besonders achten soll. Dies ergibt sich in der Regel aus der Aufgabenstellung. Zudem werden im Sachverhalt meist mehrere Jahre dargestellt und es muss in der Regel zu einem bis zwei Besteuerungszeiträumen Stellung bezogen werden. In den letzten Jahren kam es auch häufiger vor, dass für Einzelsachverhalte ein größerer Zeitraum relevant ist. Es sollte auch ermittelt werden, welche Zeiträume dies sind und diese sollten beim späteren Lesen der Aufgabe beachtet werden.

Aufgabenstellungen sind meist allgemein dahingehend aufgebaut, dass die entsprechenden Sachverhalte in ihrer umsatzsteuerlichen Auswirkung beurteilt werden sollen. Dazu folgen in der Regel erforderliche Konkretisierungen hinsichtlich einzelner Aspekte wie bspw. der Umsatzart, der Steuerpflicht, der Bemessungsgrundlage für steuerpflichtige Umsätze (meist nicht der steuerfreien Umsätze) und der entsprechenden Höhe der Umsatzsteuer. Zudem ist regelmäßig auf den Vorsteuerabzug und dessen Abzugszeitpunkt sowie zur Steuerentstehung und der Frage nach dem Steuerschuldner sowie etwaigen Steuerberichtigungen Stellung zu beziehen. Wie in den nachfolgenden Ausführungen dargestellt wird, sollten die Grundaspekte soweit wie möglich im Vorspann abgehandelt werden, um für die Einzelsachverhalte Zeit zu sparen. Zu beachten ist, dass bisweilen am Anfang die Unternehmereigenschaft und der Umfang des Unternehmens der zu beurteilenden Personen dargestellt werden sollte. Dies war in den letzten Jahren indes häufig nicht mehr gefordert.

Sofern Problemstellungen oder Aussagen begründet werden sollen, ist dazu zwingend auf die gesetzlichen Grundlagen des UStG und der UStDV zurückzugreifen. Ausführungen aus dem UStAE sind nicht zwangsläufig vorzunehmen. Zwar dient dieser als wichtiges Hilfsmittel um Fragestellungen zu lösen, aus Zeitgründen empfiehlt es sich jedoch meist nicht Zitierungen vorzunehmen. Anderes gilt, wenn explizit Vereinfachung aus dem UStAE gefordert sind.

In den letzten Jahren zeichnete sich ab, dass die Steuerberaterprüfungen der Umsatzsteuer in der Regel dem dargestellten Regelfall der Aufgabenstellung entsprachen. Zu beurteilen waren jeweils zwei Voranmeldungszeiträume sowie vorrangig ein Unternehmer bzw. weitere Unternehmer in entsprechenden Teilsachverhalten.

Die allgemeinen Hinweise stellen indes hilfreiche Handreichungen des Klausurerstellers dar, welche sich zwischen dem Sachverhalt und der Aufgabenstellung finden. Diese sollten ebenfalls betrachtet werden, bevor sich dem Sachverhalt zugewandt wird. Aus den Hinweisen lassen sich unter anderem Rückschlüsse auf die zu erstellende Lösung ziehen. So finden sich in den Hinweisen bspw. Ausführungen zu Rechnungsstellung, Liefer- und Erwerbsschwellen, Abgabe von Voranmeldungen und der Verwendung von UStID. Auch die Zuordnung von Leistungen zum Unternehmen sowie die Besteuerungsform und der Wunsch zur Ausübung von Optionsrechten kann erwähnt sein. Allgemeine Hinweise in den Steuerberaterprüfungen der letzten Jahre hatten immer wieder vereinzelt Abweichungen. So war den allgemeinen Hinweisen des Jahres 2018 dem Vernehmen nach zu entnehmen, dass konkrete Angaben zur Behandlung der Lieferungen von Gebäuden und deren Privatnutzung vorgegeben waren. Den Hinweisen der Prüfung 2023 konnte bereits entnommen werden, dass die Sonderregelung des § 24 UStG eine Rolle spielen wird. Diese Aussagen sollten immer vor Lesen des Sachverhalts beachtet werden, da sich daraus bereits Aufschlüsse für die Lösung ergeben können.

4. Hilfsmittel bei der schriftlichen Steuerberaterprüfung

Die Hilfsmittelliste für die Steuerberaterprüfung wird von den obersten Finanzbehörden der Länder und des Bundes in einem einheitlichen Verfahren bestimmt, § 37 Abs. 2 StBerG.

Aus dem Hilfsmittelerlass 2024 vom 16. Oktober 2023 geht hervor: „Für den schriftlichen Teil der Steuerberaterprüfung 2024 werden als Hilfsmittel die Texte folgender Gesetze (Textausgaben) einschließlich ggf. hierzu erlassener Durchführungsverordnungen und Richtlinien zugelassen:

- Abgabenordnung, Finanzgerichtsordnung, Verwaltungszustellungsgesetz,
- Erbschaftsteuer- und Schenkungsteuergesetz, Bewertungsgesetz,
- Umsatzsteuergesetz,
- Einkommensteuergesetz, Körperschaftsteuergesetz, Gewerbesteuergesetz,
- Umwandlungsgesetz, Umwandlungssteuergesetz,
- Außensteuergesetz,
- Investitionszulagengesetz,
- Grunderwerbsteuergesetz, Grundsteuergesetz,
- Bürgerliches Gesetzbuch, Handelsgesetzbuch, Aktiengesetz, GmbH-Gesetz,
- Steuerberatungsgesetz.

[...]

Die Textausgaben (Loseblatt-Sammlung oder gebunden) beliebiger Verlage dürfen weitere Gesetzestexte, Verwaltungsanweisungen der Finanzbehörden, Leitsatzzusammenstellungen, Fußnoten und Stichwortverzeichnisse enthalten. Fachkommentare sind ausdrücklich nicht zugelassen.“ Dies bedeutet für die Umsatzsteuer, dass insbesondere folgenden Hilfsmittel von Bedeutung sind:

- Umsatzsteuergesetz (UStG)
- Umsatzsteuerdurchführungsverordnung (UStDV)
- Umsatzsteueranwendungserlass (UStAE)

HINWEIS

Zu beachten ist weiterhin gemäß des Erlasses vom 16. Oktober 2023: „Die jeweiligen Textausgaben sind von den Bewerbern selbst zu beschaffen und zur Prüfung mitzubringen. Sie dürfen außer Unterstreichungen, Markierungen und Hilfen zum schnelleren Auffinden der Vorschriften (sog. Griffregister) keine weiteren Anmerkungen oder Eintragungen enthalten. Eine weitere Beschriftung ist nicht zulässig. Die Benutzung eines nicht programmierbaren Taschenrechners ist zulässig, sofern eine Verbindung mit dem Internet nicht möglich ist.“

II. Klausurtechnik und Methodik

1. Lernen im Umsatzsteuerrecht und Umgang mit dem Umsatzsteuergesetz

Das Umsatzsteuerrecht und damit auch der Lernprozess im Umsatzsteuerrecht können sehr gut systematisiert erfolgen. Im Grundsatz ist es geeignet, das Umsatzsteuerrecht in der Reihenfolge des Gesetzes zu bearbeiten und zu erlernen. Dass dieser Aufbau der Prüfung des jeweiligen Umsatzsteuersachverhalt grundsätzlich entspricht, zeigt sich auch an den Prüfungsschemata zur Lösung umsatzsteuerlicher Sachverhalte.

Wichtig beim Lernprozess im Umsatzsteuerrecht ist es, dass darauf geachtet wird, dass umsatzsteuerliche Fragestellungen grundsätzlich eigenständig zu lösen sind und nicht mit bspw. ertragsteuerlichen Fragestellungen oder Lösungsansätzen verbunden werden. Nur in Ausnahmefällen ergibt sich ein Zusammenspiel. Zudem ist es ein wesentlicher Erfolgsfaktor, sich dessen bewusst zu machen, dass viele umsatzsteuerliche Problematiken im UStAE nochmals ausführlich ausgeführt werden. Dies ist nicht nur deshalb hilfreich, da man so den Gesetzestext nochmal in anderen Worten lesen kann, sondern gibt zumeist auch auf Fragestellungen antworten, welche sich aus dem Gesetzeswortlaut ergeben können.

Es empfiehlt sich im Lernprozess, zunächst die Grundlagen des Umsatzsteuerrechts zu verinnerlichen. Insoweit bietet es sich an, auf den Grundlagen aufbauend komplexe Sachverhalte zu erschließen. Zu Verwirrungen kann es führen, wenn man versucht von Beginn an neben den Grundsachverhalten auch die jeweiligen Besonderheiten der Normen zu erfassen.

Im Lernprozess sollte das UStG als stetiger Begleiter und Freund betrachtet werden. Zwar ist es zwingend erforderlich, um die Sachverhalte in hinreichender Zeit zu lösen, dass man im späteren Verlauf der Bearbeitung von Klausursachverhalten das kleine 1x1, also die Grundlagen und den Vorspann einer Lösung, ohne Blick in das Gesetz schreiben kann. Dennoch macht gerade der Lernprozess und der erstmalige Umgang mit dem UStG, sowie die sich darauf aufbauende Wiederholung es möglich, dass die Normen sich setzen und in Prüfungssituationen schnell abgerufen werden können.

Während dem UStAE eine besondere Bedeutung und Hilfestellung beim Lernen zukommen kann, ist darauf hinzuweisen, dass BMF-Schreiben im Umsatzsteuerrecht eher nachrangig sind. Dies liegt daran, dass diese in der Regel im UStAE umgesetzt sind und in diesen nur auf die entsprechende Umsetzung verwiesen wird. Daher genügt es für die meisten Fälle, wenn der UStAE herangezogen wird. Gerade in der Vorbereitung und im Lernprozess kann es zudem hilfreich sein auch auf Kommentierungen zum Umsatzsteuergesetz zurückzugreifen. Dies bietet sich insbesondere in den Fällen an, in welchen Normen nochmal mit anderen Worten gelesen werden sollen oder man das Bedürfnis hat sich vertiefend mit Sachverhalten auseinander zu setzen. In Klausuren sind Kommentierungen indes nicht erlaubt.

Dass auch Lehrbücher wesentlich in der Vorbereitung auf die Prüfung im Umsatzsteuerrecht sind, muss an dieser Stelle nicht weiter erwähnt werden.

HINWEIS

S. a. Maier, Lehrbuch Umsatzsteuer, 19. Auflage, Herne 2022

Hilfreich ist es mit mehreren Lehrbüchern zu lernen, da so verschiedene Blickwinkel eingenommen werden können. Zudem ist es zwingend erforderlich, dass so viele Klausurübungen wie möglich absolviert werden. Nur so kann ein Zeitgefühl entwickelt werden und sich mit den entsprechenden Fragestellungen in Klausuren auseinandergesetzt werden. Unter anderem bietet es sich dabei an auf verschiedene Anbieter zurückzugreifen, um verschiedene Klausurstile kennen zu lernen und sich mit diesen vertraut zu machen.

Zum Lernprozess im Allgemeinen, der Vorbereitung auf diesen und Hinweisen zur Ortswahl und zum Zeitpunkt des Lernens sowie der Erstellung eines Lernplans wird angeraten, auf die einschlägige Literatur zurückzugreifen. Es sollte sich damit vertraut gemacht werden, wie man selber am besten lernen kann. Die beste Lernart, der beste Lernort und die beste Lernzeit sind bekanntlich für jeden Menschen unterschiedlich.

2. Klausurtechnik im Umsatzsteuerrecht – Lösungsschema

2.1 Klausureinleitung

Jede Lösung einer Umsatzsteuerklausur sollte eine Einführung enthalten. In dieser wird i. d. R. zu den allgemeinen Angaben des Sachverhalts Stellung genommen. Vorteil einer solchen Einleitung ist, dass bei der Lösung der folgenden Einzelsachverhalte nicht jedes Mal auf die Fragestellungen eingegangen werden muss, die für den Unternehmer im Sachverhalt von allgemeiner Bedeutung sind. Somit kann bei der Klausurlösung wichtige Zeit gespart werden, da die Einleitung Allgemeines vorzieht.

Zu beachten ist, dass der Aufbau der Umsatzsteuerklausur nach zwei Typen möglich ist. Einerseits können verschiedene Einzelsachverhalte mit mehreren Unternehmen vorkommen, andererseits kann auch ein Unternehmer mit einer Vielzahl von Sachverhalten Gegenstand der Prüfung sein. In Abhängigkeit dieser Differenzierung ergeben sich bisweilen Unterschiede beim Prüfungsaufbau. Während bei Einzelsachverhalten für jeden Unternehmer zu jedem Problem Stellung zu beziehen ist, bietet es sich insbesondere bei einem Unternehmer an, dass die Klausureinleitung so viele Aspekte wie möglich bereits klärt.

In der Regel sind dabei die folgenden Überlegungen vorzunehmen:

2.1.1 Unternehmereigenschaft

Es ist die Frage zu beantworten, wer als Unternehmer in Betracht kommt. Insbesondere sind dabei die Tatbestandsmerkmale des § 2 Abs. 1 Satz 1 und Satz 3 UStG zu prüfen. Dabei ist zu begründen, warum die Unternehmereigenschaft im Einzelfall zu bejahen oder zu verneinen ist. Beispielsweise kommt es auf das Ausüben einer gewerblichen oder beruflichen Tätigkeit oder auch die Selbständigkeit sowie die nachhaltige Einnahmeerzielung (nicht Einkünfteerzielung!) an. Zudem sollte beachtet werden, welche Rechtsform vorliegt. Denkbar ist, dass es sich um natürliche Personen, Personenvereinigungen oder auch juristische Personen handeln kann. Sofern die Unternehmerstellung an sich betrachtet wurde, muss der Rahmen des Unternehmens nach § 2 Abs. 1 Satz 2 UStG bestimmt werden. Dabei sind alle Unternehmensteile des Unternehmers zu benennen.

Zu beachten ist, dass der § 2 Abs. 1 UStG mit dem Jahressteuergesetz 2022 eine Modifizierung erfuhr. Demnach sind nunmehr auch Bruchteilsgemeinschaften nach dem Gesetzeswortlaut als Unternehmer anzusehen.

2.1.2 Besteuerungsform

Anschließend sollte sich, sofern dies nicht vorgegeben ist, der Frage zugewandt werden, nach welchen Vorschriften der Unternehmer seine Umsätze versteuert. Dabei sind die Regelbesteuerung nach §§ 16, 18 UStG, die Regelbesteuerung nach Ist gemäß §§ 18, 20 UStG, die Kleinunternehmerstellung nach § 19 Abs. 1 UStG und weitere besondere Besteuerungsformen denkbar (wie bspw. § 24 UStG oder auch §§ 25 und 25a UStG).

Im Anschluss darauf muss auf die Folgen eingegangen werden, welche sich dadurch ergeben, dass die jeweilige Versteuerung vorliegt. Dies umfasst unter anderem die Frage danach, ob eine Versteuerung nach vereinbarten oder vereinnahmten Entgelten vorliegt. Weiterhin muss die Entstehung der Steuerschuld gemäß § 13 Abs. 1 Nr. 1 Buchst. a UStG betrachtet werden. Zudem ist es ratsam, in der Einleitung zu den Bedingungen der Rechnungsstellung und zum Vorsteuerabzug Stellung zu beziehen, sofern dies die weitere Bearbeitung erleichtert und Zeit sparen kann.

Hinsichtlich der Rechnungsausstellung und des Vorsteuerabzugs ist insbesondere von Bedeutung, ob der Unternehmer zur Erstellung von Rechnungen mit gesondert ausgewiesener Umsatzsteuer berechtigt ist, § 14 UStG. Weiterhin sollte betrachtet werden, ob der Unternehmer die persönlichen Voraussetzungen für den Vorsteuerabzug nach § 15 Abs. 1 UStG erfüllt. Sofern diese Voraussetzungen in der Klausureinleitung vorgezogen werden, brauchen sie im späteren Verlauf der Sachverhalte nur noch insoweit geprüft werden, wie dies bisher nicht möglich war. Dies betrifft hinsichtlich des Vorsteuerabzugs insbesondere die sachlichen Voraussetzungen. Es wird sich mit dem Vorgenannten die Möglichkeit eröffnet, im weiteren Verlauf nur noch den Voranmeldungszeitraum im Speziellen zu bestimmen und Besonderheiten zu thematisieren.

Es ist zu beachten, dass sofern mehrere Unternehmer vorliegen, die Voraussetzungen der vorgenannten Aspekte für jeden Unternehmer gesondert zu prüfen sind. Anderes gilt, wenn entsprechende Aussagen bereits vorgegeben sind oder als obsolet erklärt werden.

2.2 Einzelsachverhalte

Die Prüfung der Einzelsachverhalte beginnt stets mit der eigenen Leistung des Unternehmers als Ausgangsumsätze. Bei der Prüfung der Einzelsachverhalte ist insbesondere von Bedeutung, ob die Steuerbarkeit erfüllt ist. Kernfrage dessen ist, wer an wen welchen Umsatz i. S. d. UStG erbringt. Zunächst sind Leistungsgeber und Leistungsempfänger zu benennen. Danach ist sich der Frage zuzuwenden, welche Art der Leistung vorliegt. Es können beispielsweise Lieferungen nach § 3 Abs. 1 UStG gegeben sein. Zu beachten ist jedoch, dass bereits in diesem Schritt Besonderheiten erkannt und benannt werden sollten wie beispielsweise eine Werklieferung nach § 3 Abs. 4 UStG, der Tausch nach § 3 Abs. 12 UStG oder tauschähnliche Umsätze, Reihengeschäfte nach § 3 Abs. 6a UStG sowie Versendungslieferungen oder auch Teilleistungen nach § 13 Abs. 1 Nr. 1 Buchst. a UStG. Ein nächster wesentlicher Schritt ist die Bestimmung des Ortes der Leistung. Dazu kommen insbesondere § 3 Abs. 6 UStG sowie § 3a UStG infrage. Anschließend ist darauf hinzuweisen, ob der Umsatz gegen Entgelt und i. R. d. Unternehmens des Unternehmers erfolgt.

Stets ist bei der Prüfung der Einzelsachverhalte darauf zu achten, an welcher Stelle besondere Probleme vorliegen können. Zu diesen Problemen sollte auf jeden Fall eine ausführliche Beantwortung der umsatzsteuerlichen Fragestellungen erfolgen. Zudem kann beachtet werden, dass die Beantwortung der Fragen zum Entgelt und dem Rahmen des Unternehmens i. d. R. entbehrlich ist. Weiterhin darf nicht vergessen werden, dass eine Steuerbarkeit nach § 1 Abs. 1 Nr. 4 und Nr. 5 UStG für Zwecke der Einfuhr und des innergemeinschaftlichen Erwerbs auch geprüft werden muss, sofern dies infrage kommt. Zudem ist auf das Vorhandensein steuerbare Wertabgaben als gleichgestellte Lieferungen und sonstige Leistungen einzugehen. Anschließend sollte das Ergebnis der Prüfung benannt werden. Dieses führt in der Regel zu einem steuerbaren oder nichtsteuerbaren Umsatz, § 1 Abs. 1 Nr. 1 UStG. Bei nichtsteuerbaren Umsätzen entfällt die weitere Prüfung. Für steuerbare Umsätze kann sich im Rahmen der weiteren Prüfung den Steuerbefreiungsvorschriften zugewandt werden.

Die Prüfung der Steuerbefreiungsvorschriften richtet sich danach, ob es sich um einen steuerbefreiten oder einen steuerpflichtigen Umsatz handelt. Sofern der Umsatz steuerbefreit ist, ist die jeweilige Steuerbefreiungsvorschriften zu nennen. Beispielsweise ist denkbar, dass es sich um eine langfristige Vermietung i. S. d. § 4 Nr. 12a UStG handelt. Auf jeden Fall zu beachten ist, dass geprüft werden sollte, ob eine Option zur Steuerpflicht gemäß § 9 UStG möglich ist und diese Option, sofern gewünscht und möglich ausgeübt werden sollte. Erst im Anschluss erfolgt die Ermittlung des Steuersatzes für steuerpflichtige Umsätze. Dabei ist § 12 UStG zu prüfen. Im Anschluss oder sofern gewünscht auch vorher hat die Ermittlung der Bemessungsgrundlage gemäß § 10 UStG zu erfolgen. Die Bemessungsgrundlage ist zumeist nur bei steuerpflichtigen Umsätzen zu bestimmen. Dennoch sollte dies auch für steuerfreie Umsätze trainiert werden. Nicht jedoch muss die Bemessungsgrundlage bei nicht steuerbaren Umsätzen bestimmt werden. Stets sollte die Fundstelle so genau wie möglich angegeben werden. Nach Benennung der Bemessungsgrundlage kann die betragsmäßige Steuerhöhe genannt werden. Schließlich sollte zudem noch darauf eingegangen werden, wann die Steuer ersteht und wer diese schuldet.

Da in der Klausureinleitung in der Regel darauf eingegangen wird, dass die Umsatzsteuer grundsätzlich gemäß § 13 Abs. 1 Nr. 1 Buchst. a UStG mit Ablauf des Voranmeldungszeitraums entsteht, ist dieser Voranmeldungszeitraum im Einzelsachverhalt nun zu benennen. Besonderheiten sind auch an dieser Stelle gesondert zu würdigen. Es ist bspw. an die Ausführungen in § 13b UStG zu denken, welche häufig eine wesentliche Rolle in den Prüfungen spielen.

Letztlich ist der Vorsteuerabzug zu prüfen. Das ist aus systematischen Gründen sinnvoll, da zunächst die Ausgangsumsätze und erst dann der Vorsteuerabzug als Eingangsumsatz zu prüfen ist. Grund dessen ist insbesondere, dass der Vorsteuerabzug von der Verwendung der Ausgangsumsätze abhängig ist. Es empfiehlt sich daher für die Klausur zunächst zu prüfen, wie die Ausgangsumsätze zu beurteilen sind, um im Anschluss Folgerungen für den Vorsteuerabzug zu ziehen. Bspw. kann ein Vorsteuerabzug bei besonderen Steuerbefreiungen ausscheiden. Zudem kann dann jedoch eine Wiederzulassung zum Vorsteuerabzug gemäß § 15 Abs. 2 Nr. 1 i. V. m. Abs. 3 Nr. 1 UStG möglich sein. An diese Fragestellungen schließen sich die Überlegungen zu etwaigen Vorsteuerberichtigung gemäß § 15a UStG an.

HINWEIS

Empfehlenswert ist es, sich bei der Bearbeitung der Prüfungsaufgaben am nachfolgenden grundlegenden Prüfungsschema Umsatzsteuer zu orientieren.

Prüfschema Umsatzsteuer

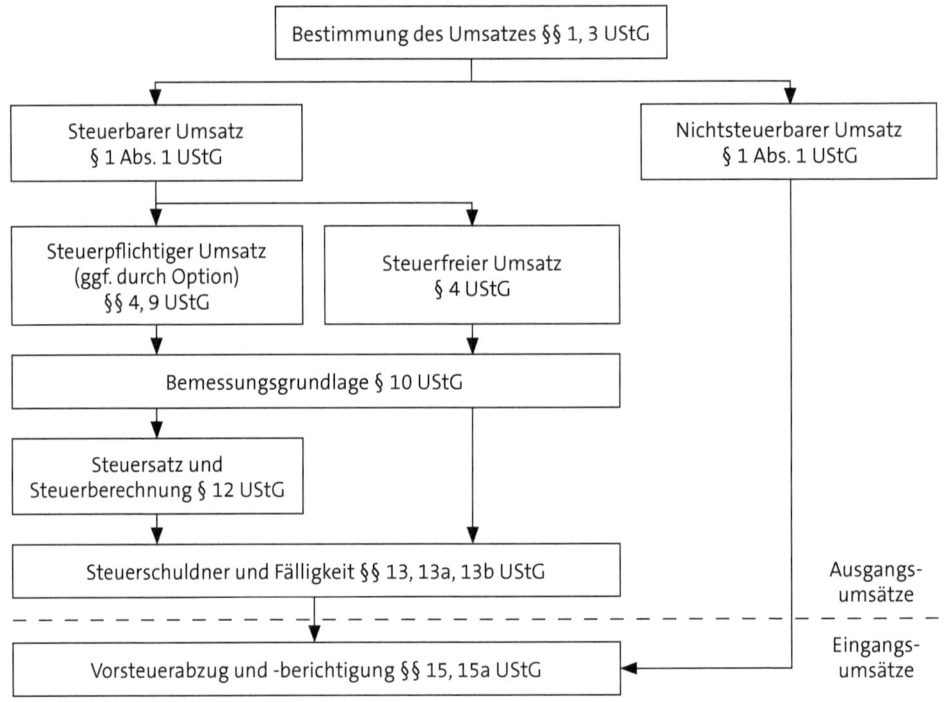

III. Grundlagenwissen Umsatzsteuerrecht

1. Vorüberlegungen

Wie dargestellt, folgt die umsatzsteuerliche Klausur stets einem Prüfschema, welches darauf aufbaut, ob ein steuerbarer Umsatz vorliegt. Im Falle des Ausgangsumsatzes ist insoweit auf § 1 Abs. 1 Nr. 1 Satz 1 UStG abzustellen. Demnach unterliegen der Umsatzsteuer die Lieferungen und sonstigen Leistungen, welche ein Unternehmer im Inland gegen Entgelt im Rahmen seines Unternehmens ausführt. Bricht man diese Aussage auf ihre Tatbestandsmerkmale herunter, ergeben sich die folgenden Problemstellungen, welche im Rahmen der Bearbeitung gelöst werden müssen:

a) Handelt es sich um einen Umsatz, welcher durch einen Unternehmer gemäß § 2 Abs. 1 Satz 1 und Satz 3 UStG ausgeführt wurde.

b) Sofern der Umsatz durch einen Unternehmer erbracht wurde, schließt sich die Frage an, ob dieser mit der Erbringung des Umsatzes im Rahmen seines Unternehmens gemäß § 2 Abs. 1 Satz 2 UStG gewirkt hat.

c) Weiterhin ist bei Umsätzen durch Unternehmer im Rahmen ihres Unternehmens grundsätzlich zu charakterisieren, ob eine Lieferung gemäß § 3 Abs. 1 („klassische Lieferung"), Abs. 3 (Kommissionsgeschäft) oder Abs. 4 UStG (Werklieferung) vorliegt oder es sich um eine sonstige Leistung gemäß § 3 Abs. 9 („klassische sonstige Leistung") oder Abs. 10 UStG (Werkleistung) handelt.

d) Zudem ist das ungeschriebene Tatbestandsmerkmal zu betrachten, ob der Umsatz gegen Entgelt ausgeführt wurde, womit sich die Frage stellt, ob es sich um einen Leistungsaustausch handelt. Wichtig ist insoweit, dass zwei beteiligte Personen vorliegen, eine Leistung und eine Gegenleistung gegeben ist und beide, d. h. Leistung und Gegenleistung in einer wirtschaftlichen Verknüpfung zueinanderstehen.

e) Letztlich gibt § 1 Abs. 1 Nr. 1 Satz 1 UStG noch die Frage vor, ob der Umsatz im Inland ausgeführt wurde. Insoweit ist § 1 Abs. 2 Satz 1 UStG mit Rückbezug auf die Ortbestimmungen des Umsatzsteuerrechts maßgebend.

Wenn diese fünf Voraussetzungen kumulativ erfüllt sind und keine nichtsteuerbare Geschäftsveräußerung im Ganzen nach § 1 Abs. 1a UStG vorliegt, kann ein steuerbarer Umsatz nach § 1 Abs. 1 Nr. 1 Satz 1 UStG gegeben sein. Alle weiteren Aspekte eines steuerbaren Umsatzes wie Steuerbefreiungsvorschriften in § 4 UStG und deren Optionsmöglichkeiten in § 9 UStG, die Bestimmung der Bemessungsgrundlage nach § 10 UStG und die anschließende Berücksichtigung des Steuersatzes in § 12 UStG, sowie die Entstehung der Steuer gemäß § 13 UStG und § 13b UStG sowie die Steuerschuldnerschaft gemäß § 13a UStG und § 13b UStG sind anschließende Fragen und nur für steuerbare Umsätze von Bedeutung.

HINWEIS

Beachte: Im weiteren Verlauf wird die Beurteilung dessen, ob ein Leistungsaustausch vorliegt und ob dieser im Inland erfolgt im Kapitel „Umsatzart" einbezogen. Damit soll hinsichtlich bspw. unentgeltlicher Wertabgaben auch eine Abgrenzung zu fehlender Entgeltlichkeit und in Beachtung der Ortbestimmungen der einzelnen Umsätze vorgenommen werden.

2. Unternehmereigenschaft und Umfang des Unternehmens

Gemäß § 2 Abs. 1 UStG ist Unternehmer, wer eine gewerbliche oder berufliche Tätigkeit selbständig ausübt. Gewerblich oder beruflich ist indes jede nachhaltige Tätigkeit zur Erzielung von Einnahmen, auch wenn die Absicht, Gewinn zu erzielen fehlt oder eine Personenvereinigung nur gegenüber ihren Mitgliedern tätig wird. Das fragliche Unternehmen umfasst dabei die gesamte gewerbliche oder berufliche Tätigkeit des Unternehmers. Zunächst soll sich dem Unternehmensbegriff im Allgemeinen zugewendet werden. Demnach sind stets folgende Tatbestandsmerkmale zu beachten:

a) Natürliche oder juristische Person oder sonstige Gebilde des Wirtschaftslebens unabhängig von ihrer Rechtsform oder Rechtsfähigkeit,

b) Gewerbliche oder berufliche Tätigkeit durch Ausführung von Leistungen, unter anderem i. S. d. § 1 Abs. 1 Nr. 1 Satz 1 UStG,

c) Nachhaltigkeit, womit auf die Abgrenzung zur Einmaligkeit in Form einer nicht nur gelegentlichen Ausübung abgestellt wird,

d) Erzielung von Einnahmen, ohne dass es sich jedoch um die Absicht des Unternehmers handeln muss auch Gewinn erzielen zu wollen,

e) Selbständigkeit, in Abgrenzung zur Unselbständigkeit und mithin insbesondere in Beachtung der Ausführungen in § 2 Abs. 2 UStG zur Organschaft (VI. 8.1)

Nur wenn alle Voraussetzungen kumulativ vorliegen, kann ein umsatzsteuerlicher Unternehmer gemäß § 2 Abs. 1 Satz 1 und Satz 3 UStG vorliegen.

Für die Unternehmereigenschaft einer Personengesellschaft ist es unerheblich, ob ihre Gesellschafter Mitunternehmer i. S. d. § 15 Abs. 1 Nr. 2 EStG sind. Weiterhin kann nach der Anpassung des § 2 Abs. 1 UStG auch eine Bruchteilsgemeinschaft wieder Unternehmer sein. Zudem gilt es zu beachte, dass Innengesellschaften, die ohne eigenes Vermögen, ohne Betrieb, ohne Rechtsfähigkeit und ohne Firma bestehen, umsatzsteuerrechtlich unbeachtlich sind, weil ihnen mangels Auftretens nach außen die Unternehmereigenschaft fehlt. Unternehmer sind im Falle des Vorliegens der sonstigen Voraussetzungen nur die an der Innengesellschaft beteiligten Personen oder Personenzusammenschlüsse (Abschnitt 2.1 Abs. 5 UStAE).

Nur sofern eine Tätigkeit auf eigene Rechnung und in eigener Verantwortung ausgeführt wird ist diese selbständig. Es ist mithin auf das Innenverhältnis zum Auftraggeber abzustellen. Die vertragliche Bezeichnung, die Art der Tätigkeit oder die Form der Entlohnung sind nicht maßgebend. D. h., dass das Gesamtbild der Verhältnisse maßgebend ist. Alle Umstände müssen entsprechend abgewogen werden, Abschnitt 2.2 Abs. 1 UStAE. Besonderheit ist, dass Personengesellschaften und juristische Personen dabei stets selbständig sind. Eine Ausnahme gilt, wenn diese in das Unternehmen eines Organträgers eingegliedert sind, Abschnitt 2.2 Abs. 5 und 6 UStAE.

Bei der Beurteilung der gewerblichen oder beruflichen Tätigkeit für Zwecke des UStG ist zu beachten, dass der Begriff im Umsatzsteuerrecht über den Begriff des Gewerbebetriebes nach dem EStG und dem GewStG hinausgeht. Die gewerbliche oder berufliche Tätigkeit setzt mithin stets voraus, dass Leistungen im sog. wirtschaftlichen Sinn von dem Unternehmer ausgeführt werden. Diese dürfen indes nicht nur im Rechtssinn erfolgen (Abschnitt 2.3 Abs. 1 UStAE). Eine Besonderheit besteht darin, dass von gewerblichen und beruflichen Tätigkeiten nichtunternehmerische Tätigkeiten zu unterscheiden sind. Dabei handelt es sich um nichtwirtschaftliche Tätigkeiten im engeren Sinne und unternehmensfremde Tätigkeiten. Unternehmensfremde Tätigkeiten sind jene, welche für den privaten Bedarf des Unternehmers als natürliche Person erbracht werden. Nichtwirtschaftliche Tätigkeiten sind alle nichtunternehmerischen Tätigkeiten, welche nicht unternehmensfremd sind, Abschnitt 2.3 Abs. 1a UStAE.

Eine Besonderheit, welche stets bei der Klausurlösung beachtet werden muss, ist, dass die Unternehmertätigkeit mit dem ersten nach außen erkennbaren Handeln beginnt. Dies gilt in der Grenze dessen, dass die spätere Ausführung entgeltlicher Leistung beabsichtigt ist und der gesamte Vorgang als ernsthafte Betätigung einzustufen ist, Abschnitt 2.6 Abs. 1 UStAE. Mithin endet die Unternehmertätigkeit mit dem letzten Tätigwerden. Dabei ist der Zeitpunkt der Einstellung oder Abmeldung eines Gewerbes unbeachtlich. Die Unternehmereigenschaft endet erst, wenn der Unternehmer alle Rechtsbeziehung abgewickelt hat, die mit dem Betrieb in Zusammenhang stehen, Abschnitt 2.6 Abs. 6 UStAE.

Für die Beurteilung gesellschaftsrechtlicher Beteiligungen und die Einordnung der damit im Zusammenhang stehenden Leistungen wird auf die Ausführungen in IV. 2. verwiesen.

Zum Unternehmen eines Unternehmers gehören sämtliche Betriebe oder beruflichen Tätigkeiten dieses Unternehmers. Innerhalb eines Unternehmens sind steuerbare Umsätze grundsätzlich nicht möglich. Besonderheiten ergeben sich aus dem innergemeinschaftlichen Verbringen nach § 1a Abs. 2 UStG (Abschnitt 2.7 Abs. 1 UStAE, IV. 3.1). Bei der Klausurlösung ist zu beachten, dass in den Rahmen des Unternehmens nicht nur Grundgeschäfte fallen, die der eigentlichen geschäftlichen Betätigung dienen, sondern auch Hilfsgeschäfte. Hilfsgeschäfte sind bspw. Tätigkeiten, die die Haupttätigkeit mit sich bringt, sofern der Gegenstand im unternehmerischen Bereich des Veräußerers gehörte. Bei Hilfsgeschäften kommt es nicht auf die Nachhaltigkeit an. Somit fällt der Verkauf von Vermögensgegenständen ohne Rücksicht auf die Nachhaltigkeit in den Rahmen des Unternehmens, Abschnitt 2.7 Abs. 2 UStAE.

3. Umsatzart

Der umsatzsteuerliche Oberbegriff für Lieferungen i. S. d. § 3 Abs. 1 UStG und sonstige Leistung i. S. d. § 3 Abs. 9 UStG lautet Leistungen. Beide Begrifflichkeiten sind erforderlich, um einen Umsatz i. S. d. UStG zu bestimmen. Daneben können jedoch auch noch andere Leistungen vorliegen, welche sich insbesondere durch Besonderheiten auszeichnen. Aufgrund der Häufigkeit in umsatzsteuerlichen Steuerberaterprüfungen soll an dieser Stelle auch die unentgeltliche Wertabgabe vorgestellt werden. Zudem soll auf den innergemeinschaftlichen Erwerb eingegangen werden und auf die Einfuhr kurz hingewiesen werden.

3.1 Lieferung

3.1.1 Grundlagen der Lieferung

Lieferungen i. S. d. § 3 Abs. 1 UStG liegen vor, wenn dem Abnehmer eines Gegenstandes die Verfügungsmacht an diesem Gegenstand verschafft wird. Dies bedeutet, dass für das Vorliegen einer Lieferung zwei Tatbestandsmerkmale wesentlich sind. Dabei handelt es sich zum einen um den Liefergegenstand und zum anderen um die Verschaffung der Verfügungsmacht.

Weiterhin muss der für das Umsatzsteuergesetz maßgebende Liefergegenstand vorliegen, damit in der Klausur zu einer Lieferung gelangt werden kann. Liefergegenstände i. S. d. UStG sind grundsätzlich körperliche Gegenstände. I. d. R. handelt es sich um Sachen i. S. d. §§ 90,90a BGB. Damit sind vom Begriff der Sache unter anderem unbewegliche Sachen wie bspw. Grundstücke oder auch Eigentumswohnungen, bewegliche Sachen wie bspw. Waren, Autos, Bücher und Maschinen aber auch lebende Sachen wie Tiere oder Pflanzen umfasst. Zudem können auch Sachen im flüssigen oder gasförmigen Aggregatzustand einen Liefergegenstand darstellen. Dabei ist bspw. an Gas, Öl und Wärme zu denken. Gleiches gilt für Gegenstände, welche im Geschäftsverkehr wie Sachen umgesetzt werden. Sofern eine entsprechende Aufgabe in der Klausur vorliegt, werden in Regel Strom oder Wärme gegeben sein. Zu beachten ist weiterhin, dass Geld als bloßes Zahlungsmittel genauso wie die Rechte und Patente als immaterielle Wirtschaftsgüter keine Sache ist. Selbstverständlich sind auch Menschen keine Sachen und damit keine Liefergegenstände i. S. d. Umsatzsteuergesetzes.

HINWEIS

Es kann vorkommen, dass der Klausurersteller eine Falle dadurch stellen möchte, dass ein Recht der „Liefergegenstand" sein soll. Dabei ist zu beachten, das Rechte zwar häufig in einem Papier verbrieft sind, es sich jedoch grundsätzlich nicht um eine Lieferung i. S. d. UStG handelt. Das Papier auf welchem das Recht verbrieft ist, ist nämlich gegenüber der Übertragung des Rechts an sich von untergeordneter Bedeutung. Häufig anzutreffende Standardfälle sind insoweit der Verkauf von Fahrkarten oder auch Theaterkarten und Kinokarten. Das Papier auf welchem das Recht verbrieft ist, verbleibt als Nebenleistung, welche das Schicksal der Hauptleistung teilt.

Wird der Begriff der Verschaffung der Verfügungsmacht betrachtet, so ist darauf hinzuweisen, dass man unter der Verfügungsmacht die umfassende Herrschaftsmacht an einer Sache versteht. Dies bedeutet, dass der Inhaber der Verfügungsmacht die entsprechende Sache benutzen, verbrauchen, veräußern aber auch zerstören kann. Die Verfügungsmacht an einem Liefergegenstand i. S. d. UStG hat somit in der Regel der Eigentümer. Die Verschaffung der Verfügungsmacht erfolgt regelmäßig durch Eigentumsübergang. An dieser Stelle ist zu beachten, dass es auch Ausnahmen geben kann, bspw. wenn der Erwerber den Gegenstand bereits vorher als Besitzer zur Nutzung hatte. Unabhängig davon setzt die Verschaffung der Verfügungsmacht einen Lieferwillen des Lieferanten voraus.

Zivilrechtlich ist der Ausgangspunkt einer jeden Lieferung das Verpflichtungsgeschäft. Dies bedeutet, dass die Lieferung von derjenigen Person, welche die Verfügungsmacht an einem Gegenstand besitzt, dem sogenannte Lieferer, erfolgt. Sie erfolgt indes an den Abnehmer, das ist derjenige, an den der Liefergegenstand abgegeben werden soll. Sofern es in einem Sachverhalt vorkommt, dass sog. Erfüllungsgehilfen mitwirken, wird keine Verfügungsmacht an dem Liefergegenstand verschafft. Sowohl der Lieferer als auch der Abnehmer können sich Erfüllungsgehilfen bedienen. Betrachtet man umsatzsteuerliche Standardfälle, so sind Erfüllungsgehilfen häufig in Form von Arbeitnehmern, welche im Rahmen ihres Dienstverhältnisses tätig werden oder als Verfrachter, Frachtführer, Mitarbeiter der Post oder Bahn, oder auch als Spediteure anzutreffen.

HINWEIS

An dieser Stelle kann der nächste Fallstrick drohen. Abgesehen von den Arbeitnehmern als nichtselbständige Erfüllungsgehilfen handelt es sich nämlich bei allen anderen genannten Gruppen um selbständige Unternehmer. Diese erbringen an ihre Auftraggeber keine Lieferungen, jedoch müssen sodann separate sonstige Leistungen geprüft werden.

Letztlich bleibt festzuhalten, dass der Zeitpunkt der Lieferung stets der Zeitpunkt der Verschaffung der Verfügungsmacht ist. Sofern in der Klausur die Zeitpunkte des Versandes oder der Beförderung eines Gegenstandes mit der Anlieferung auseinanderfallen, ist diese Problematik gesondert zu würdigen. Ein kurzer Hinweis darf in den meisten Fällen an dieser Stelle ausreichend sein.

3.1.2 Ort der Lieferung

Da es für einen steuerpflichtigen Umsatz erforderlich ist, dass dieser im Inland (§ 1 Abs. 2 UStG) ausgeführt worden ist, muss weiterhin zunächst stets der Leistungsort bestimmt werden. Bei Lieferungen ist insoweit zwischen der bewegten Lieferung i. S. d. § 3 Abs. 6 UStG und der unbewegten Lieferung i. S. d. § 3 Abs. 7 UStG zu differenzieren. Die bewegte Lieferung kann in eine Beförderungslieferung oder Versendungslieferung unterteilt werden. Zunächst gilt es festzustellen, dass der Ort sich grundsätzlich gemäß § 3 Abs. 6 Satz 1 UStG nach dem Beginn der Beförderung oder Versendung bestimmt. Eine Beförderung liegt sodann vor, wenn leistender Unternehmer oder Abnehmer den Transport des Liefergegenstandes durchführen, § 3 Abs. 1 i. V. m. Abs. 6 Satz 2 UStG. Hinsichtlich des Zeitpunkts der Lieferung ist, wie bereits erwähnt, der Beginn der Beförderung maßgebend.

Im Gegensatz dazu ist eine Versendungslieferung gegeben, wenn der Transport durch einen selbständigen Beauftragten durchgeführt wird. Häufig auftretende Fälle sind dabei die Lieferung durch die Post, Bahn und Spedition. Dies ist in § 3 Abs. 1, 6 Satz 3 UStG geregelt. Mithin ist die Übergabe an den selbständigen Beauftragten für den Zeitpunkt maßgebend, § 3 Abs. 6 Satz 4 UStG.

Sollte im Zeitpunkt des Beginns der Beförderung oder Versendung ein Abnehmer noch nicht feststehen, wird von einem sog. rechtsgeschäftslosen Verbringen gesprochen. Dieses löst nur umsatzsteuerliche Konsequenzen im Rahmen eines innergemeinschaftlichen Verbringens (IV. 3.1) aus. Zudem ist zu beachten, dass Liefergegenstände, welche eine spezielle Montage erfordern keine Beförderungs- oder Versendungslieferung darstellen. Diese fallen unter die unbewegte Lieferung i. S. d. § 3 Abs. 7 Satz 1 UStG. Solche Fälle sind gegeben, wenn sich der Liefergegenstand bei der Verschaffung der Verfügungsmacht am Lieferort befindet. Neben dem klassischen Standard bei der Grundstückslieferung kann eine Montagelieferung die Voraussetzungen erfüllen.

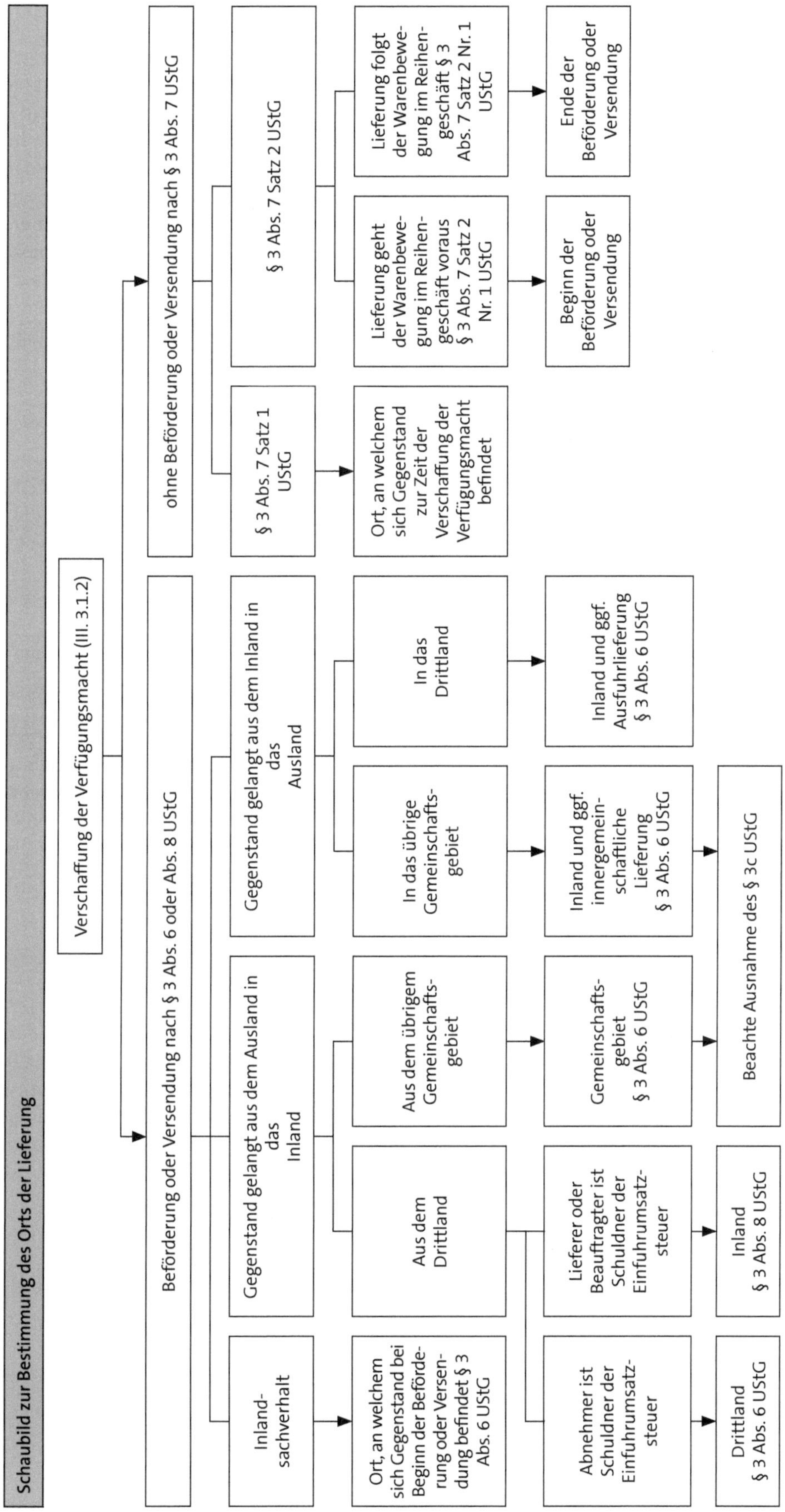
Schaubild zur Bestimmung des Orts der Lieferung
Verschaffung der Verfügungsmacht (III. 3.1.2)
Beförderung oder Versendung nach § 3 Abs. 6 oder Abs. 8 UStG
ohne Beförderung oder Versendung nach § 3 Abs. 7 UStG
Inlandsachverhalt
Gegenstand gelangt aus dem Ausland in das Inland
Gegenstand gelangt aus dem Inland in das Ausland
§ 3 Abs. 7 Satz 1 UStG
§ 3 Abs. 7 Satz 2 UStG
Ort, an welchem sich Gegenstand bei Beginn der Beförderung oder Versendung befindet § 3 Abs. 6 UStG
Aus dem Drittland
Aus dem übrigen Gemeinschaftsgebiet
In das übrige Gemeinschaftsgebiet
In das Drittland
Ort, an welchem sich Gegenstand zur Zeit der Verschaffung der Verfügungsmacht befindet
Lieferung geht der Warenbewegung im Reihengeschäft voraus § 3 Abs. 7 Satz 2 Nr. 1 UStG
Lieferung folgt der Warenbewegung im Reihengeschäft § 3 Abs. 7 Satz 2 Nr. 1 UStG
Abnehmer ist Schuldner der Einfuhrumsatzsteuer
Lieferer oder Beauftragter ist Schuldner der Einfuhrumsatzsteuer
Gemeinschaftsgebiet § 3 Abs. 6 UStG
Inland und ggf. innergemeinschaftliche Lieferung § 3 Abs. 6 UStG
Inland und ggf. Ausfuhrlieferung § 3 Abs. 6 UStG
Beginn der Beförderung oder Versendung
Ende der Beförderung oder Versendung
Drittland § 3 Abs. 6 UStG
Inland § 3 Abs. 8 UStG
Beachte Ausnahme des § 3c UStG

3.1.3 Besonderheiten der Lieferung

Besonderheiten stellen Werklieferungen dar. Diese sind in § 3 Abs. 4 UStG geregelt. Hier muss es zur Be- oder Verarbeitung eines fremden Gegenstandes kommen, mithin eines Gegenstandes, den i. d. R. der Leistungsempfänger stellt (bspw. Grundstück). Die Abgrenzung zur sonstigen Leistung erfolgt durch die Werkleistung, welche als Umkehrschluss zu § 3 Abs. 4 UStG bzw. in § 3 Abs. 10 UStG geregelt ist. Es sei an dieser Stelle darauf hingewiesen, dass es insbesondere darauf ankommt, wer die Hauptstoffe zur Verfügung stellt. Wenn der Leistungserbringer als Unternehmer die Hauptstoffe zur Verfügung stellt, liegt i. d. R. stets eine Werklieferung vor. Stellt er nur die Nebenstoffe zur Verfügung, liegt eine der sonstigen Leistung vergleichbare Werkleistung vor. Zur weiteren Differenzierung wird im Folgenden nur überblicksartig Stellung bezogen, da andere Themen erfahrungsgemäß schwerpunktmäßiger in den Steuerberaterklausuren vorkommen. Neben einigen Besonderheiten sind nämlich im Allgemeinen die Grundsätze zur Lieferung und sonstigen Leistung zu beachten. Anbei eine kurze Zusammenfassung:

Beschaffung der Werkstoffe	**Umsatzsteuerliche Einordnung**
Werkunternehmer beschafft gesamte Haupt- und Nebenstoffe	Es liegt eine Werklieferung vor
Werkbesteller beschafft gesamte Haupt- und Nebenstoffe	Es liegt eine Werksleistung vor
Werkunternehmer beschafft den Hauptstoff, der Werkbesteller den Nebenstoff	Es liegt eine Werklieferung vor
Werkbesteller beschafft den Hauptstoff, der Werk Unternehmer beschafft den Nebenstoff	Es liegt eine Werkleistung vor
Werkunternehmer beschafft einen Teil der Hauptstoffe und Werkbesteller beschafft einen Teil der Hauptstoffe	Es liegt eine Werklieferung vor

Weitere Besonderheiten können sich aus Tauschvorgängen gemäß § 3 Abs. 12 UStG ergeben. Beim Tausch gemäß Satz 1 der Norm besteht das Entgelt für die Lieferung in einer Lieferung. Dagegen gibt es auch tauschähnliche Umsätze gemäß Satz 2 der Norm. Bei diesem besteht das Entgelt für eine Lieferung in einer sonstigen Leistung oder für eine sonstigen Leistung in einer Lieferung oder einer anderen sonstigen Leistung. Zu weiteren Besonderheiten der Bemessungsgrundlage in diesen Fällen wird auf die Ausführungen unter III. 5. verwiesen.

3.2 Sonstige Leistung

3.2.1 Grundlagen der sonstigen Leistung

Betrachtet man § 3 Abs. 9 UStG, so fällt auf, dass die Definition sich am Begriff der Lieferung orientiert. Sonstige Leistung ist nämlich jede Leistung, welche keine Lieferung ist. Dabei stellt die sonstige Leistung eine willentliche Zuwendung eines wirtschaftlichen Vorteils dar. Dieser wirtschaftliche Vorteil besteht jedoch nicht in der Verschaffung der Verfügungsmacht über einen Gegenstand. Zur besseren Einordnung sollen daher an dieser Stelle einige typische Klausurfälle einer sonstigen Leistung genannt werden. Dies sind u. a.:

- Dienstleistungen,
- Vermittlungsleistungen in fremdem Namen und auf fremde Rechnung (Agenten),
- Gebrauchs- und Nutzungsüberlassungen (Vermietung, Verpachtung, Kreditgewährung),
- Einräumung, Übertragung und Wahrnehmung von Patenten und ähnlichen Rechten,
- Abgabe von Speisen und Getränken zum Verzehr an Ort und Stelle,
- Reiseleistungen (§ 25 Abs.1 UStG),
- Werkleistungen,
- Umtauschgeschäfte,
- Verzicht auf Verkaufstätigkeit.

Eine sonstige Leistung ist nicht zwangsläufig in einem positiven Tun gegeben. Wie § 3 Abs. 9 Satz 2 UStG beschreibt, können sonstige Leistungen auch im Unterlassen oder Dulden einer Handlung bzw. eines entsprechenden Zustandes bestehen.

Betrachtet man den Begriff des Unterlassens, so handelt es sich dabei um den bewussten Verzicht auf die Vornahme einer bestimmten eigenen Handlung. In aller Regel liegt nur eine sonstige Leistung i. S. d. § 3 Abs. 9 UStG vor, wenn der Verzicht einer eigenen Handlung dazu führt, dass einer anderen Person bzw. einem anderen Unternehmen ein wirtschaftlicher Vorteil zugeführt wird. Klassischer Standardfall ist der Wettbewerbsverzicht durch einen Unternehmer zu Gunsten eines anderen Unternehmers. Dagegen ist das Dulden die beabsichtigte Akzeptanz einer fremden Aktivität im sogenannten eigenen Rechtskreis. Hierbei ist der Standardfall die Bestellung eines Nießbrauchsrechts oder Erbbaurechts. Auch die Gestattung der Nutzung von Patenten und anderen Urheberrechten kann zu einer sonstigen Leistung in Form eines Duldens führen.

Der Zeitpunkt der sonstigen Leistung bestimmt sich jeweils nach dem Zeitpunkt der vollständigen Ausführung. Insoweit kommt es darauf an, wann die entsprechende sonstige Leistung im Gesamten erbracht ist.

3.2.2 Ort der sonstigen Leistung

Der Ort der sonstigen Leistung ist in § 3a UStG für die Grundfälle geregelt. Es gelten vorbehaltlich der § 3 Abs. 3 ff. UStG die Grundsätze in § 3 Abs. 1 und Abs. 2 UStG. Für die Klausur ist es sinnvoll zunächst nach den Grundsätzen den Leistungsort zu bestimmen.

Anders als bei den Lieferungen hängt es bei der sonstigen Leistung insbesondere von der Person des Leistungsempfängers ab, welche maßgebliche Vorschrift für die Bestimmung des Leistungsorts zur Anwendung gelangt. Für die Grundtatbestände des § 3a Abs. 1 und 2, jedoch weitgehend auch für die späteren Ausnahmen des § 3a Abs. 3 ff. UStG werden dabei zwei Gruppen von Leistungsempfängern unterschieden.

Die erste Gruppe von Leistungsempfängern umfasst insbesondere die Nichtunternehmer ohne USt-IdNr., Unternehmer, die die sonstige Leistung nicht für ihr Unternehmen beziehen und die keine juristische Person sind und juristische Personen, die sowohl unternehmerisch als auch nichtunternehmerisch tätig sind, wenn die sonstige Leistung ausschließlich für den privaten Bedarf des Personals oder eines Gesellschafters bestimmt ist. Diese Leistungsempfänger werden gemeinhin aus Vereinfachungsgründen als „Nichtunternehmer" bezeichnet, wobei weitgehend auch die Bezeichnung der damit verbundenen Umsätze als „B2C-Umsätze", mithin „Business-to-Consumer-Umsätze" bezeichnet werden. Für sonstige Leistungen, die als B2C-Umsätze an Nichtunternehmer erbracht werden, gilt im Grundtatbestand des § 3a Abs. 1 UStG das sog. Sitzortsprinzip. Mithin werden diese Leistungen dort ausgeführt, wo der leistende Unternehmer seinen Sitz oder seine Betriebsstätte hat. Die entsprechenden Ausnahmen ergeben sich aus § 3a Abs. 3 bis 8, § 3b und § 3e UStG.

Die zweite Gruppe von Leistungsempfängern umfasst indes insbesondere Unternehmer, die die sonstige Leistung für ihr Unternehmen beziehen und juristische Personen des öffentlichen oder privaten Rechts, die ausschließlich nicht unternehmerisch tätig sind und denen eine USt-IdNr. erteilt worden ist oder die auch unternehmerisch tätig sind und eine Leistung für ihren unternehmerischen oder nicht unternehmerischen Bereich beziehen. Ausgenommen davon sind nur die sonstigen Leistungen, die ausschließlich für den privaten Bedarf des Personals oder eines Gesellschafters bezogen werden. Diese Leistungsempfänger werden gemeinhin als „Unternehmer und gleichgestellte juristische Personen" bezeichnet. Daneben hat sich die Bezeichnung der damit verbundenen Umsätze als „B2B-Umsätze", mithin „Business-to-Business-Umsätze" durchgesetzt. In Abweichung zu § 3a Abs. 1 UStG gilt für diese sonstigen Leistungen grds. das sog. Empfängerortsprinzip. Mithin werden diese dort ausgeführt, wo der Leistungsempfänger seinen Sitz oder seine Betriebsstätte hat. Die entsprechenden Ausnahmen ergeben sich aus § 3a Abs. 3 bis 8, § 3b und § 3e UStG.

Die Grundregel des § 3a Abs. 1 UStG folgt dem umsatzsteuerlichen Ursprungslandprinzip. Dies bedeutet, dass der Ort dort liegt, wo der leistende Unternehmer sein Unternehmen betreibt, der sog. Betriebssitz. Bei Körperschaften, Personenvereinigungen oder Vermögensmassen ist dabei der Ort der Geschäftsleitung maßgeblich. Gemeint ist damit der Ort, an dem die Handlungen zur zentralen Verwaltung des Unternehmens vorgenommen werden. Für die Beurteilung wird der Ort, an dem die wesentlichen Entscheidungen zur Leitung des Unternehmens getroffen werden, der Ort seines satzungsmäßigen Sitzes und der Ort, an dem die Unternehmensleitung zusammenkommt, berücksichtigt. Es kann insoweit möglich sein, dass der Ort, von dem aus der Unternehmer sein Unternehmen betreibt, nicht mit Sicherheit bestimmt werden kann. Sodann ist der Ort, an dem die wesentlichen Entscheidungen zur allgemeinen Leitung des Unternehmens getroffen werden, der vorrangige Anknüpfungspunkt.

Ausschlaggebend für diese Beurteilung ist der Zeitpunkt, in dem die Leistung an den Leistungsempfänger erbracht wird. Sodann ist auch zu bestimmen, ob die persönlichen Voraussetzungen im Leistungsempfänger für die Anwendung der Vorschrift vorliegen. Zu beachten ist jedoch, dass der Leistungsort sich nur nach § 3a Abs. 1 UStG bestimmt, wenn kein Tatbestand des § 3a Abs. 2 bis 8 UStG, des § 3b UStG oder des § 3e UStG vorliegt.

Werden die für die sonstige Leistung erforderlichen Arbeiten ganz oder überwiegend durch Angehörige oder Einrichtungen einer Betriebsstätte ausgeführt, ist der Belegenheitsort der Betriebsstätte maßgebend. Betriebsstätte in diesem Sinne ist dabei jede feste Geschäftseinrichtung oder Anlage, die der Tätigkeit des Unternehmens dient. Diese muss über einen ausreichenden Bestand an Personal und Sachmitteln verfügen, die für die Erbringung der betreffenden Leistung erforderlich ist. Zudem ist es erforderlich, dass sie einen hinreichenden Grad an Beständigkeit sowie eine Struktur aufweist, die von der personellen und technischen Ausstattung her eine autonome Erbringung der Dienstleistung ermöglicht. Eine solche Struktur liegt z. B. vor, wenn die Einrichtung über eine Anzahl von Beschäftigten verfügt, von hier aus Verträge abgeschlossen werden können, Rechnungslegung und Aufzeichnungen dort erfolgen und Entscheidungen getroffen werden, z. B. über den Wareneinkauf. Betriebsstätte kann auch eine Organgesellschaft sein.

Unabhängig davon unterhält ein Unternehmer eine Betriebsstätte bzw. feste Niederlassung jedenfalls dann, wenn er umfassenden Zugriff auf eine Einrichtung hat, die einen hinreichenden Grad an Beständigkeit sowie eine Struktur aufweist, die von der personellen und technischen Ausstattung her eine autonome Erbringung der betreffenden Dienstleistung ermöglicht. Fraglich ist insoweit für umsatzsteuerliche Zwecke jedoch, ob ein Warenlager eine inländische Betriebsstätte begründen kann.

Die sog. B2B-Umsätze werden vorbehaltlich des § 3a Abs. 3 bis 8 und der §§ 3b, 3e UStG an dem Ort ausgeführt, von dem aus der Empfänger der sonstigen Leistung i. S. d. § 3 Abs. 9 UStG sein Unternehmen oder seine Betriebsstätte betreibt. Für die Anwendung der Regelungen über die Ortsbestimmung nach § 3a Abs. 2 UStG ist ein Unternehmer nur dann als Unternehmer zu behandeln, wenn er seine Leistung als Steuerpflichtiger i. S. d. UStG bezieht. Zu beachten ist jedoch, dass hierunter auch Leistungen an einen Unternehmer fallen, soweit diese Leistungen für die Erbringung nicht steuerbarer Umsätze bestimmt sind. Indes fällt ein Leistungsbezug für den außerunternehmerischen Bereich des Unternehmers explizit nicht unter § 3a Abs. 2 UStG. Anderes gilt für eine gemischt für den außerunternehmerisch und unternehmerisch genutzten Bereich bezogene Leistung. Diese ist einheitlich nach § 3a Abs. 2 UStG als für das Unternehmen bezogen anzusehen.

HINWEIS

Zum Teil ist auch anzutreffen, dass hinsichtlich der Prüfung des Ortes der sonstigen Leistung zunächst die Sondervorschriften zu prüfen sind. Erst anschließend und bei Nichterfüllen dieser soll sodann auf die Grundsätze zurückgegriffen werden. An dieser Stelle sollte jeder selbst entscheiden, welches Vorgehen bevorzugt wird.

Eine Besonderheit der Ortsbestimmungen des § 3a UStG ist, dass diese einen Grundtatbestand in den Abs. 1 und 2 kennen, welcher sodann durch die Ausnahmetatbestände der nachfolgenden Absätze „überschrieben“ wird. Hier ist es sehr wichtig zu betonen, dass es unterschiedliche Herangehensweisen an die Bearbeitung entsprechender Fragestellungen gibt. Während einige Lehrbücher und Seminare die Auffassung vertreten, dass zunächst die Grundtatbestände des § 3a Abs. 1 und 2 UStG geprüft werden sollten, um anschließend zu prüfen, ob ein Ausnahmetatbestand zur Anwendung gelangt, sehen es andere genau umgekehrt. Diese gehen davon aus, dass zunächst sämtliche Tatbestände des §§ 3a Abs. 3 bis 8 und 3b und 3e UStG zu prüfen sind und nur wenn einer solcher nicht zur Anwendung gelangt auf die Grundtatbestände des § 3a Abs. 1 und 2 UStG zurückzugreifen ist. Welche Herangehensweise in der Prüfungssituation und auch Praxis gewählt wird, ist dabei unbeachtlich, da beide letztlich zum Ziel führen. In den vorliegenden Ausführungen folgt der Autor dem Ansatz, dass stets zunächst der Grundtatbestand zu bestimmen ist, um anschließend zu prüfen, ob dieser durch eine Ausnahmeregelung negiert wird. Die Sondervorschriften sollen, soweit diese häufig von Bedeutung sind, in der nachfolgenden Tabelle kurz dargestellt werden:

Norm der Ortsbestimmung	Bezeichnung der Art der sonstigen Leistung	Ort der sonstigen Leistung im B2C-Fall	Ort der sonstigen Leistung im B2B-Fall
§ 3a Abs. 3 Nr. 1 UStG	Grundstücksbezogene Leistungen	Belegenheitsort des Grundstücks	Belegenheitsort des Grundstücks
§ 3a Abs. 3 Nr. 2 UStG	Kurzfristige Vermietung eines Beförderungsmittels Langfristige Vermietung eines Beförderungsmittels Vermietung eines Sportbootes	Übergabeort des Beförderungsmittels Wohnsitz oder Sitz des Empfängers Übergabeort des Sportbootes, wenn Sitz, Geschäftsleitung oder Betriebsstätte an diesem Ort	Übergabeort des Beförderungsmittels Keine Anwendung der Norm, § 3a Abs. 2 UStG greift Keine Anwendung der Norm, § 3a Abs. 2 UStG greift
§ 3a Abs. 3 Nr. 3 Buchst. a UStG	Kulturelle, künstlerische, wissenschaftliche, unterrichtende, sportliche, unterhaltende oder ähnliche sonstige Leistungen (u. a. Messen und Ausstellungen)	Tätigkeitsort des leistenden Unternehmers	Keine Anwendung der Norm, § 3a Abs. 2 UStG greift
§ 3a Abs. 3 Nr. 3 Buchst. b UStG	Restaurationsleistungen, sofern nicht an Bord eines Schiffes, Luftfahrzeugs oder einer Bahn	Tätigkeitsort des leistenden Unternehmers	Tätigkeitsort des leistenden Unternehmers
§ 3a Abs. 3 Nr. 3 Buchst. c UStG	Arbeiten an beweglichen körperlichen Gegenständen und Begutachtung dieser Gegenstände	Tätigkeitsort des leistenden Unternehmers	Keine Anwendung der Norm, § 3a Abs. 2 UStG greift
§ 3a Abs. 3 Nr. 4 UStG	Vermittlungsleistungen	Ort, an dem der vermittelte Umsatz als ausgeführt gilt	Keine Anwendung der Norm, § 3a Abs. 2 UStG greift
§ 3a Abs. 3 Nr. 5 UStG	Einräumung von Eintrittsberechtigungen zu kulturellen, künstlerischen, wissenschaftlichen, unterrichtenden, sportlichen, unterhaltenden oder ähnlichen Veranstaltungen (u. a. Messen und Ausstellungen)	Keine Anwendung der Norm, § 3a Abs. 1 UStG greift	Ort, an dem die Veranstaltung durchgeführt wird
§ 3a Abs. 4 UStG	Katalogleistungen im Drittlandsgebiet wie bspw. Rechteeinräumungen, Leistungen von Rechtsanwälten, Steuerberatern und Wirtschaftsprüfern und Gestellung von Personal	Wohnsitz oder Sitz des Empfängers	Keine Anwendung der Norm, § 3a Abs. 2 UStG greift

Norm der Ortsbestimmung	Bezeichnung der Art der sonstigen Leistung	Ort der sonstigen Leistung im B2C-Fall	Ort der sonstigen Leistung im B2B-Fall
§ 3a Abs. 5 UStG	Bestimmte Umsätze der Telekommunikation, des Rundfunks, der Fernsehdienstleistungen und ähnliche Umsätze	Wohnsitz oder Sitz des Empfängers	Keine Anwendung der Norm, § 3a Abs. 2 UStG greift
§ 3a Abs. 6 UStG	Bestimmte Leistungen eines im Drittland ansässigen Unternehmers, sofern diese im Inland genutzt oder ausgewertet werden	Inland i. S. d. § 1 Abs. 2 Satz 1 UStG	Inland i. S. d. § 1 Abs. 2 Satz 1 UStG
§ 3a Abs. 7 UStG	Bestimmte Vermietungsumsätze, welche von einem im Inland ansässigen Unternehmer erbracht werden	Keine Anwendung der Norm	Drittlandsgebiet i. S. d. § 1 Abs. 2a Satz 3 UStG
§ 3a Abs. 8 UStG	Bestimmte Leistungen, sofern diese im Drittland in Anspruch genommen werden	Drittlandsgebiet i. S. d. § 1 Abs. 2a Satz 3 UStG	Drittlandsgebiet i. S. d. § 1 Abs. 2a Satz 3 UStG
§ 3b Abs. 1 UStG	Personenbeförderung und bei B2C-Umsätzen auch Güterbeförderung, sofern nicht § 3b Abs. 3 UStG greift	Inland, sofern die Beförderung dort (teilweise) bewirkt wird (Aufteilung)	Inland, sofern die Beförderung dort (teilweise) bewirkt wird (Aufteilung), bzw. bei Güterbeförderung keine Anwendung der Norm
§ 3b Abs. 2 UStG	Beladen, Entladen, Umschlagen und mit Beförderung in Zusammenhang stehende Leistungen	Ort, an dem sie vom leistenden Unternehmer tatsächlich erbracht werden	Keine Anwendung der Norm
§ 3b Abs. 3 UStG	Grenzüberschreitende innergemeinschaftliche Güterbeförderung	Ort, an dem die Beförderung des Gegenstandes beginnt	keine Anwendung der Norm

3.3 Unentgeltliche Wertabgabe

3.3.1 Lieferungen gleichgestellte Wertabgaben

Gemäß § 3 Abs. 1b Satz 1 Nr. 1 UStG wird einer Lieferung gegen Entgelt die Entnahme eines Gegenstandes durch einen Unternehmer aus seinem Unternehmen für außerunternehmerische Zwecke gleichgestellt. Gleiches gilt nach Nr. 2 der Norm, sofern die unentgeltliche Zuwendung eines Gegenstandes durch einen Unternehmer an sein Personal für dessen privaten Bedarf vorliegt. Eine Ausnahme besteht nur für Aufmerksamkeiten. Gemäß Abschnitt 1.8 Abs. 3 UStG sind Aufmerksamkeiten die Zuwendungen eines Arbeitgebers an sein Personal, welche ihrer Art und ihres Wertes nach Geschenken entsprechen und üblicherweise ausgetauscht werden. Mithin handelt es sich um Sachzuwendungen mit einem Wert von bis zu 60 € (R 19.6 LStR), welche der Arbeitgeber seinen Arbeitnehmern zuwendet.

Zudem ist auch jede andere unentgeltliche Zuwendung eines Gegenstandes einer Lieferung gegen Entgelt gleichgestellt, ausgenommen davon sind jedoch Geschenke von geringem Wert und Warenmuster für Zwecke des Unternehmens, § 3 Abs. 1b Satz 1 Nr. 3 UStG. In der Folge bedeutet dies jedoch auch, dass bei der Abgabe von Geschenken von geringem Wert keine Besteuerung vorzunehmen ist. Derartige Geschenke liegen vor, wenn die Anschaffungs- oder Herstellungskosten an den dem Empfänger zugewendeten Geschenke insgesamt, d. h. ohne Umsatzsteuer, im Kalenderjahr 35 € nicht übersteigen, Abschnitt 3.3 Abs. 11 UStAE. Weiterhin gilt es zu beachten, dass bei Geschenken über 35 €, für welche nach § 15 Abs. 1a UStG i. V. m. § 4 Abs. 5 Satz 1 Nr. 1 EStG kein Vorsteuerabzug vorgenommen werden konnte, eine Besteuerung nach § 3 Abs. 1b Satz 2 UStG entfällt. Zudem entfällt die Besteuerung, sofern der Gegenstand auch ansonsten nicht zum vollen oder teilweisen Vorsteuerabzug berechtigt hat, § 3 Abs. 1b Satz 2 UStG. Bspw. ist dies der Fall, wenn der Unternehmer nicht berechtigt ist einen Vorsteuerabzug nach § 15 Abs. 2 UStG vorzunehmen.

Während in Klausurfällen einerseits häufig die wertmäßige Grenze der Geschenke geprüft werden muss, kann es andererseits auch vorkommen, dass ein Fallstrick darin besteht, dass kein Vorsteuerabzug für ein entsprechendes Wirtschaftsgut vorgenommen wurde. Dementsprechend ist einerseits stets auf den Wert der maßgeblichen Gegenstände zu achten und andererseits zu beachten, inwieweit Aussagen zum Vorsteuerabzug des Gegenstandes bei Anschaffung getätigt wurden. Hinsichtlich der Bemessungsgrundlage ist auf die Ausführungen unter III. 5. zu verweisen. Weitere Besonderheiten werden in der Schwerpunktdarstellung unter IV. 4.2 erläutert.

Bereits an dieser Stelle soll jedoch ein Beispielfall zur Verdeutlichung des Vorgenannten dienen:

BEISPIEL

Ein Bäcker möchte aus der von ihm übernommenen Bäckerei eine Kaffeemaschine zum privaten Gebrauch entnehmen. Die Maschine wurde bereits zwei Jahre im Unternehmen verwendet. Die damaligen Anschaffungskosten betrugen 300 € und es konnte der komplette Vorsteuerabzug geltend gemacht werden. Unzweifelhaft würde eine etwaige gleichgestellte unentgeltliche Wertabgabe mit einer Bemessungsgrundlage nach § 10 UStG i. H. v. 150 € erfasst werden müssen. Der B fragt sich, ob eine unentgeltliche Wertabgabe für die Kaffeemaschine erforderlich ist. Liegt der B damit richtig?

Die Einschätzung des B geht fehl. Er muss eine Wertabgabe nach § 3 Abs. 1b Satz 1 Nr. 1 UStG umsatzsteuerlich berücksichtigen. Würde dies nicht der Fall sein, wäre der B im Vergleich zu einem Endverbraucher bessergestellt, da ein Vorsteuerabzug geltend gemacht werden konnte.

3.3.2 Sonstigen Leistungen gleichgestellte Wertabgaben

Genauso wie eine Lieferung gegen Entgelt gleichgestellt werden kann, kann dies auch für eine sonstige Leistung vorliegen. Die entsprechende Regelung ist in § 3 Abs. 9a UStG vorgesehen. Betroffen sind einerseits die Fälle, in welchen der Unternehmer einen dem Unternehmen zugeordneten Gegenstand, welcher zum vollen oder teilweisen Vorsteuerabzug berechtigt hat, für Zwecke außerhalb seines Unternehmens oder den privaten Bedarf seines Personals verwendet. Auch hier ist die Grenze für Aufmerksamkeiten gemäß der o. g. Ausführungen zu beachten. Etwas anderes gilt, sofern der Vorsteuerabzug nach § 15 Abs. 1b UStG ausgeschlossen ist oder sofern eine Vorsteuerberichtigung nach § 15a Abs. 6a UStG durchzuführen ist, § 3 Abs. 9a Nr. 1 UStG. Die Nr. 2 der Norm regelt sodann, dass die unentgeltliche Erbringung einer anderen sonstigen Leistung durch den Unternehmer für Zwecke außerhalb seines Unternehmens oder den privaten Bedarf seines Personals ebenfalls einer sonstigen Leistung gegen Entgelt gleichgestellt ist, sofern keine Aufmerksamkeit vorliegt. Hinsichtlich der Bemessungsgrundlage wird auch für diese Fälle auf die Ausführungen unter III. 5. verwiesen.

Insbesondere Fälle, in welchen der Unternehmer einen dem Unternehmen zugeordneten PKW auch für private Zwecke verwendet, sind in Klausuren häufig anzutreffen. In solchen Fällen kann nach verschiedenen Methoden die umsatzsteuerliche Würdigung vorgenommen werden. Weitere Besonderheiten werden in der Schwerpunktdarstellung unter IV. 4.1 erläutert.

3.3.3 Ortbestimmung

Die Beurteilung von unentgeltlichen Wertabgaben ist nach den allgemeinen Grundsätzen für Lieferungen und sonstige Leistungen zu beurteilen. Betrachtet man die o. g. allgemeinen Grundsätze zur Ortsbestimmung bei Lieferungen und sonstigen Leistungen kann es durchaus zu Problemen bei der Ortsbestimmung kommen, da die allgemeinen Grundsätze teilweise nicht auf unentgeltliche Wertabgaben zugeschnitten sind. Dies kann sich auch auf die Steuerbarkeit von Umsätzen auswirken.

3.4 Innergemeinschaftlicher Erwerb und Einfuhr

Internationale Sachverhalte können im Umsatzsteuerrecht grundsätzlich in zwei Konstellationen vorkommen. Zum einen kann es sich um Sachverhalte im Zusammenhang mit dem übrigen Gemeinschaftsgebiet handeln. Gesetzlich definiert ist das übrige Gemeinschaftsgebiet in § 1 Abs. 2a Satz 1 UStG. Die entsprechenden Fälle können zum einen in Form der innergemeinschaftlichen Lieferung als auch des innergemeinschaftlichen Erwerbs vorliegen. Im ersten Fall verlässt der Gegenstand das Inland, im zweiten Fall gelangt der Gegenstand in das Inland. Abweichend davon können auch Sachverhalte mit dem Drittland vorliegen. Drittlandsgebiet ist in § 1 Abs. 2a Satz 3 UStG geregelt. Die entsprechenden Fälle sind als Ausfuhr und als Einfuhr zu bezeichnen. Bei dem ersten Fall verlässt der Gegenstand das Inland, bei dir Einfuhr gelangt ein Gegenstand in das Inland.

Während die Begrifflichkeiten der innergemeinschaftlichen Lieferung und der Ausfuhr im Bereich Schwerpunktdarstellung (IV. 3.2) erläutert werden, soll an dieser Stelle auf den innergemeinschaftlichen Erwerb und kurz auf die Einfuhr eingegangen werden.

3.4.1 Innergemeinschaftlicher Erwerb

Der innergemeinschaftliche Erwerb ist als Besteuerungstatbestand in § 1 Abs. 1 Nr. 5 UStG geregelt und durch § 1a UStG weiter ausgeführt. Seit Wegfall der Einfuhrumsatzsteuer bei Lieferungen innerhalb der Mitgliedstaaten der EU, ersetzt der Tatbestand die umsatzsteuerliche Belastung im Staat des Endverbrauchs. Werden die drei Tatbestandsmerkmale des § 1 Abs. 1 Nr. 5 UStG betrachtet, so definiert § 1a UStG die wesentlichen Merkmale, mithin den innergemeinschaftlichen Erwerb und die Entgeltlichkeit. Der Inlandsbegriff erwächst indes aus § 3d UStG. Allgemein ist davon auszugehen, dass Entsprechungen des § 1a UStG in allen europäischen Mitgliedsstaaten – unter Beachtung individueller Besonderheiten – bestehen. Dies ergibt sich aus den Vorgaben der MwStSystRL in Art. 2 Abs. 1 Buchst. b Ziff. i und Art. 20 Abs. 1. Weitere Konkretisierungen ergeben sich aus Art. 23 MwStSystRL. Grundsätzlich liegt insoweit auch eine Korrelation mit dem Tatbestand der Steuerbefreiung (Art. 138 i. V. m. Art. 169 Buchst. b MwStSystRL) vor.

Vom innergemeinschaftlichen Erwerb erfasst ist nur die Lieferung von Gegenständen gemäß § 3 Abs. 1 UStG. Dabei können sowohl körperliche als auch nichtkörperliche Gegenstände vorliegen. Letztere sind bspw. Energie und ähnliche Sachen. Zu beachten ist, dass für die Ortsbestimmung der Lieferung von Energie § 3 g UStG einschlägig ist und daher der Ort im Bestimmungsland ist und keine innergemeinschaftliche Lieferung vorliegen kann, da der Gegenstand hinsichtlich der Ortsbestimmung nicht aus einem Mitgliedstaat in einen anderen gelangt. Vielmehr ist hier unter den weiteren Voraussetzungen eine Steuerschuldnerschaft des Leistungsempfängers nach § 13b UStG einschlägig. Für eine Lieferung ist es erforderlich, dass die Verschaffung der Verfügungsmacht vorliegt. Um die Verfügungsmacht zu besitzen, muss über den Gegenstand wie ein Eigentümer verfügt werden können. Damit muss eine sog. Rechtsmacht übertragen werden. In die Versendung eingebundene Unternehmer wie bspw. Lagerhalter, Handelsvertreter, Frachtführer und Spediteure können keine Verfügungsmacht haben. Gleiches gilt im Übrigen für Arbeitnehmer der an der Lieferung beteiligten Unternehmer.

Abgrenzungsprobleme können sich ergeben, wenn die Lieferung nur eine Nebenleistung einer sonstigen Leistung darstellt. Dabei ist grundsätzlich zu differenzieren, welches Merkmal – also Lieferung oder sonstige Leistung – der umsatzsteuerlichen Leistung sein Gepräge gibt. Überwiegt bei der Lieferung somit das Dienstleistungselement, ist der gesamte Vorgang als sonstige Leistung zu qualifizieren und ein innergemeinschaftlicher Erwerb ist ausgeschlossen. Denkbar sind insoweit auch Fälle, in denen der Gegenstand lediglich das Ergebnis der Dienstleistung ist oder diese verkörpert. Werklieferungen nach § 3 Abs. 4 UStG können im Übrigen nur erfasst sein, wenn diese versendet oder befördert werden. Bei einer Werkleistung scheidet als Dienstleistung der innergemeinschaftliche Erwerb per se aus.

Der Ort der Lieferung an den Abnehmer muss sodann in einem anderen Mitgliedstaat sein. Damit muss der Gegenstand in den anderen Mitgliedstaat gelangen. Die Ortsbestimmung erfolgt dabei nach § 3d Satz 1 UStG. Bei zerlegten Gegenständen ist dabei die Besonderheit zu beachten, dass die Lieferung des fraglichen Gegenstandes auch bereits dann gegeben ist, wenn der Gegenstand nur des Transports wegen zerlegt wird und sodann am Bestimmungsort aufgebaut wird. Somit ist hier darauf abzustellen, dass ein fertiges Werk in den anderen Mitgliedstaat gelangt. Liegt indes eine Montagelieferung vor, so sind Besonderheiten zu beachten. Liefergegenstand ist nämlich der installierte oder montierte Gegenstand und Ort mithin dort, wo die Installation oder Montage erfolgt. Wenn der Unternehmer die Ware ins Ausland befördert liegt mithin ein Verbringen zur eigenen Verfügung vor, also ohne Anwendung des § 1a Abs. 2 UStG.

Eine Besonderheit der Ortsbestimmung kann sich indes aus § 3d Satz 2 UStG ergeben. Danach ist nämlich ein sog. „Straf"-innergemeinschaftlicher Erwerb gegeben, wenn der Erwerber eine UStID eines Staates verwendet, in welchem der innergemeinschaftliche Erwerb nicht bewirkt wurde. Dieser innergemeinschaftliche Erwerb entfällt erst, wenn nachgewiesen wird, dass im Staat der Bewirkung des innergemeinschaftlichen Erwerbs eine Besteuerung erfolgte.

Für die Anwendung des § 1a Abs. 1 UStG ist es erforderlich, dass der Gegenstand der Lieferung das Gebiet eines Mitgliedstaates verlässt und in jenes eines anderen Mitgliedstaates gelangt. Dabei macht es keinen Unterschied, ob der Gegenstand auf direktem Weg in den Zielmitgliedstaat gelangt oder einen Umweg macht. Bspw. kann dabei auch eine Bewegung des Gegenstandes durch das Drittland erfolgen. Relevant für das Gelangen in einen Mitgliedstaat ist, dass die bestimmungsgemäße Beendigung der Beförderung oder Versendung in diesem Mitgliedstaat ist. Letztlich ist für die Praxis also mithin in der Regel darauf abzustellen, dass der Erwerber den Gegenstand in dem Mitgliedstaat der Beendigung der Warenbewegung tatsächlich nutzt. Nicht erfasst sind jene Warenbewegungen, welche aus dem Drittland direkt in einen Mitgliedstaat gelangen. Indes sind jedoch Fälle von der Anwendung des § 1a UStG erfasst, in welchen der Gegenstand aus dem Drittlandsgebiet in einen Mitgliedstaat gelangt, um dort vom Lieferer in den umsatzsteuerlich freien Verkehr eingeführt zu werden und sodann weiter in das Gebiet eines anderen Mitgliedstaats gelangt.

Umsatzsteuerlich werden keine Anforderungen an die Ansässigkeit des Erwerbers für die Anwendung des § 1a Abs. 1 UStG gestellt. Damit ist keine Voraussetzung, dass der Erwerber im Bestimmungsmitgliedstaat ansässig ist. Vielmehr kommt es darauf an, dass der Gegenstand von dem einen Mitgliedstaat in den anderen gelangt. Somit kann auch für in Drittstaatengebiete Ansässige die Anwendung des § 1a Abs. 1 UStG erfolgen.

§ 1a Abs. 1 Nr. 2 UStG setzt in Buchst. a voraus, dass der Unternehmen den Gegenstand für sein Unternehmen erwirbt, damit die Regelungen zum innergemeinschaftlichen Erwerb zur Anwendung gelangen. Damit sind sämtliche Unternehmer i. S. d. § 2 UStG betroffen, mithin auch juristische Personen des öffentlichen Rechts. Bei juristischen Personen des Privatrechts ist indes in Fällen der Organschaft auf die erwerbende Organgesellschaft abzustellen und ob diese die übrigen Voraussetzungen erfüllt.

Weitere Voraussetzung des innergemeinschaftlichen Erwerbs ist, dass der Erwerber ein Unternehmer ist und den Gegenstand für sein Unternehmen erwirbt. Für das Unternehmen erworben gilt der Gegenstand, wenn dieser zu mindestens 10 % unternehmerisch genutzt wird und der Gegenstand zu 100 % dem Unternehmen zugeordnet wird, § 15 Abs. 1 Satz 2 UStG. Die Erfüllung dieser Voraussetzungen wird in der Klausur regelmäßig dadurch signalisiert, dass laut Bearbeitungshinweis der Käufer dem Verkäufer seine UStID gemäß § 27a UStG mitgeteilt hat. Besonderheiten bezüglich des Reihengeschäfts in diesen Vorgängen werden in IV. 3.3 erläutert.

Auch an den Lieferer bzw. an die durch diesen ausgeführten Lieferungen werden bestimmte Anforderungen gestellt. So ist es erforderlich, dass die Lieferung durch einen Unternehmer i. S. d. § 2 UStG und im Rahmen seines Unternehmens erfolgt und auf die Entgeltlichkeit gerichtet ist (§ 1 Abs. 1 Nr. 3 Buchst. a UStG). Weiterhin darf nicht der Fall vorliegen, dass der Lieferer einer Kleinunternehmerregelung unterliegt (§ 1 Abs. 1 Nr. 3 Buchst. b UStG). Dies bedeutet, dass aus deutscher Sicht der Lieferer nicht in den Anwendungsbereich des § 19 UStG (analog) fallen darf. Sofern indes auf die Anwendung der Kleinunternehmerregelung verzichtet wurde, ist die Voraussetzung des Buchst. b erfüllt.

Weiterhin können sich Besonderheiten hinsichtlich der Liefer- und Erwerbsschwellen ergeben. Diese sollen unter III. 10.2 erläutert werden.

Auch für den innergemeinschaftlichen Erwerb kommen Steuerbefreiungen infrage. Diese sind in § 4b UStG geregelt. Regelmäßig finden diese Steuerbefreiungen in Klausuren keine Anwendung, dennoch sollte sich in Vorbereitung kurz mit diesem Steuerbefreiungen auseinandergesetzt werden, um diese im unwahrscheinlichen Fall der Anwendung zu erkennen. Die Bemessungsgrundlage des gemeinschaftlichen Erwerbs bestimmt sich nach § 10 Abs. 1 UStG nach dem Entgelt. Es ist zu beachten, dass die Warenbewegung, welche die Erwerbsbesteuerung auslöst im Ursprungsland steuerfrei ist. Folge dessen ist, dass es sich bei dem Rechnungsbetrag stets um einen Nettobetrag zu handeln hat. Besonderheiten hinsichtlich des Steuersatzes bestehen nicht. Die Steuerentstehung erfolgt nach § 13 Abs. 1 Nr. 6 UStG i. d. R. mit Ausstellung der Rechnung, spätestens mit Ablauf des Voranmeldungszeitraums der auf den Voranmeldungszeitraum folgt, in welchem der innergemeinschaftliche Erwerb bewirkt worden ist. Fallstrick können bei diesen Konstellationen Vorausrechnungen sein. Bei diesen ist zu beachten, dass die Steuer nicht schon entstehen kann bevor der Erwerb erfolgt ist. Erst in dem entsprechenden Voranmeldungszeitraum kann auch die Steuer entstehen.

Bereits an dieser Stelle soll kurz zum Vorsteuerabzug Stellung bezogen werden. Dieser ergibt sich gemäß § 15 Abs. 1 Nr. 3 UStG, sofern ein regelversteuernder Unternehmer vorliegt, bei welchem für den Erwerb des Gegenstandes die Erwerbsteuer angefallen ist. Der Gegenstand muss beim Erwerb Unternehmensvermögen geworden sein und der innergemeinschaftliche Erwerb gemäß § 3d Satz 1 UStG im Inland bewirkt worden sein. Die üblichen Ausschlussgründe sind zu beachten. Mithin ist der Vorsteuerabzug frühestens in dem Voranmeldungszeitraum möglich, in dem die entsprechende Erwerbsteuer entstanden ist.

3.4.2 Einfuhr

Der Tatbestand der Einfuhr spielte bisher in umsatzsteuerlichen Klausuren in der Regel eine geringere Rolle als der innergemeinschaftliche Erwerb. Dennoch soll dieser Tatbestand kurz umrissen werden. Die Steuerbarkeit bestimmt sich in diesen Fällen nach § 1 Abs. 1 Nr. 4 UStG. Steuerbefreiungen sind in § 5 UStG geregelt und die Bemessungsgrundlage ergibt sich aus § 11 UStG mit dem üblichen Steuersatz nach § 12 UStG. Die Steuerentstehung ist im § 13 Abs. 2 UStG und der Steuerschuldner in § 13a Abs. 2 UStG geregelt. Ein Vorsteuerabzug ist nach § 15 Abs. 1 Nr. 2 UStG möglich. Dafür ist es relevant, dass der Gegenstand in den zoll- und steuerrechtlich freien Verkehr eingeführt wurde.

Eine Besonderheit kann jedoch die Norm des § 3 Abs. 8 UStG darstellen. Diese Norm ist auf den Ort der Beförderung oder Versendungslieferung gerichtet und findet Anwendung, sofern der Liefergegenstand aus dem Drittlandsgebiet in das Inland gelangt. Der Lieferort verlagert sich sodann in das Inland, sofern der Lieferer oder sein Beauftragter Schuldner der Einfuhrumsatzsteuer ist. Es ist in diesen Fällen davon auszugehen, dass dem Abnehmer die Verfügungsmacht an dem Gegenstand erst im Inland verschafft wird. Der Lieferant hat in solchen Fällen das Recht auf den Vorsteuerabzug der Einfuhrumsatzsteuer gemäß § 15 Abs. 1 Nr. 2 UStG.

4. Steuerpflicht

Sofern ein steuerbarer Umsatz vorliegt, ist zu bestimmen ob für diesen die Steuerpflicht gegeben ist. Die Steuerpflicht eines Umsatzes ist aus dem Umkehrschluss der abschließenden Steuerbefreiungsvorschriften des § 4 UStG herzuleiten. Nur wenn ein Umsatz nicht von einer Steuerbefreiungsvorschriften betroffen ist, kann dieser steuerpflichtig sein. Ausnahmen können sich ergeben, sofern eine Option zur Steuerpflicht gemäß § 9 UStG vorliegt.

4.1 Steuerfreie Umsätze

Das UStG regelt die Steuerbefreiungsvorschriften für Lieferungen und sonstige Leistungen abschließend in § 4 UStG. Den Steuerbefreiungsvorschriften ist gemein, dass diese nicht an den Unternehmer als Steuersubjekt, sondern grundsätzlich an bestimmte Umsätze anknüpfen (beachte Ausnahme in § 4 Nr. 19 UStG). Wie erwähnt ist ein Umsatz steuerpflichtig, sofern keine Steuerbefreiung einschlägig ist. Betrachtet man die Steuerbefreiungsvorschriften, so können diese in echte Steuerbefreiungen, d. h. Steuerbefreiungen, durch welche die Möglichkeit des Vorsteuerabzugs weiterhin bestehen bleibt, und unechte Steuerbefreiungen, d. h. jene, welche den Vorsteuerabzug ausschließen, unterteilt werden.

Steuerbefreiungsvorschriften, welche zum Vorsteuerabzug berechtigen sind in § 4 Nr. 1 bis 7 UStG geregelt. Dahingegen sind Befreiungen mit einem Vorsteuerabzugsverbot ohne Rückausnahme in § 4 Nr. 8 ff. UStG geregelt. Weiterhin gibt es jedoch auch Steuerbefreiungen mit einer Optionsmöglichkeit nach § 9 UStG. Diese sind in § 4 Nr. 8 Buchst. a bis g, Nr. 9 Buchst. a, Nr. 12, Nr. 13 und Nr. 19 UStG geregelt.

Eine Übersicht häufig in der Klausur anzutreffender Steuerbefreiungen kann der nachfolgenden Tabelle entnommen werden:

Norm der Steuerbefreiung	Bezeichnung der Steuerbefreiung
§ 4 Nr. 1 Buchst. a UStG i. V. m. §§ 6 und 7 UStG	Ausfuhrlieferungen und Lohnveredelung von Gegenständen der Ausfuhr
§ 4 Nr. 1 Buchst. b UStG i. V. m. § 6a UStG	Innergemeinschaftliche Lieferungen unter Beachtung der Regelungen zur Zusammenfassenden Meldung nach § 18a UStG
§ 4 Nr. 2 UStG i. V. m. § 8 UStG	Umsätze der See- und Schifffahrt
§ 4 Nr. 3 Buchst. a UStG	Grenzüberschreitende Güterbeförderungen für Gegenstände der Ausfuhr und Einfuhr
§ 4 Nr. 5 Buchst. a bis d UStG	Bestimmte Vermittlungsleistungen bei insbesondere grenzüberschreitenden Leistungen
§ 4 Nr. 8 Buchst. a UStG	Gewährung und Vermittlung von Krediten
§ 4 Nr. 8 Buchst. e UStG	Wertpapierleistungen sowie die Vermittlung dieser, jedoch nicht die Verwahrung und Verwaltung
§ 4 Nr. 8 Buchst. f UStG	Umsätze im Zusammenhang mit Gesellschaftsanteilen und der Vermittlung dieser Anteile
§ 4 Nr. 9 Buchst. a UStG	Umsätze, welche unter das Grunderwerbsteuergesetz fallen, mithin insbesondere Umsätze der Veräußerung von Grundstücken und Immobilien
§ 4 Nr. 10 Buchst. a UStG	Leistungen aufgrund eines Versicherungsverhältnisses
§ 4 Nr. 10 Buchst. b UStG	Leistungen, welche darin bestehen, dass anderen Personen ein Versicherungsschutz verschafft wird
§ 4 Nr. 11 UStG	Umsätze der Bausparkassenvertreter, Versicherungsvertreter und der Versicherungsmakler

Norm der Steuerbefreiung	Bezeichnung der Steuerbefreiung
§ 4 Nr. 12 Buchst. a bis c UStG	Grundstücksbezogene Umsätze, insbesondere die Vermietung und Verpachtung, Überlassung von Grundstücken und die Bestellung, Übertragung und Überlassung dinglicher Nutzungsrechte; nicht jedoch kurzfristige Vermietung von Wohn- und Schlafräumen (Hotels, Ferienhäuser, etc.) sowie Vermietung und Verpachtung von Maschinen und Betriebsvorrichtungen und Parkplätzen
§ 4 Nr. 14 Buchst. a UStG	Heilbehandlungen der Humanmedizin, nicht jedoch Lieferung von Zahnprothesen und kieferorthopädischer Apparate und u. a. Leistungen der Schönheitschirurgie
§ 4 Nr. 17 Buchst. a UStG	Lieferung von menschlichen Organen und Blut sowie Frauenmilch
§ 4 Nr. 17 Buchst. b UStG	Beförderung kranker und verletzter Personen mit entsprechend eingerichteten Fahrzeugen
§ 4 Nr. 21 Buchst. a und b UStG	Unmittelbar dem Schul- und Bildungszweck dienende Leistungen privater Schulen, allgemeinbildender und berufsbildender Einrichtungen und selbständiger Lehrer unter bestimmten Voraussetzungen
§ 4 Nr. 28 UStG	Lieferungen von Gegenständen, für die der Vorsteuerabzug nach § 15 Abs. 1a UStG ausgeschlossen ist sowie in den Fällen, in welchen der Unternehmer die Gegenstände ausschließlich für steuerfreie Umsätze nach § 4 Nr. 8 bis 27 und 28 UStG verwendet

4.2 Steuerpflichtige Umsätze und die Option nach § 9 UStG

Wie bereits bei den steuerfreien Umsätzen erwähnt, handelt es sich bei den steuerpflichtigen Umsätzen um jene, für welche keine Steuerbefreiung zur Anwendung gelangt. Insoweit ist die Abgrenzung für die Klausur in der Regel nicht sonderlich komplex, es sei denn die Steuerbefreiung stellt eine Problematik dar. Eine Besonderheit können indes die steuerfreien Umsätze darstellen, für welche eine Option zur Steuerpflicht gemäß § 9 UStG angewendet werden kann. Die Voraussetzungen der Anwendung des § 9 UStG sollen an dieser Stelle skizziert werden.

Der Verzicht auf die Steuerbefreiung gemäß § 9 UStG kann nur für bestimmte steuerfreie Umsätze vorgenommen werden. Es handelt sich mithin um die steuerfreien Umsätze nach § 4 Nr. 8 Buchst. a bis g, Nr. 9 Buchst. a, Nr. 12, Nr. 13 und Nr. 19 UStG. Die Norm findet nur Anwendung, sofern der Umsatz von einem Unternehmer an einen anderen Unternehmer ausgeführt wird, § 9 Abs. 1 UStG. Es kommt mithin auf die Unternehmerstellung beider am Umsatz Beteiligter an.

Weiterhin ist es erforderlich, dass der Verzicht auf Steuerbefreiung nach § 9 Abs. 2 UStG in den Fällen der Bestellung und Übertragung von Erbbaurechten, bei der Vermietung oder Verpachtung von Grundstücken und anderen grundstücksnahen Leistungen nur zulässig ist, sofern der Leistungsempfänger das maßgebliche Grundstück ausschließlich für Umsätze verwendet oder zu verwenden beabsichtigt, die den Vorsteuerabzug nicht ausschließen. Dies heißt, dass die Option nur insoweit zur Anwendung gelangen kann, wie der Unternehmer Leistungen an einen Leistungsempfänger erbringt, welcher seinerseits zum Vorsteuerabzug berechtigt ist. Weitergehende Hinweise zu Grundstücksumsätzen sind unter IV. 5.1 zu entnehmen. Gerade diese Fälle sind einer der wesentlichen Schwerpunkte von Prüfungen des Umsatzsteuerrechts.

Schon an dieser Stelle soll darauf hingewiesen werden, dass gemäß § 9 Abs. 3 UStG die Option zur Steuerpflicht bei der Lieferung von Grundstücken zwingend durch einen entsprechenden Vermerk im notariell zu beurkundenden Vertrag erklärt werden muss.

HINWEIS

Auch an dieser Stelle kann ein Fallstrick drohen, sofern im Sachverhalt keine Aussage zu einer entsprechenden notariellen Beurkundung getätigt wurde oder darauf hingewiesen wird, dass eine notarielle Beurkundung mit Verweis auf den Verzicht zur Steuerbefreiung nicht vorgenommen wurde. Sind indes gar keine Aussagen zum Verzicht auf Steuerbefreiung in den Sachverhaltsausführungen vorgenommen, kann auch ein Blick in die Bearbeitungshinweise lohnen. Sofern dort steht, dass einerseits die Option nach § 9 UStG stets ausgeübt werden soll und andererseits ordnungsgemäße Rechnungen anzunehmen sind, sofern nichts Gegenteiliges geschildert ist, kann auch dies die Schlussfolgerung zulassen, dass eine entsprechende Option möglich ist und die erforderlichen Voraussetzungen vorliegen. Insoweit hat der Ersteller der Klausur verschiedene Möglichkeiten zum Ausdruck zu bringen, dass eine Option zur Steuerpflicht vorgenommen werden soll.

Prüfschema zur Option zur Steuerpflicht nach § 9 UStG

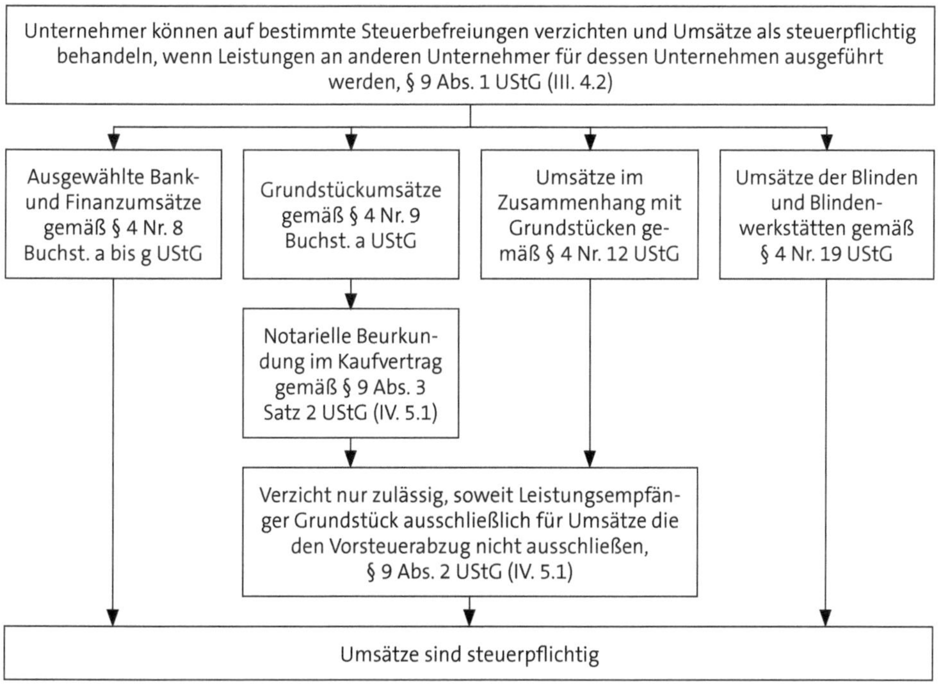

Zu beachten ist, dass im Anwendungsbereich des § 9 UStG stets die allgemeine Übergangsvorschrift des § 27 Abs. 2 UStG im Blick behalten werden müssen. Danach ist § 9 Abs. 2 UStG nicht anzuwenden, wenn ein errichtetes Gebäude Wohnzwecken dient oder zu dienen bestimmt ist und vor dem 1.4.1985 fertig gestellt worden ist oder anderen nichtunternehmerischen Zwecken dient oder zu dienen bestimmt ist und vor dem 1.1.1986 fertig gestellt worden ist, oder anderen Zwecken dient oder zu dienen bestimmt ist und vor dem 1.1.1998 fertig gestellt worden ist, und wenn mit der Errichtung des Gebäudes in den beiden erstgenannten Fällen vor dem 1.6.1984 und in dem letztgenannten Fall vor dem 11.11.1993 begonnen worden ist.

5. Bemessungsgrundlage

5.1 Grundlagen der Bemessungsgrundlage

Wichtige Aufgabe der Bemessungsgrundlage ist es, unter Anwendung des maßgeblichen Steuersatzes die angefallene Umsatzsteuer der Höhe nach zu ermitteln. Das UStG regelt die Bemessungsgrundlage in § 10 UStG. Standardfall ist, dass in den Fällen der Lieferung i. S. d. § 3 Abs. 1 UStG und der sonstigen Leistung i. S. d. § 3 Abs. 9 UStG das Entgelt die Bemessungsgrundlage darstellt.

Der Begriff des Entgelts ist dabei dahingehend zu definieren, dass es sich um alles handelt, was der Leistungsempfänger aufwendet (Bruttoentgelt) abzüglich der Umsatzsteuer, § 10 Abs. 1 Satz 1 und 2 UStG. Damit ist der Begriff der Bemessungsgrundlage das Nettoentgelt. Sofern von Bruttobeträgen in der Klausur die Rede ist, muss die Umsatzsteuer herausgerechnet werden.

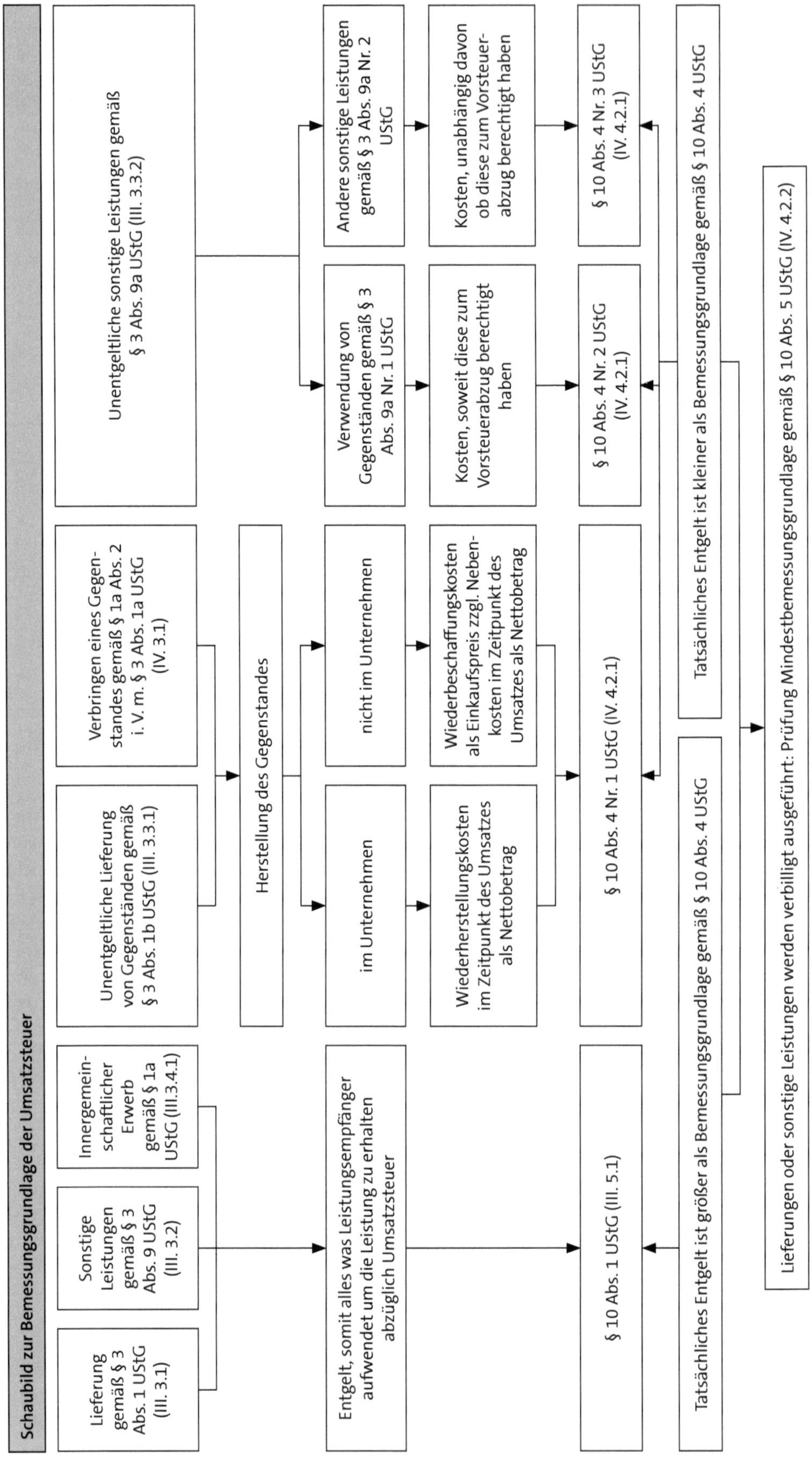
Schaubild zur Bemessungsgrundlage der Umsatzsteuer
Lieferung gemäß § 3 Abs. 1 UStG (III. 3.1)
Sonstige Leistungen gemäß § 3 Abs. 9 UStG (III. 3.2)
Innergemeinschaftlicher Erwerb gemäß § 1a UStG (III.3.4.1)
Unentgeltliche Lieferung von Gegenständen gemäß § 3 Abs. 1b UStG (III. 3.3.1)
Verbringen eines Gegenstandes gemäß § 1a Abs. 2 i. V. m. § 3 Abs. 1a UStG (IV. 3.1)
Unentgeltliche sonstige Leistungen gemäß § 3 Abs. 9a UStG (III. 3.3.2)
Entgelt, somit alles was Leistungsempfänger aufwendet um die Leistung zu erhalten abzüglich Umsatzsteuer
Herstellung des Gegenstandes
im Unternehmen
nicht im Unternehmen
Verwendung von Gegenständen gemäß § 3 Abs. 9a Nr. 1 UStG
Andere sonstige Leistungen gemäß § 3 Abs. 9a Nr. 2 UStG
Wiederherstellungskosten im Zeitpunkt des Umsatzes als Nettobetrag
Wiederbeschaffungskosten als Einkaufspreis zzgl. Nebenkosten im Zeitpunkt des Umsatzes als Nettobetrag
Kosten, soweit diese zum Vorsteuerabzug berechtigt haben
Kosten, unabhängig davon ob diese zum Vorsteuerabzug berechtigt haben
§ 10 Abs. 1 UStG (III. 5.1)
§ 10 Abs. 4 Nr. 1 UStG (IV. 4.2.1)
§ 10 Abs. 4 Nr. 2 UStG (IV. 4.2.1)
§ 10 Abs. 4 Nr. 3 UStG (IV. 4.2.1)
Tatsächliches Entgelt ist größer als Bemessungsgrundlage gemäß § 10 Abs. 4 UStG
Tatsächliches Entgelt ist kleiner als Bemessungsgrundlage gemäß § 10 Abs. 4 UStG
Lieferungen oder sonstige Leistungen werden verbilligt ausgeführt: Prüfung Mindestbemessungsgrundlage gemäß § 10 Abs. 5 UStG (IV. 4.2.2)

Zur Bemessungsgrundlage bei unentgeltlichen Wertabgaben und der Mindestbemessungsgrundlage siehe IV. 4.1 und 4.2.

5.2 Bemessungsgrundlage beim Tausch

Hinsichtlich der Bemessungsgrundlage stellen Tauschvorgänge nach § 3 Abs. 12 Satz 1 UStG eine Besonderheit dar. Ein Tausch liegt vor, soweit das Entgelt für eine Lieferung in einer Lieferung besteht. Tauschähnlich ist der Umsatz gemäß Satz 2, sofern das Entgelt für eine sonstige Leistung in einer Lieferung oder einer sonstigen Leistung besteht. Diesen Fällen ist gemein, dass sich die Bemessungsgrundlage grundsätzlich nach dem Entgelt i. S. d. § 10 Abs. 1 UStG bestimmt. Entgelt ist in solchen Fällen gemäß § 10 Abs. 2 Satz 2 und Satz 3 UStG der Wert der erhaltenen Gegenleistung abzüglich der enthaltenen Umsatzsteuer. Folge dessen ist, dass es nötig wird den jeweiligen Umsatz zu bewerten. Aus diesem Grund kommen Tauschvorgänge gerne in Klausuren vor. Nach Abschnitt 10.5 Abs. 1 Satz 2 UStAE ist der Wert des anderen Umsatzes dabei regelmäßig durch den subjektiven Wert für die tatsächlich erhaltene und in Geld ausdrückbare Gegenleistung bestimmt. Dies kann jedoch nur insoweit zu einem Ergebnis führen, wie der Leistungsempfänger konkrete Aufwendungen für die von ihm erbrachte Gegenleistung getätigt hat. Für die steuerliche Beurteilung bedeutet dies, dass es sich um einen subjektiven Wert handelt. Mithin handelt es sich um den Wert, denn der Leistungsempfänger der Leistung, welche er sich verschaffen will, bereit ist aufzuwenden. Dieser Wert umfasst sämtliche Ausgaben einschließlich der Nebenleistungen, welche durch den Empfänger der jeweiligen Leistung aufgewendet werden, um diese Leistung zu erhalten. Hat der Leistungsempfänger keine konkreten Aufwendungen getätigt, um die Gegenleistung zu erhalten, ist das Entgelt für seine Leistung im Ausnahmefall der gemeine Wert der Gegenleistung.

Bereits aus § 9 Abs. 2 BewG ist der Begriff des gemeinen Wertes geläufig. Dieser ist durch den Preis bestimmt, welcher im gewöhnlichen Geschäftsverkehr nach der jeweiligen Beschaffenheit des Wirtschaftsgutes bei einer Veräußerung dieses zu erzielen wäre. Stets sind dabei sämtliche Umstände des Einzelfalls zu berücksichtigen, welche einen Einfluss auf den Preis haben können. Persönliche Verhältnisse können den Preis insoweit nicht beeinflussen. Liegt entsprechend der vorgenannten Ausführungen ein gemeiner Wert vor, ist dieser ein Bruttobetrag, aus welchem die Umsatzsteuer herausgerechnet werden muss, Abschnitt 10.5 Abs. 1 Satz 6 UStAE.

Scheitert es an der Ermittlung des Wertes, so ist das Entgelt zu schätzen. Zudem ist zu beachten, dass soweit es auf einer der beiden Seiten eines Tauschvorgangs zu einer Zuzahlung kommt, von einem Tausch oder einem tauschähnlichen Umsatz mit Baraufgabe gesprochen wird. In solchen Fällen ist zu beachten, dass bei dem Empfänger der Zuzahlung der Geldbetrag mit zum Entgelt zählt. Währenddessen ist bei dem Zahlenden so vorzugehen, dass der Wert der erhaltenen Sachleistung um den entsprechenden Betrag der Zuzahlung gemindert wird. Entsprechende Sachverhalte sind nicht nur in der Praxis, sondern auch in Klausuren regelmäßig im Zusammenhang mit Kraftfahrzeugen anzutreffen. So ist vorstellbar, dass ein Altwagen beim Kauf eines neuen Wagens in Zahlung gegeben wird. Zudem sind im UStAE verschiedene Fälle geregelt, in welchen ein Motoraustausch unter Anrechnung des Restwerts des alten Motors erfolgt, Abschnitt 10.5 Abs. 3 UStAE.

6. Höhe der Umsatzsteuer

Bezüglich der Höhe der Umsatzsteuer ist auf die Steuersätze gemäß § 12 Abs. 1 UStG zu rekurrieren. Die Norm besagt, dass der Regelsteuersatz bei 19 % liegt. Dieser findet indes keine Anwendung, wenn ein steuerpflichtiger Umsatz gemäß der abschließenden Aufzählung in § 12 Abs. 2 UStG vorliegt. Die entsprechende Umsatzsteuer beträgt sodann 7 %. Eine Besonderheit ist, dass § 12 Abs. 2 Nr. 1 UStG auf die Anlage 2 zum Umsatzsteuergesetz verweist. Darin sind unter anderem verschiedene land- und forstwirtschaftliche Erzeugnisse, Futtermittel, Lebensmittel, Verlagserzeugnisse, aber auch andere Gegenstände wie beispielsweise Körperersatzstücke aufgeführt. Eine Problematisierung sollte stets nur in der gebotenen Tiefe erfolgen.

Weitere ermäßigte Steuersätze, welche häufiger in Klausursachverhalten vorkommen, können der folgenden Tabelle entnommen werden:

Norm des ermäßigten Steuersatzes	Inhalt der Ermäßigung
§ 12 Abs. 2 Nr. 3 UStG	Aufzucht und Halten von Vieh, Anzucht von Pflanzen und Teilnahme an Leistungsprüfungen für Tiere
§ 12 Abs. 2 Nr. 6 UStG	Leistungen aus der Tätigkeit als Zahntechniker und in § 4 Nr. 14 Buchst. a Satz 2 UStG bezeichneten Leistungen von Zahnärzten
§ 12 Abs. 2 Nr. 7 Buchst. a bis d UStG	Eintrittsberechtigung für Theater, Konzerte und Museen, sowie vergleichbaren Darbietungen ausübender Künstler; Überlassung von bestimmten Filmen zur Auswertung und Vorführung und die Einräumung, Übertragung und Wahrnehmung von Rechten, die sich aus dem Urheberrechtsgesetz ergeben sowie Zirkusvorführungen, die Leistungen aus der Tätigkeit als Schausteller sowie unmittelbar mit Betrieb zoologischer Gärten verbundene Umsätze
§ 12 Abs. 2 Nr. 9 UStG	unmittelbar mit Betrieb von Schwimmbädern verbundene Umsätze und Verabreichung von Heilbädern sowie Bereitstellung von Kureinrichtungen, soweit Entgelt Kurtaxe ist
§ 12 Abs. 2 Nr. 10 Buchst. a und b UStG	Beförderungen von Personen im Schienenbahnverkehr und im Verkehr mit besonderen Bussen und bestimmter Taxen sowie im genehmigten Linienverkehr mit Schiffen sowie der Beförderung im Fährverkehr; außer bei Schienenverkehr gilt dies nur, wenn Beförderung innerhalb einer Gemeinde oder wenn Beförderungsstrecke nicht mehr als 50 Kilometer beträgt
§ 12 Abs. 2 Nr. 11 UStG	Vermietung von Wohn- und Schlafräumen zur kurzfristigen Beherbergung von Fremden, sowie kurzfristige Vermietung von Campingflächen; nicht jedoch sofern Leistungen nicht unmittelbar Vermietung dienen und mit Entgelt für Vermietung abgegolten sind

Mit der Regelung des § 12 Abs. 3 UStG werden seit 1.1.2023 erstmals Umsätze mit einem Steuersatz von 0 % erfasst. Dies sind:

- die Lieferungen, innergemeinschaftlichen Erwerbe und Einfuhren von Solarmodulen an den Betreiber einer Photovoltaikanlage, einschließlich der für den Betrieb einer Photovoltaikanlage wesentlichen Komponenten und der Speicher, die dazu dienen, den mit Solarmodulen erzeugten Strom zu speichern, wenn die Photovoltaikanlage auf oder in der Nähe von Privatwohnungen, Wohnungen sowie öffentlichen und anderen Gebäuden, die für dem Gemeinwohl dienende Tätigkeiten genutzt werden, installiert wird. Die vorstehenden Voraussetzungen gelten stets als erfüllt, wenn die installierte Bruttoleistung der Photovoltaikanlage laut Marktstammdatenregister nicht mehr als 30 Kilowatt (peak) beträgt.
- die Installation von Photovoltaikanlagen sowie der Speicher, die dazu dienen, den mit Solarmodulen erzeugten Strom zu speichern, wenn die Lieferung der installierten Komponenten die vorstehenden Voraussetzungen erfüllt.

Durch den Nullsteuersatz – anstatt einer Steuerbefreiung nach § 4 UStG – wird sichergestellt, dass im Falle der Regelbesteuerung für Eingangsleistungen im Bezug mit der Photovoltaikanlage weiterhin grds. der Vorsteuerabzug eröffnet ist.

Wie häufig im Umsatzsteuerrecht ist auch bei der Ermittlung des Steuersatzes zu berücksichtigen, das unselbständige Nebenleistungen stets das Schicksal ihrer Hauptleistung teilen. So sind beispielsweise Verpackungen von Lebensmitteln ebenfalls mit 7 % zu besteuern, wenn die Lebensmittel dem ermäßigten den Steuersatz unterliegen.

7. Steuerentstehung und Steuerschuldner

7.1 Steuerentstehung nach § 13 UStG

Die Grundlagen der Steuerentstehung sind in § 13 UStG geregelt. Bei der Besteuerung nach vereinbarten Entgelten i. S. d. § 16 Abs. 1 Satz 1 und 2 UStG (Soll-Besteuerung) entsteht die Steuer gemäß § 13 Abs. 1 Nr. 1 Buchst. a Satz 1 UStG im Grundsatz mit Ablauf des Voranmeldungszeitraums der Leistungserbringung. Wie bereits erwähnt wird die Leistung bei Lieferungen mit der Verschaffung der Verfügungsmacht und der sonstigen Leistung mit der vollständigen Ausführung erbracht.

BEISPIEL

Ein Unternehmer veräußert im Voranmeldungszeitraum März Ware i. R. d. Verpflichtungsgeschäfts, welche jedoch erst im Voranmeldungszeitraum Mai i. R. d. Erfüllungsgeschäfts ausgeliefert wird. Die Rechnungserstellung erfolgt sodann im Juni und eine Bezahlung erst im November. Für die Entstehung der Umsatzsteuer ist nunmehr gemäß § 13 Abs. 1 Nr. 1 Buchst. a Satz 1 UStG auf den Voranmeldungszeitraum Mai abzustellen, da in diesem das Erfüllungsgeschäft als Verschaffung der Verfügungsmacht vorliegt.

Grundsätzlich gelten die allgemeinen Vorgaben auch für sogenannte Teilleistungen. Diese sind in § 13 Abs. 1 Nr. 1 Buchst. a Satz 2 UStG geregelt. Sie liegen dann vor, wenn für eine wirtschaftlich teilbare Leistung das Entgelt für jeden entsprechenden Leistungsteil gesondert vereinbart wird, § 13 Abs. 1 Nr. 1Buchst. a Satz 3 UStG.

In Klausuren liegen Teilleistungen typischerweise am Beispiel der Vermietungsleistungen vor. Dies liegt daran, dass sich eine Vermietungsleistung regelmäßig sinnvoll aufteilen lässt, bspw. in Stunden oder Tage, jedoch auch in Monate. Zudem wird in dem zugrundeliegenden Mietvertrag regelmäßig das Entgelt für jeden Teilabschnitt gesondert vereinbart und geschuldet. In der Folge entsteht die Umsatzsteuer bereits jeweils mit Ablauf des Voranmeldungszeitraums, in dem die entsprechende Teilleistung vollständig ausgeführt worden ist.

Eine wichtige Besonderheit ist die so genannte Mindest-Ist-Besteuerung. Diese Form der Steuerentstehung findet Anwendung, sofern eine Vorauszahlung oder Abschlagzahlung bereits vor der Ausführung einer entsprechenden Leistung vereinnahmt wird. In diesen Fällen entsteht die Umsatzsteuer mit Ablauf des Voranmeldungszeitraums, in dem das Entgelt oder Teilentgelt vereinnahmt wurde, § 13 Abs. 1 Nr. 1 Buchst. a Satz 4 UStG.

Es hat sich bewährt, in der Lösung von Klausursachverhalten zunächst kurz den grundsätzlichen Entstehungszeitpunkt der Umsatzsteuer nach § 13 Abs. 1 Nr. 1 Buchst. a Satz 1 UStG zu bestimmen und zu benennen, bevor sodann anschließend die Mindest-Ist-Besteuerung geprüft wird.

Sofern die Berechnung der Steuer nach vereinnahmten Entgelten erfolgt, entsteht die Steuer mit Ablauf des Voranmeldungszeitraums, in dem die Entgelte vereinnahmt worden sind (Ist-Besteuerung). Die entsprechende Regelung findet sich in § 13 Abs. 1 Nr. 1 Buchst. b UStG. Die Steuerentstehung für Zwecke des § 3 Abs. 1b und Abs. 9a UStG ist in § 13 Abs. 1 Nr. 2 UStG geregelt und erfolgt mit Ablauf des Voranmeldungszeitraums, in dem diese Leistungen ausgeführt worden sind. Nach Nr. 3 der Norm ist in Fällen des § 14c UStG der Zeitpunkt der Ausgabe der Rechnung für die Steuerentstehung maßgebend.

7.2 Steuerschuldner gemäß § 13a UStG

Nachdem in der Klausur bestimmt wurde, wann die Steuer entsteht, muss gerne um Zeit zu sparen im gleichen Halbsatz, auf den Steuerschuldner eingegangen werden. Dieser ist in § 13a UStG geregelt. Nach Abs. 1 Nr. 1 der Norm ist der Steuerschuldner in den Fällen des § 1 Abs. 1 Nr. 1 UStG und des § 14c Abs. 1 UStG der Unternehmer. Für § 14c Abs. 2 UStG ist es indes der Aussteller der Rechnung nach Nr. 4 der Norm des § 13a Abs. 1 UStG. In den Fällen des § 1 Abs. 1

Nr. 5, also des innergemeinschaftlichen Erwerbs, ist mithin der Erwerber der Steuerschuldner. Letztlich ist noch auf die Fälle des innergemeinschaftlichen Dreiecksgeschäfts hinzuweisen. In diesen ist nach § 13a Abs. 1 Nr. 5 UStG der letzte Abnehmer der Steuerschuldner hinsichtlich § 25b Abs. 2 UStG.

Auf die Besonderheiten des wichtigen § 13b UStG wird unter IV. 6 eingegangen. Sofern diese Norm Anwendung findet, scheidet die Steuerschuldnerschaft nach § 13a UStG aus.

8. Vorsteuerabzug

8.1 Allgemeines zum Vorsteuerabzug

Unternehmer können die von anderen Unternehmern ordnungsgemäß in Rechnung gestellte Umsatzsteuer für Lieferungen oder sonstige Leistungen grundsätzlich als Vorsteuer abziehen, sofern (bzw. soweit) die Leistungen für ihr Unternehmen bezogen wurden (§ 15 Abs. 1 Satz 1 Nr. 1 UStG). Gleiches gilt grundsätzlich auch dann, wenn der Unternehmer als Leistungsempfänger gemäß § 13b UStG die Steuer für Leistungen schuldet, die für sein Unternehmen ausgeführt worden sind (§ 15 Abs. 1 Satz 1 Nr. 4 UStG). Zudem wird der Vorsteuerabzug grundsätzlich auch für die entrichtete Einfuhrumsatzsteuer (§ 15 Abs. 1 Satz 1 Nr. 2 UStG), die beim innergemeinschaftlichen Erwerb geschuldete Steuer (§ 15 Abs. 1 Satz 1 Nr. 3 UStG) sowie die bei einer Auslagerung geschuldete Steuer (§ 15 Abs. 1 Satz 1 Nr. 5 UStG) ermöglicht. Allen Möglichkeiten des Vorsteuerabzugs ist gemein, dass durch diesen die Wettbewerbsneutralität gewährleistet werden soll. Daher wird der Unternehmer von der Umsatzsteuer entlastet, die Bezüge für sein Unternehmen betreffen. Ausnahmen gelten dann, wenn ein Abzugsverbot besteht. Im Ergebnis wird somit i. d. R. erreicht, dass die Umsatzsteuer kein Kostenfaktor für Unternehmer ist.

Nicht abziehbar sind indes Vorsteuern auf Aufwendungen, die (bestimmten) einkommensteuerrechtlichen Abzugsverboten unterliegen (§ 15 Abs. 1a UStG) oder nichtunternehmerisch genutzte Grundstücksteile betreffen (§ 15 Abs. 1b UStG). Differenzierter ist die Betrachtung indes, wenn Lieferungen oder Leistungen zur Ausführung steuerfreier Umsätze verwendet werden. In den Fällen des § 4 Nr. 8 ff. UStG ist der Vorsteuerabzug gem. § 15 Abs. 2 UStG ausgeschlossen bzw. teilweise ausgeschlossen (§ 15 Abs. 4 UStG). Handelt es sich um steuerfreie Umsätze i. S. d. § 4 Nr. 1 bis 7 UStG, ist der Vorsteuerabzug zwar im Grundfall ebenfalls ausgeschlossen, wird jedoch durch § 15 Abs. 3 UStG wieder zugelassen. Neben diesem komplexen Zusammenspiel von Möglichkeiten und Ausschlüssen zum Vorsteuerabzug, sieht § 15 Abs. 5 UStG als Verordnungsermächtigung Vereinfachungen vor. Dies betrifft insbesondere §§ 35, 40 und 43 UStDV.

Ausgangsfrage bei der Bestimmung des Vorsteuerabzugs ist, ob ein Unternehmer gegeben ist, welcher grundsätzlich vorsteuerabzugsberechtigt ist. Bei der Auslegung dessen orientiert sich § 15 Abs. 1 Satz 1 UStG am Unternehmerbegriff des § 2 UStG. Diese Beurteilung ist unerheblich davon, welcher Nationalität oder Ansässigkeit der Unternehmer ist. Persönliche Merkmale des Unternehmers sind mithin ohne Belang. Die Nichtansässigkeit im Inland kann jedoch für das Verfahren des Vorsteuerabzugs von Bedeutung sein. So haben nicht im Inland ansässige Unternehmer ohne inländische Umsätze i. d. R. nur die Möglichkeit das Vorsteuervergütungsverfahren zu nutzen (§ 18 Abs. 9 UStG i. V. m. §§ 59 ff. UStDV).

Nur sofern eine natürliche oder juristische Person unternehmerfähig ist, kann diese vorsteuerabzugsberechtigt sein. Mithin muss zunächst geklärt werden, ob die Voraussetzungen des § 2 Abs. 1 Satz 1 UStG erfüllt sind. Sofern eine Person gegeben ist, welche die Unternehmerfähigkeit besitzt, ist in einem nächsten Schritt zu bestimmen, ob auch die Unternehmereigenschaft (§ 2 Abs. 1 Satz 1 und 3 UStG) bejaht werden kann. Unternehmer kann nämlich nur sein, wer eine gewerbliche oder berufliche Tätigkeit selbständig mit Einnahmeerzielungsabsicht ausübt. Bei der Beurteilung der Unternehmerfähigkeit kommt es nicht darauf an, welcher Rechtsform der Unternehmer ist. Auch die Ansässigkeit oder das Gründungsstatut sind mithin unerheblich. Jedoch können Zweigniederlassungen, Betriebsstätten oder feste Niederlassungen nicht selbständig am Rechtsverkehr teilnehmen. Mithin können diese kein Unternehmer sein.

Zwar deckt sich der Unternehmerbegriff des § 15 UStG im Grundsatz mit § 2 UStG. Dennoch ist es für bestimmte Fragestellungen relevant, dass der Wortlaut des § 2 Abs. 1 UStG überschritten wird. So ist es bspw. erforderlich, dass der Vorsteuerabzug vor Beginn der Erbringung von Umsätzen und auch nach Einstellung des Unternehmens noch möglich ist. Dies liegt daran, dass die Unternehmereigenschaft richtigerweise bereits dann beginnen soll, wenn die ersten objektiv erkennbaren und nach außen gerichteten Maßnahmen zur Ausführung von Umsätzen ergriffen werden. Nicht indes kommt es auf die ersten Umsätze an. Dabei macht es für den Vorsteuerabzug keinen Unterschied, ob das Unternehmen erfolgreich wird oder bereits in der Vorbereitungsphase scheitert. Selbst wenn es nicht zur Ausführung von Umsätzen kommt, entfällt eine für Zwecke des Vorsteuerabzug angenommene Unternehmereigenschaft nicht rückwirkend. Anderes kann nur im Falle des Missbrauchs gelten.

Der häufigste Anwendungsfall des Vorsteuerabzugs ist § 15 Abs. 1 Satz 1 Nr. 1 UStG. Demnach kann ein Unternehmer die gesetzlich geschuldete Steuer für Lieferungen und sonstige Leistungen eines anderen Unternehmers, die für sein Unternehmen ausgeführt wurden, als Vorsteuer abziehen. Hierbei ist zu beachten, dass nur der Empfänger der Leistung vorsteuerabzugsberechtigt ist. Weiterhin muss die ausgeführte Leistung für den unternehmerischen Bereich des Unternehmens bezogen sein. Formell muss eine nach §§ 14, 14a UStG ausgestellte Rechnung vorliegen, unabhängig davon, ob eine Gesamtleistung oder Vorauszahlungen gegeben sind. Die einzelnen Tatbestandsmerkmale des § 15 Abs. 1 Satz 1 Nr. 1 UStG sollen nachfolgend im Detail beleuchtet werden.

Zunächst stellt der Vorsteuerabzug Anforderungen an den Leistenden. So muss die Leistung von einem anderen Unternehmer ausgeführt worden sein. Hierbei sind die Voraussetzungen des § 2 UStG zu beachten. Der leistende Unternehmer muss zudem auch Aussteller der Rechnung sein. Diesbezüglich ist mithin eine Personenidentität erforderlich. Nicht relevant ist es im Anwendungsbereich des § 15 Abs. 1 Satz 1 Nr. 1 UStG, ob eine Lieferung oder sonstige Leistung gegeben ist. Während Lieferungen gemäß § 3 Abs. 1 bis 5 UStG zu bestimmen sind, ist für eine sonstigen Leistung auf § 3 Abs. 9 bis 11a UStG abzustellen. Wichtig ist, dass eine der beiden Leistungen gegeben ist. Hierbei gilt zu beachten, dass eine solche auch vorliegt, wenn der Lieferer nicht Eigentümer des Gegenstandes ist. Es kommt mithin nur darauf an, dass die „Verschaffung der Verfügungsmacht" nach § 3 Abs. 1 UStG erfolgt.

Der Begriff des Leistungsempfänger beschreibt nach der Rechtsprechung die Person, die aus dem zugrunde liegenden Rechtsverhältnis berechtigt und verpflichtet wird. Ohne Bedeutung ist in diesem Kontext, ob ein Auftraggeber einer Leistung auf eigene oder fremde Rechnung handelt. Erforderlich für den Vorsteuerabzug ist vielmehr, dass ein Rechtsgeschäft mit dem Leistenden im eigenen Namen abgeschlossen wird. Problematisch könnte der Fall sein, dass mehrere Personen gemeinsam eine Leistung beauftragen. I. d. R. liegen dann mehrere Leistungsempfänger vor. Auf diese muss die Vorsteuer bei Erfüllen der weiteren Voraussetzungen anteilig aufgeteilt werden. Kann der Personenzusammenschluss als Gesellschaft beurteilt werden, kommt es für die weitere Prüfung darauf an, ob dieser die Unternehmerfähigkeit zugesprochen werden kann. Hier gilt, dass eine Gesellschaft nicht per se Unternehmer ist.

Weiteres wesentliches Tatbestandsmerkmal des Vorsteuerabzugs ist, dass die bezogene Leistung für das Unternehmen bezogen wird, mithin diesem dient. Das Unternehmen umfasst gemäß § 2 Abs. 1 Satz 2 UStG die gesamte gewerbliche oder berufliche Tätigkeit eines Unternehmers, welche der Einnahmenerzielung dient. Daher kann geschlussfolgert werden, dass eine Leistung für das Unternehmen bezogen wird, wenn sie für entgeltliche Umsätze dieses Unternehmers verwendet wird. Abgrenzungen zwischen der unternehmerischen und nichtunternehmerischen Sphäre sind unabhängig der Rechtsform nach § 2 Abs. 1 Satz 2 UStG vorzunehmen. Mit anderen Worten ist der nichtunternehmerische Bereich dabei alles, was nach Abzug des unternehmerischen Bereichs verbleibt und somit keine eigene Unternehmereigenschaft begründen kann.

Die Anwendung des § 15 Abs. 1 UStG stellt mit dem Tatbestandsmerkmal „für sein Unternehmen" auf die Verwendung der bezogenen Leistungen für die Zwecke eines besteuerten Umsatzes ab. Die Beurteilung des Eigentums ist unerheblich. Somit kann eine Leistung auch dann für das Unternehmen des Leistungsempfängers erfolgen, wenn dieser nicht Eigentümer wird. Dies ist u. a. gegeben, wenn kraft Gesetzes ein anderer das Eigentum erlangt. Der Vorsteuerabzug ist bei allen Wirtschaftsgütern – auch Investitionsgütern – durch den sofortigen Abzug vorgesehen. Somit ist es nicht erforderlich, auf die tatsächliche Verwendung zu warten, wenn die Voraussetzungen des § 15 Abs. 1 UStG erfüllt sind. Vielmehr wird grundsätzlich die Verwendungsabsicht im Zeitpunkt des Leistungsbezuges beurteilt.

Wesentliche Voraussetzung für die Ausübung des Vorsteuerabzugs ist eine „nach den §§ 14, 14a ausgestellte Rechnung" (§ 15 Abs. 1 Satz 1 Nr. 1 Satz 2 UStG). Damit wird das Rechnungserfordernis als materiell-rechtliche Voraussetzung normiert, wobei im Regelfall auf die Tatbestandsmerkmale des § 14 Abs. 4 UStG abzustellen ist.

Richtigerweise ermöglicht der Gesetzgeber den Vorsteuerabzug nur für die gesetzlich geschuldete Steuer. Anders gewendet kann nur die Steuer als Vorsteuer geltend gemacht werden, welche vom Leistenden für einen steuerpflichtigen Umsatz gemäß § 13 Abs. 1 Nr. 1 oder 2 UStG i. V. m. § 10 UStG i. V. m. § 12 UStG nach dem UStG geschuldet wird. Diese Betrachtung erfolgt rein objektiv, womit subjektive Erwägungen der Beteiligten nicht relevant sind. Mithin ist eine nach § 14c UStG „gesetzlich" geschuldete Steuer keine derartige „gesetzliche" Steuer, welche einen Vorsteuerabzug gestattet. Dies ist darauf zurückzuführen, dass diese nicht für Leistungen geschuldet wird, sondern weil sie (fälschlicherweise) in einer Rechnung ausgewiesen wurde.

Erhebliche Bedeutung kommt dem korrekten Zeitpunkt des Vorsteuerabzugs zu. Nach der Grundregel des § 15 Abs. 1 Satz 1 Nr. 1 Satz 1 UStG ist dieser zulässig, wenn die Leistung ausgeführt ist. Hierbei ist eine Teilleistung der Leistung gleichzustellen. Hervorzuheben ist, dass die Entrichtung der Gegenleistung nach dem Wortlaut des § 15 Abs. 1 Satz 1 Nr. 1 Satz 1 UStG noch nicht erfolgt sein muss. Damit wird wie im Regelfall der Steuerentstehung des § 16 Abs. 1 Satz 1 UStG i. V. m. § 13 Abs. 1 Nr. 1 Buchst. a Satz 1 UStG das sog. „Soll-Prinzip" umgesetzt. Eine Leistungsausführung ist anzunehmen, wenn die Lieferung bewirkt oder die sonstige Leistung ausgeführt wurde. Dafür ist es erforderlich, dass der nach dem Vertrag geschuldete Leistungsinhalt erfüllt ist.

Neben dem sogenannten Grundfall des Vorsteuerabzugs in § 15 Abs. 1 Satz 1 Nr. 1 UStG enthalten auch die Nr. 2 bis 5 verschiedene Konstellationen des Vorsteuerabzugs. Diese betreffen insbesondere die Einfuhrumsatzsteuer (Nr. 2), die Steuer für innergemeinschaftliche Erwerbe (Nr. 3), die Steuer für Leistung i. S. d. § 13b Abs. 1 und 2 UStG (Nr. 4) und die Fälle des § 13a Abs. 1 Nr. 6 UStG (Nr. 5). Sofern in der Darstellung der Schwerpunkte relevant, wird auf die entsprechenden Normen im weiteren Verlauf eingegangen.

§ 15 Abs. 1 Satz 2 UStG enthält eine wichtige Beschränkung, welche bei jeder Vorsteuerabzugsmöglichkeit beachtet werden muss. Demnach gilt die Lieferung, Einfuhr oder der innergemeinschaftliche Erwerb eines Gegenstandes, der zu weniger als 10 % für das Unternehmen genutzt wird, nicht als für das Unternehmen ausgeführt. Dies bedeutet, dass bei Unterschreiten der Bagatellgrenze kein Vorsteuerabzug möglich ist. Ob eine Mindestnutzung i. H. v. 10 % vorliegt, bestimmt sich nach den allgemeinen Kriterien des § 15 Abs. 1 Satz 1 UStG. In der Folge sind gemischten Nutzungen, die nicht zum Vorsteuerabzug berechtigen, nicht einzubeziehen. Zu beachten ist, dass die Bagatellgrenze nur gilt, wenn die nichtunternehmerische Nutzung privat erfolgt. Indes greift bei einer Verwendung zu mehr als 90 % für nichtwirtschaftliche Tätigkeiten die Bagatellgrenze nicht.

Zu beachten ist zudem, dass nicht erforderlich ist, dass die Nutzung tatsächlich zum Vorsteuerabzug berechtigt. Mithin reicht auch eine Nutzung, die unter ein Abzugsverbot fällt. Ändert sich in solchen Fällen nachträglich die Verwendung, kommt die Anwendung des § 15a UStG in Betracht. Bei Überschreiten des Mindestumfang der Nutzung gilt der Gegenstand als für das Unternehmen erworben. Bei Unterschreiten kann der Gegenstand auch nicht nachträglich dem Unternehmen zugeordnet werden. Eine spätere Lieferung erfolgt dann jedoch auch nicht im Rahmen des Unternehmens.

Neben den genannten Möglichkeiten des Vorsteuerabzug enthält § 15 UStG verschiedene Regelungen, die einen Vorsteuerabzug ausschließen. Hierbei sind insbesondere die Normen in § 15 Abs. 1a ff. UStG in den Blick zu nehmen. Das erste Abzugsverbot greift für Vorsteuerbeträge, die auf Aufwendungen entfallen, für welche ein Abzugsverbot gemäß § 4 Abs. 5 Satz 1 Nr. 1 bis 4, 7 EStG oder § 12 Nr. 1 EStG gilt. Damit wird ein weiter Katalog der einkommensteuerrechtlichen Abzugsverbote auch in das UStG gespiegelt. Für die einzelnen Aufwendungen i. S. d. § 15 Abs. 1a UStG gelten insoweit unterschiedliche Grenzen. So ist für Geschenke an Personen, die nicht Arbeitnehmer des Unternehmers sind, der Vorsteuerabzug ausgeschlossen, wenn die Anschaffungs- oder Herstellungskosten der dem Empfänger im Wirtschaftsjahr insgesamt zugewendeten Gegenstände 35 € übersteigen. Da ggf. im Laufe des Jahres noch nicht absehbar ist, ob die fragliche Grenze überschritten wird, muss das Vorsteuerabzugsverbot i. V. m § 17 Abs. 2 Nr. 5 UStG gedacht werden. Übersteigen indes die Aufwendungen für Geschenke nicht 35 €, entfällt der Vorsteuerabzug nicht. Insoweit ist auch eine Korrespondenz mit Geschenken von geringem Wert und den Entnahmebesteuerungsregeln gegeben (§ 3 Abs. 1b Satz 1 Nr. 3 UStG).

Ebenfalls nicht abziehbar sind Vorsteuern auf Aufwendungen für die Bewirtung von Personen aus geschäftlichem Anlass in bestimmten Grenzen. Dabei sind nämlich nur die Vorsteuern ausgeschlossen, die nach allgemeiner Verkehrsauffassung als unangemessen anzusehen sind. Soweit die Vorsteuern angemessen sind und der Höhe und betrieblichen Veranlassung nach nachgewiesen werden, ist indes der Abzug möglich. Mithin wird auch die einkommensteuerrechtliche Begrenzung auf 70 % nicht übernommen (§ 15 Abs. 1a Satz 2 UStG). Auf unangemessene Bewirtungsaufwendungen entfallende Vorsteuerbeträge sind indes gänzlich nicht abziehbar.

Auch bei Aufwendungen für Einrichtungen des Unternehmers, soweit sie der Bewirtung, Beherbergung oder Unterhaltung von Personen dienen, die nicht Arbeitnehmer des Unternehmers sind (Gästehäuser), ist der Vorsteuerabzug ausgeschlossen. Gleiches gilt im Übrigen auch bei Aufwendungen für die Jagd oder Fischerei, für Segelyachten oder Motoryachten sowie für ähnliche Zwecke und für die hiermit zusammenhängenden Bewirtungen. Dies bedeutet jedoch auch, dass sofern entsprechende Gästehäuser später entgeltlich geliefert werden, dies steuerfrei ist (§ 4 Nr. 28 UStG). Zu differenzieren ist im Übrigen, dass das Abzugsverbot nicht gilt, soweit die entsprechenden Gegenstände einer mit Gewinnabsicht ausgeübten unternehmerischen Betätigung dienen (bspw. Betrieb eines Hotels, Restaurants, etc.).

Nicht zuletzt ist der Vorsteuerabzug bei Aufwendungen, die die Lebensführung des Steuerpflichtigen berühren, ausgeschlossen, soweit diese nach allgemeiner Verkehrsauffassung als unangemessen anzusehen sind oder ein Abzugsverbot nach § 12 Nr. 1 EStG greift. Bei den insoweit unter § 4 Abs. 5 Satz 1 Nr. 7 EStG fallenden Aufwendungen handelt es sich um solche, die dem Grunde nach ausschließlich durch das Unternehmen veranlasst sind, jedoch die Lebensführung berühren. Dies kann insbesondere angenommen werden, wenn sie auch dem Unternehmer oder Dritten in ihrer Eigenschaft als Privatperson zugutekommen und durch private Motive beeinflusst sind.

Die übrigen einkommensteuerrechtliche Abzugsverbote sind indes unbeachtlich. Somit ist bei den nicht in § 15 Abs. 1a UStG aufgezählten weiteren Abzugsverboten des § 4 Abs. 5 EStG der Vorsteuerabzug grundsätzlich nicht ausgeschlossen. Zu nennen sind insoweit:

- Mehraufwendungen für Verpflegungen nach § 4 Abs. 5 Satz 1 Nr. 5 EStG
- Aufwendungen für Fahrten zwischen Wohnung und Betrieb nach § 4 Abs. 5 Nr. 6 EStG
- Aufwendungen für ein häusliches Arbeitszimmer nach § 4 Abs. 5 Satz 1 Nr. 6b EStG
- Strafbare Zuwendungen von Vorteilen nach § 4 Abs. 5 Satz 1 Nr. 10 EStG

§ 15 Abs. 1b UStG regelt ein Abzugsverbot bei Grundstücken, soweit diese nicht für Zwecke des Unternehmens verwendet werden. Die Vorschrift steht im größeren Zusammenhang mit § 3 Abs. 9a Nr. 1 UStG und § 15a Abs. 6a und Abs. 8 Satz 2 UStG. Letztere Norm soll die Berichtigung des Vorsteuerabzugs bei der Änderung der Verwendung betreffen. Der Anwendungsbereich des § 15 Abs. 1b UStG ist auf Grundstücke oder Grundstücksteile beschränkt, deren Anschaffung oder

Herstellung für das Unternehmen i. S. d. § 15 Abs. 1 UStG erfolgt. Der Ausschluss des Vorsteuerabzugs bewirkt sodann, dass eine etwaige Verwendung für private Zwecke nicht § 3 Abs. 9a Nr. 1 UStG unterliegt.

§ 15 Abs. 1b Satz 1 UStG setzt vereinfacht gesagt eine Mischnutzung des Grundstücks, nämlich sowohl für Zwecke des Unternehmens als auch für Zwecke außerhalb des Unternehmens oder den privaten Bedarf des Personals voraus. Hinsichtlich der erfassten Ausgaben bezieht sich § 15 Abs. 1b UStG auf die Vorsteuer, welche beim Erwerb von Gegenständen sowie beim Bezug von sonstigen Leistungen im Zusammenhang mit dem betreffenden Grundstück anfallen. Damit sind insbesondere Vorsteuer aus der Anschaffung des Grundstücks bzw. Gebäudes, der Herstellung von Gebäuden, nachträglichem Anschaffungs- oder Herstellungsaufwänden, Erhaltungsaufwänden sowie laufendem Aufwand erfasst.

Der Vollständigkeit halber soll an dieser Stelle kurz auf weitere Bestimmungen eingegangen werden, welche den Abzug von nach § 15 Abs. 1 UStG abziehbaren Vorsteuern untersagen. Die Aufzählung ist dabei nicht abschließend und beschränkt sich auf die wichtigsten Normenkreise:

- Kleinunternehmer gemäß § 19 Abs. 1 Satz 4 UStG
- Bei Vorsteuerermittlung nach Durchschnittssätzen gemäß §§ 23, 23a und 24 UStG
- Für Reiseleistungen i. S. d. § 25 Abs. 1 UStG hinsichtlich der für Reisevorleistungen gesondert in Rechnung gestellten Steuerbeträge
- Wiederverkäufer für Zwecke der Differenzbesteuerung nach § 25a Abs. 2 UStG

Einen weiteren Themenkomplex stellen Fragestellungen im Bereich des Vorsteuerabzugs bei steuerfreien Umsätzen nach § 15 Abs. 2 bis 4 UStG dar. Grundsätzlich ist der Vorsteuerabzug ausgeschlossen, sofern bezogene Lieferungen oder sonstige Leistungen bzw. eingeführte oder innergemeinschaftlich erworbene Gegenstand für bestimmte steuerfreie (oder nicht steuerbare) Umsätze verwendet werden. Dabei sieht die Regel des § 15 Abs. 2 UStG eine allgemeine Beschränkung für alle steuerfreien und fiktiv steuerfreien Umsätze vor, während § 15 Abs. 3 UStG i. S. einer Rückausnahme den Vorsteuerabzug trotz Steuerfreiheit wieder eröffnet.

Nach diesem Regel-Ausnahme-Schema kann geschlussfolgert werden, dass alle steuerfreien Umsätze, die nicht wieder durch § 15 Abs. 3 Nr. 1 UStG zum Vorsteuerabzug zugelassen werden, erfasst sind. In Bezug genommen werden damit insbesondere die Steuerbefreiungen des § 4 Nr. 8 Buchst. h und i, Nr. 9, 10 Buchst. b und Nr. 11 bis 28 UStG. Zudem sind grundsätzlich auch die Steuerbefreiungen nach § 4 Nr. 8 Buchst. a bis g und Nr. 10 Buchst. a UStG erfasst, sofern nicht Ausnahmen nach § 15 Abs. 3 Nr. 1 Buchst. b UStG greifen.

Liegt ein wirksamer Verzicht auf Steuerbefreiung nach § 9 UStG vor, können die Umsätze entsprechend steuerpflichtig behandelt werden. In der Folge entfällt auch das Vorsteuerabzugsverbot nach § 15 Abs. 2 Nr. 1 UStG. Durch § 15 Abs. 2 Satz 1 Nr. 2 UStG erfolgt eine Gleichstellung mit Umsätzen im Ausland, die steuerbar und steuerfrei wären, wenn sie im Inland ausgeführt worden wären. Auch hier ist eine Ausnahme nach § 15 Abs. 3 Nr. 2 UStG möglich. Allgemein kann festgehalten werden, dass ein Umsatz im Ausland ausgeführt wird, wenn der Ort nach den Ortbestimmungsvorschriften des § 3 Abs. 6 bis 8 UStG oder §§ 3a bis 3 g UStG im Ausland liegt. Der logische Umkehrschluss aus § 15 Abs. 2 Satz 1 Nr. 2 UStG ist, dass andere im Ausland ausgeführte Umsätze zum Vorsteuerabzug berechtigen. Zu beachten ist, dass der Ausschluss des Vorsteuerabzugs nach § 15 Abs. 2 Satz 1 Nr. 2 UStG unabhängig davon eintritt, was das Umsatzsteuerrecht des anderen Staates regelt. Daher sind die dort geltenden Steuerbefreiungen irrelevant.

Auch wenn ein Ausschluss vom Vorsteuerabzug nach § 15 Abs. 2 Satz 1 Nr. 1 und 2 UStG einschlägig ist, kann dieser unterbleiben, sofern die Voraussetzungen des § 15 Abs. 3 UStG erfüllt sind. Insbesondere kommt es dabei auf die Art der steuerfreien Umsätze an. So hat die Wiederzulassung zum Vorsteuerabzug insbesondere für Ausfuhrlieferungen (§ 4 Nr. 1 Buchst. a UStG i. V. m. § 6 UStG), die Lohnveredelungen an Gegenständen der Ausfuhr (§ 4 Nr. 1 Buchst. a UStG i. V. m. § 7 UStG), die innergemeinschaftlichen Lieferungen (§ 4 Nr. 1 Buchst. b UStG i. V. m. § 6a UStG) und das innergemeinschaftliche Verbringens i. S. d. § 3 Abs. 1a i. V. m. § 6a Abs. 2 UStG hohe praktische Relevanz. Zudem wird der Vorsteuerabzug für bestimmte steuerfreie Umsätze, die sich unmittelbar auf Gegenstände beziehen, die in das Drittland ausgeführt werden, nicht ausgeschlossen. Hier sollte insbesondere § 4 Nr. 8 Buchst. a bis g UStG, § 4 Nr. 10 UStG und § 4 Nr. 11 UStG beachtet werden. Der Sinn und Zweck dieser Rückausnahme ist dadurch bedingt, dass hinsichtlich der genannten Lieferungen eine vollständige Neutralität im Inland zugunsten des innereuropäischen Mehrwertsteuersystem realisiert werden soll. Hinsichtlich der sonstigen Leistungen soll sichergestellt werden, dass diese, da außerhalb der Gemeinschaft verbraucht, auch nicht mit Umsatzsteuer im Inland belastet werden.

Es besteht auch die Möglichkeit, dass Eingangsleistungen oder eingeführte bzw. innergemeinschaftlich erworbene Gegenstände nur teilweise der Ausführung von Umsätzen dienen, die den Vorsteuerabzug ausschließen. In diesen Fällen ist der Teil der Vorsteuerbeträge nicht abziehbar, welcher den zum Ausschluss führenden Umsätzen wirtschaftlich zuzurechnen ist. § 15 Abs. 4 UStG betrifft originär nur die Aufteilung der Vorsteuern bei Verwendung für nur teilweise zum Vorsteuerabzug berechtigende Umsätze, sollte aber auch bei Umsätzen für nichtunternehmerische Zwecke oder nichtwirtschaftliche Tätigkeiten die gebotene Aufteilung vorgeben. Zur korrekten Aufteilung sind die Eingangsleistungen gemäß § 15 Abs. 4 UStG danach zu untersuchen, welchen Ausgangsumsätzen sie wirtschaftlich zuzurechnen sind.

Zur Ermittlung der infrage kommenden Beträge der Aufteilung kann der Unternehmer nach § 15 Abs. 4 Satz 2 UStG eine sachgerechte Schätzung vornehmen. Eine solche Möglichkeit ist insbesondere bei wechselnder Nutzung oder aus sonstigen Vereinfachungsgründen geboten. Sofern das fragliche Wirtschaftsgut ein Gebäude ist, kommt die Schätzung nur für Gemeinkosten infrage. Eine Aufteilung nach einem Umsatzschlüssel ist nach der gesetzlichen Vorgabe i. d. R. keine wirtschaftliche Zurechnung (§ 15 Abs. 4 Satz 3 UStG). Ausnahmen gelten für den Fall, dass der Umsatzschlüssel der einzige Aufteilungsmaßstab ist. Bei Gebäuden ist Aufteilungskriterium grundsätzlich das Verhältnis der genutzten Flächen.

Prüfschema zum Vorsteuerabzug

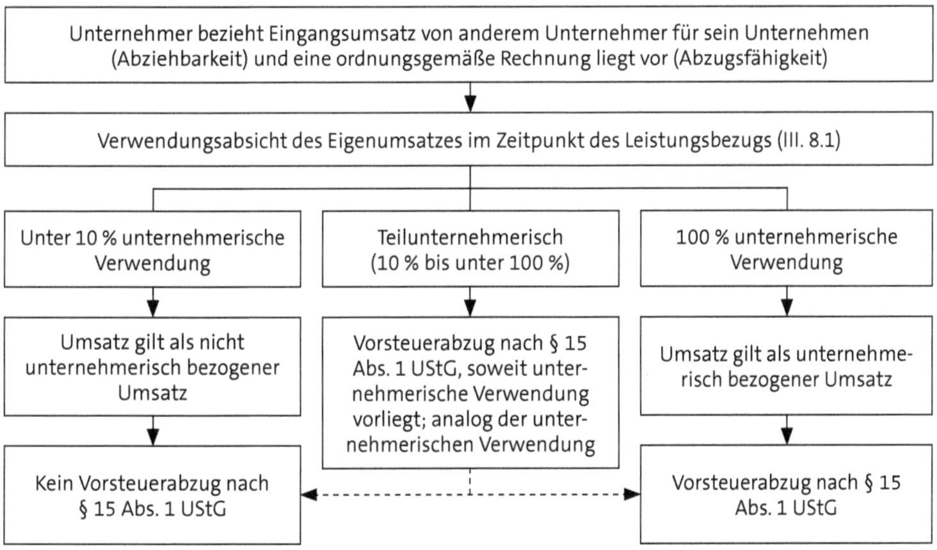

Ergänzende Ausführungen zu den weiteren Absätzen des § 15 UStG werden im weiteren Verlauf insbesondere unter IV. 5.2 erläutert.

8.2 Abzugszeitpunkt der Vorsteuer

Betreffend den Zeitpunkt des Vorsteuerabzugs ist zunächst darauf hinzuweisen, dass gemäß § 16 Abs. 2 UStG i. V. m. § 18 Abs. 1 Satz 3 UStG die in den jeweiligen Voranmeldungszeitraum fallenden und abzugsfähigen Vorsteuerbeträge von der berechneten Umsatzsteuer abzuziehen sind. Ist im Voranmeldungszeitraum die steuerpflichtige Eingangsleistung erbracht worden und liegt eine ordnungsgemäße Rechnung vor, ist gemäß § 15 Abs. 1 Nr. 1 Satz 2 UStG der Vorsteuerabzug möglich. Zeitlich kann dabei wie folgt differenziert werden:

Im Voranmeldungszeitraum, in dem die steuerpflichtige Eingangsleistung erbracht wurde und eine ordnungsgemäße Rechnung vorliegt, ist gemäß § 15 Abs. 1 Nr. 1 Satz 2 UStG der Vorsteuerabzug möglich. Wurde indes in einem Voranmeldungszeitraum sowohl die Zahlung vor Ausführung der Leistung geleistet und kann auch eine ordnungsgemäße Rechnung bereits vorgelegt werden, so ist gemäß § 15 Abs. 1 Nr. 1 Satz 3 UStG ein Vorsteuerabzug möglich.

9. Vorsteuer- und Steuerberichtigungen

Steuerberichtigungen können sich aus vielfältigen Sachverhalten ergeben. Insbesondere von Bedeutung sind Fragen der Vorsteuerberichtigung nach § 15a UStG hinsichtlich der Eingangsumsätze. Diese werden unter IV. 7.2 dargestellt und an dieser Stelle nicht weiter behandelt. Es können sich jedoch auch durch die Anwendung des § 17 UStG Berichtigungen in der Steuer bei Ausgangsumsätzen ergeben. Bei der Norm handelt es sich um die Änderung der Bemessungsgrundlage. Der Vollständigkeit halber soll diese Norm im Folgenden kurz erläutert werden.

§ 17 Abs. 1 UStG regelt, dass sofern sich die Bemessungsgrundlage für einen steuerpflichtigen Umsatz geändert hat, besteht die Pflicht des Unternehmers eine entsprechende Berichtigung durchzuführen. Gleiches gilt indes auch für den Erwerber, sofern dieser bereits einen Vorsteuerabzug in Anspruch nehmen konnte. Wie die Berichtigung sodann durchzuführen ist, wird in § 17 Abs. 1 Satz 7 UStG bestimmt. Die Berichtigung ist in dem Besteuerungszeitraum vorzunehmen, in dem die Änderung der Bemessungsgrundlage eingetreten ist.

Hilfreich, auch für Klausursachverhalte, ist es, dass § 17 Abs. 2 UStG verschiedene Fälle zusammenfasst, welche eine Änderung der Bemessungsgrundlage nach sich ziehen. So ist nach Nr. 1 der Norm eine Berichtigung vorzunehmen, wenn die Uneinbringlichkeit des Entgeltes vorliegt. Damit eine solche Uneinbringlichkeit gegeben ist, wird dies in der Klausur stets genau benannt sein müssen, da der Gesetzgeber strenge Anforderungen an die Uneinbringlichkeit stellt. Weiterhin bestimmt Nr. 2 der Norm, dass sofern die Ausführung von Lieferungen oder sonstigen Leistung nicht erfolgt ist und dennoch ein Entgelt entrichtet wurde, die Änderung der Bemessungsgrundlage erforderlich ist. Gleiches gilt nach Nr. 3 der Norm für die Rückgängigmachung von Umsätzen.

Wie bereits beim innergemeinschaftlichen Erwerb angedeutet, ist auch eine Änderung der Bemessungsgrundlage nach § 17 Abs. 2 Nr. 4 UStG vorzunehmen, sofern der Erwerber die Nachweise des § 3d Satz 2 UStG führt. Zudem ist die Norm anzuwenden, wenn Aufwendungen i. S. d. § 15 Abs. 1a UStG getätigt werden.

HINWEIS

Betrachtet man die Norm des § 17 UStG, so kann sich insbesondere ein Fallstrick dadurch ergeben, dass in Klausuren eine Fragestellung vorkommen kann, in welcher zunächst ein Gegenstand geliefert wird (bspw. unter Ratenzahlung), dieser jedoch einige Monate später zurückgegeben wird. Wenn die Rückgabe sodann zu einem niedrigeren Preis erfolgt als der Erwerb des Gegenstandes, so ist der gesamte Vorgang rückabzuwickeln und für die Differenz eine Nutzungsüberlassung vorzunehmen. Insoweit ist eine sonstige Leistung nach § 3 Abs. 9 UStG zu beurteilen. Auch wenn solche Fälle bisher nicht den Schwerpunkt in Prüfungen darstellen, so lassen sich daraus komplexe und umfassende Klausursachverhalte gestalten.

10. Besonderheiten der allgemeinen Hinweise

10.1 Rechnungsstellung

Fragen der Rechnungsstellung stellen im umsatzsteuerlichen Steuerberaterprüfungen in der Regel keinen weiter zu betrachtenden Themenkomplex dar. Dennoch kann es vorkommen, dass auch für die Rechnungsstellung Ausführungen vorzunehmen sind. Insoweit leitet der Sachverhalt bzw. die Bearbeitungshinweise meist dahin, dass die Rechnungsausstellung ordnungsgemäß ist, sofern sich aus dem Sachverhalt nichts Gegenteiliges ergibt. Damit hält sich der Ersteller der Klausur die Möglichkeit offen, dass auch nicht ordnungsgemäße Rechnungen vorliegen können. Zudem können Besonderheiten der Rechnung wie beispielsweise die Erstellung einer Gutschrift vorgenommen werden.

Wie bereits eingangs erwähnt, gehen die Bearbeitungshinweise in der Regel davon aus, dass ordnungsgemäße Rechnungen i. S. d. UStG vorliegen. Sollte wider Erwarten dennoch eine Prüfung der ordnungsgemäßen Rechnung vorgenommen werden müssen, richtet sich diese Prüfung grundsätzlich nach §§ 14, 14a UStG. Eine ausführliche Liste der Angaben, welche in einer Rechnung enthalten sein müssen, damit diese ordnungsgemäß ist, ist § 14 Abs. 4 UStG zu entnehmen.

Eine nicht unwichtige Besonderheit, da auch regelmäßig in Klausuren anzutreffen, ist die Frage nach der Behandlung von sogenannten Gutschriften. Dazu ist auf die Ausführungen in § 14 Abs. 2 Satz 2 und 3 UStG zu verweisen. Demnach ist eine Gutschrift einer Rechnung gleichgestellt, sofern dies vorher vereinbart wurde. Eine Gutschrift verliert indes ihre Wirkung als Rechnung, sofern der Empfänger der Gutschrift widerspricht. In diesen Fällen muss die Gutschrift durch eine ordnungsgemäße Rechnung ersetzt werden.

Erwerbs- und Lieferschwelle

10.1.1 Erwerbsschwelle

Für den innergemeinschaftlichen Erwerb gehören zum erwerbsteuerpflichtigen Personenkreis die regelversteuernden Unternehmer als sogenannte Vollunternehmer. Zudem können jedoch auch Schwellenerwerber unter bestimmten Voraussetzungen einbezogen werden. Zu beachten ist, dass ein innergemeinschaftlicher Erwerb nicht vorliegt, wenn der Erwerber als sogenannter Schwellenerwerber dem Personenkreis des § 1 Abs. 3 Nr. 1 UStG angehört und sein Gesamtbetrag der Entgelte für alle innergemeinschaftlichen Erwerbsvorgänge den Betrag von 12.500 € nicht überschreitet. Der Betrag ist die sogenannte Erwerbsschwelle.

Die Erwerbsschwelle darf im vorangegangenen Kalenderjahr vom Unternehmer nicht überschritten worden sein und auch im laufenden Jahr gemäß einer Prognose voraussichtlich nicht überschritten werden. Entsprechende Aussagen dazu sind in der Klausur regelmäßig vorgegeben. Zu beachten ist, dass die Schwellenerwerber auch bei Nichtüberschreiten der Erwerbsschwelle zur Erwerbsbesteuerung optieren können gemäß § 1a Abs. 4 UStG. Es handelt sich dabei um eine für mindestens zwei Jahre bindende Option.

10.1.2 Lieferschwelle

Anderes gilt für die sogenannte Lieferschwelle. Die Lieferschwelle ist eine Norm, welche sich aus § 3c UStG ergibt. Folge des § 3c UStG ist, dass eine Verlagerung des Lieferortes bei grenzüberschreitenden Lieferungen an Privatpersonen auftritt. Insoweit wird bisweilen auch von der Fernverkaufsregelung gesprochen. Voraussetzung des § 3c UStG ist, dass der Lieferer die Beförderung oder Versendung eines Liefergegenstandes vom Inland in das übrige Gemeinschaftsgebiet übernimmt. Weiterhin darf der Liefergegenstand im Bestimmungsland nicht der Erwerbsbesteuerung unterliegen. D. h. es muss eine Lieferung an Privatpersonen vorliegen. Zudem, und damit zur bezeichnenden Lieferschwelle, muss genau diese Lieferschwelle für alle fraglichen Umsätze in der EU von 10.000 € überschritten sein, um zur Verlagerung zu gelangen.

Erforderlich ist, dass die entsprechende Lieferschwelle im Vorjahr und im laufenden Kalenderjahr überschritten worden ist. Ist die Lieferschwelle im vorangegangenen Kalenderjahr nicht überschritten worden, so tritt die Ortsverlagerung in das Ausland ab der Lieferung im laufenden Kalenderjahr ein, mit welcher die maßgebende Lieferschwelle überschritten wird. Sodann fallen alle folgenden Lieferungen unter die Ortsverlagerung in das Ausland. Für diese Lieferungen ist der Ort der Lieferung somit stets der entsprechende Mitgliedstaat.

Gemäß § 3c Abs. 4 UStG ist bei Nichtüberschreiten der Lieferschwelle auch eine Option zu dieser möglich. Sinnvoll könnte dies sein, wenn beispielsweise der Steuersatz im Bestimmungsland niedriger ist als in Deutschland. Sollte die Lieferschwelle nicht überschritten werden und auch keine Option gewählt sein, so kann ein Fallstrick darin bestehen, dass verbrauchsteuerpflichtige Waren veräußert werden. Für diese gilt gemäß § 3c Abs. 5 Satz 2 UStG das unabhängig vom Überschreiten der Lieferschwelle bei der Lieferung an einen privaten Abnehmer stets die Besteuerung im Bestimmungsland zu erfolgen hat.

Ausführungen zu den Lieferschwellen finden sich in der Klausur in der Regel in den allgemeinen Hinweisen. Diese Ausführungen gilt es aufmerksam zu lesen und bei der weiteren Bearbeitung zu beachten.

10.2 Abgabe von Voranmeldungen

Hinsichtlich der Abgabe von Voranmeldungen ist an dieser Stelle auf die wesentlichen Fragestellungen für die Beantwortung von Klausursachverhalten hinzuweisen. Demnach sind entsprechende Ausführungen in den meisten Fällen bereits in den Bearbeitungshinweisen zur Klausur zu finden. In den meisten Fällen ist der Voranmeldungszeitraum gemäß § 18 Abs. 2 Satz 2 UStG der Kalendermonat. Dies ermöglicht es, dass die Sachverhalte hinsichtlich der Entstehung der Steuer so genau wie möglich beurteilt werden können. In Ausnahmefällen kann auch das Kalendervierteljahr gemäß § 18 Abs. 2 Satz 1 UStG maßgebend sein.

Zwar muss in Klausuren regelmäßig darauf hingewiesen werden, wann die Steuer entsteht, es muss jedoch meist nicht darauf hingewiesen werden, bis wann entsprechende Voranmeldungen zur Umsatzsteuer beim Finanzamt einzureichen sind. Zudem ist auch regelmäßig nicht darauf hinzuweisen, wie bezüglich der Abgabe der Jahreserklärung gemäß § 18 Abs. 3 UStG zu verfahren ist. Insoweit kann für die Bearbeitung von Klausuren darauf hingewiesen werden, die entsprechenden Ausführungen zum Besteuerungsverfahren in den einleitenden Passagen zur Klausur aufmerksam zu lesen und bei der weiteren Bearbeitung zu beachten.

10.3 Besteuerungsform

Neben den noch darzustellenden Besteuerungsformen der Differenzbesteuerung (IV. 8.5) und der Kleinunternehmerregelung (IV. 8.3), soll an dieser Stelle auf die beiden Grundformen des Besteuerungsverfahrens kurz eingegangen werden. Dies ist einerseits die Regelbesteuerung nach Soll gemäß § 16 UStG sowie andererseits die Besteuerung nach vereinnahmten Entgelten gemäß § 20 UStG. Bei Letzterer handelt es sich um die sogenannte Istversteuerung. Ausführungen zur Form der Besteuerung sind in der Regel auch in den einleitenden Hinweisen zur Klausur zu finden. Diese sollten beachtet werden, da sich insoweit die anschließenden Fragen zur Entstehung der Steuer maßgeblich nach der Besteuerungsform richten.

Es ist unwahrscheinlich, dass in der Klausur nicht zumindest für ein Jahr die Regelbesteuerung nach Soll angewendet werden soll. In den meisten Fällen findet ausschließlich die Regelbesteuerung nach Soll Anwendung. Diese ermöglicht es nämlich, dass die Klausuraufgaben komplexer und schwieriger gestellt werden können. Hintergrund dessen ist, dass die Steuer in diesen Fällen nach den vereinbarten Entgelten zu berechnen ist. Zudem handelt es sich, wie der Name schon sagt, um die Regelbesteuerung.

In den Fällen des § 20 UStG ist indes stets nur darauf zu achten, wann das entsprechende Entgelt vereinnahmt wurde, was die Lösung der Steuerentstehung bisweilen erheblich vereinfacht. Zudem finden solche Fälle nur unter Erfüllung besonderer Voraussetzungen Anwendung. Für die Klausur sind sie daher in der Regel nicht geeignet.

IV. Inhaltliche Schwerpunkte der letzten Steuerberaterprüfungen

1. Geschäftsveräußerung im Ganzen nach § 1 Abs. 1a UStG

Jahre in denen entsprechende Themen einer der Schwerpunkte der Prüfung waren: 2018, 2017, 2016

Gemäß § 1 Abs. 1a UStG unterliegen die Umsätze im Rahmen einer Geschäftsveräußerung an einen anderen Unternehmer i. S. d. § 2 Abs. 1 Satz 1 und 3 UStG, welche für dessen Unternehmen ausgeführt werden, nicht der Umsatzsteuer. Dafür ist es erforderlich, dass ein Unternehmen oder ein in der Gliederung eines Unternehmens gesondert geführter Betrieb im Ganzen entgeltlich oder unentgeltlich an einen Erwerber übereignet oder in eine Gesellschaft eingebracht wird. Sofern die Voraussetzungen einer nichtsteuerbaren Geschäftsveräußerung im Ganzen erfüllt sind, tritt der Erwerber an die Stelle des Veräußerers, § 1 Abs. 1a Satz 3 UStG. Sofern die Voraussetzungen erfüllt sind liegt eine Geschäftsveräußerung im Ganzen nichtsteuerbar vor. Eine Option für oder gegen § 1 Abs. 1a UStG ist nicht vorgesehen.

BEISPIEL

Der Bäckermeister Anton Altback (A) betreibt in Hamburg eine Bäckerei in Form eines Einzelunternehmens. Da er beabsichtigt in den Ruhestand zu gehen, veräußert er seine Bäckerei sowie alle damit in Zusammenhang stehenden materiellen und immateriellen Wirtschaftsgüter in einem einheitlichen Rechtsvorgang an den jungen Bäckermeister Bernhard Brötchen (B). B zahlt dem A für die Übernahme der Bäckerei im Ganzen einen Kaufpreis i. H. v. 100.000 € und möchte die Bäckerei nach der Übernahme in ihrer derzeitigen Form ohne Änderungen weiterführen.

Die Veräußerung des A an den B stellt eine nichtsteuerbare Geschäftsveräußerung im Ganzen nach § 1 Abs. 1a UStG dar. Die Bäckerei ist das Unternehmen des A und insoweit sein Rahmen des Unternehmens nach § 2 Abs. 1 Satz 2 UStG. A ist Unternehmer i. S. d. § 2 Abs. 1 Satz 1 und Satz 3 UStG und veräußert die Bäckerei in einem einheitlichen Vorgang an den B. Damit erfolgt die Veräußerung der Bäckerei im Ganzen, es werden keine Wirtschaftsgüter durch den A zurückbehalten. Die Veräußerung erfolgt als entgeltlicher Vorgang, da der B 100.000 € für die Bäckerei zahlt. Der B erwirbt die Bäckerei für sein Unternehmen, da er ebenfalls als Bäcker tätig sein möchte. Auch beabsichtigt der B die Bäckerei weiterzuführen und ist durch den Erwerb der gesamten materiellen und immateriellen Wirtschaftsgüter auch dazu in der Lage. Es liegt somit eine nichtsteuerbare Geschäftsveräußerung im Ganzen nach § 1 Abs. 1a UStG vor. Der B tritt in die Rechtsstellung des A.

1.1 Veräußerung durch Unternehmer

Nur Umsätze, welche grundsätzlich nach § 1 Abs. 1 Nr. 1 UStG steuerbar sind, können gemäß § 1 Abs. 1a UStG zur Nichtsteuerbarkeit führen. Es ist erforderlich, dass der Veräußerer Unternehmer i. S. d. § 2 Abs. 1 Satz 1 und Satz 3 UStG ist. Bereits in der Gründungsphase eines Unternehmens ist der Gründer Unternehmer, weshalb es für die Geschäftsveräußerung im Ganzen nicht erforderlich ist, dass ein lebendes Unternehmen vorliegt (Abschnitt 1.5 Abs. 1a Satz 3 UStAE). Es reicht aus, dass bereits erste Investitionsausgaben getätigt werden. Genauso ist es auch nicht erforderlich, dass der Veräußerer seine Tätigkeit als Unternehmer durch die Veräußerung seines Unternehmens beendet (Abschnitt 1.5 Abs. 1a Satz 4 UStAE). Indes ist die Unternehmereigenschaft des Veräußerers und mithin auch die Geschäftsveräußerung im Ganzen zu negieren, wenn der Veräußerer Vorbereitungshandlungen zur Gründung eines Unternehmens nur vollzieht, um dieses anschließend nach § 1 Abs. 1a UStG nichtsteuerbar zu verkaufen. Die bloße Erbringung einer nichtsteuerbaren Geschäftsveräußerung im Ganzen als einziger Ausgangsumsatz steht nämlich der Begründung der Unternehmerstellung entgegen.

1.2 Gegenstand der Geschäftsveräußerung

Das Unternehmen i. S. d. Umsatzsteuergesetzes ist grundsätzlich der Gegenstand der Geschäftsveräußerung im Ganzen. Dabei kommt es nicht darauf an, dass die gesamte gewerbliche und berufliche Tätigkeit des Unternehmers als Rahmen des Unternehmens Gegenstand der Geschäftsveräußerung ist, sondern lediglich das fragliche gegenstandsbezogene Unternehmen in

Form des Unternehmensvermögens übertragen wird. Es ist erforderlich, dass sowohl die materiellen als auch immateriellen Gegenstände veräußert werden, welche dem Unternehmen zugeordnet sind. Dies ergibt sich auch aus Art. 19 MwStSystRL, welche als unionsrechtliche Grundlage der Geschäftsveräußerung im Ganzen die Übertragung eines Gesamt- oder Teilvermögens fordert. Nach Auffassung des EuGH handelt es sich dabei um die Bestandteile, welche zusammengenommen ein Unternehmen bilden bzw. dieses ausmachen.

Der Gesetzgeber lässt es zu, dass anstatt eines Unternehmens ein in der Gliederung eines Unternehmens gesondert geführter Betrieb übertragen wird. Dies lässt die Schlussfolgerung zu, dass sich aus dem Unternehmensvermögen mehrere Teile einzeln herauslösen lassen können, welche wirtschaftlich selbstständig sind und ebenfalls die Rechtsfolgen des § 1 Abs. 1a UStG auslösen. Die Verwaltung nimmt einen gesondert geführten Betrieb an, wenn der veräußerte Unternehmensteil vom Erwerber als selbständiges wirtschaftliches Unternehmen fortgeführt werden kann (Abschnitt 1.5 Abs. 6 Satz 1 UStAE). Dabei ist es nicht erforderlich, dass bereits das übertragende Unternehmen einen organisatorisch selbstständigen Unternehmensteil in dem gesondert geführten Betrieb annahm. Als eine der wenigen Ausnahmen im Umsatzsteuerrecht, welches ansonsten häufig eine eigenständige Würdigung erfordert, kann insoweit an den ertragsteuerlichen Begriff des Teilbetriebs nach R 16 Abs. 3 EStR angeknüpft werden.

1.3 Veräußerung im Ganzen

Wesentliche Voraussetzung einer nichtsteuerbaren Geschäftsveräußerung ist, dass diese im Ganzen erfolgt. Dies bedeutet, dass unter Gesamtwürdigung der Umstände zu der Schlussfolgerung gelangt wird, dass das übertragende Unternehmensvermögen ein hinreichend Ganzes bildet, welches es ermöglicht die wirtschaftliche Tätigkeit auch nachfolgend so auszuüben, wie diese bisher ausgeübt wurde bzw. zumindest mit einer hinreichenden Ähnlichkeit die Tätigkeit weiterhin auszuüben. In der Regel ist davon auszugehen, dass dies gegeben ist, sofern die wesentlichen Grundlagen des Unternehmens übertragen werden. In der Folge soll der Erwerber nämlich in der Lage sein den Betrieb ohne großen Aufwand weiterzuführen.

Einen Grenzbereich dieser Übertragung im Ganzen bildet die Übertragung nur einzelner Wirtschaftsgüter. In diesem Fällen ist stets eine Würdigung des Einzelfalls vorzunehmen, ob ein hinreichendes Ganzes vorliegt. Dabei ist das Erfüllen der einzelnen Tatbestandsmerkmale des § 1 Abs. 1a UStG zu prüfen. Jedoch ist mittlerweile anerkannt, dass die Übertragung eines einzelnen und vermieteten Grundstücks eine Geschäftsveräußerung im Ganzen darstellen kann (Abschnitt 1.5 Abs. 4 Satz 3 UStAE).

Sowohl für die Praxis als auch für die Theorie ist es von großer Bedeutung, wie zu verfahren ist, wenn der übertragende Unternehmer einzelne Wirtschaftsgüter im Rahmen einer Geschäftsveräußerung zurückbehält und ob dies der Nichtsteuerbarkeit entgegenstehen kann. Hierbei kommt es darauf an, ob die Wirtschaftsgüter als wesentliche Betriebsgrundlagen zu würdigen sind. Eine nichtsteuerbare Geschäftsveräußerung im Ganzen ist jedoch auch dann anzunehmen, wenn bei der entgeltlichen oder unentgeltlichen Übereignung eines Unternehmens im Ganzen einzelne unwesentliche Wirtschaftsgüter von dieser Übereignung ausgenommen werden.

Bei Grundstücken handelt es sich indes um wesentliche Betriebsgrundlagen. Für dieses gelten daher strenge Grundsätze. Dennoch liegt eine nichtsteuerbare Geschäftsveräußerung im Ganzen auch dann vor, wenn einzelne wesentliche Wirtschaftsgüter, wie beispielsweise die dem Unternehmen dienenden Grundstücke, nicht mit dinglicher Wirkung übertragen werden. Dies steht jedoch unter dem Vorbehalt, dass diese an den Erwerber vermietet oder verpachtet werden und somit eine dauerhafte Fortführung des Unternehmens durch den Erwerber sichergestellt ist. In diesem Zusammenhang hat die Rechtsprechung definiert, dass eine langfristige Vermietung oder Verpachtung für z. B. acht Jahre ebenso ausreichend ist wie eine Vermietung oder Verpachtung auf unbestimmte Zeit. Ein Rückbehalt führt dazu, dass keine nichtsteuerbare Geschäftsveräußerung im Ganzen nach § 1 Abs. 1a UStG vorliegen kann.

1.4 Übereignung des Unternehmens

Der Gesetzeswortlaut des § 1 Abs. 1a UStG spricht davon, dass eine Geschäftsveräußerung im Ganzen die entgeltliche oder unentgeltliche Übereignung oder eine Einbringung voraussetzt. Demnach ist es gleich, ob der Vorgang mit einer Gegenleistung verbunden ist, sofern eine Übereignung im Sinne einer Übertragung vorliegt. Hervorzuheben ist somit, dass es zwingend erforderlich ist, dass eine Eigentumsverschaffung vorliegt. Sicherungsübereignungen oder auch Verpachtungen erfüllen demnach nicht die Voraussetzung des § 1 Abs. 1a UStG. Die Übereignung eines verpachteten Unternehmens, bei welcher der Erwerber die Verpachtung fortsetzt, soll indes für § 1 Abs. 1a UStG ausreichend sein. Die Verpachtung des Unternehmens ist in diesem Fall die maßgebliche Tätigkeit, auf welche abzustellen ist.

Entgeltliche Übertragungen können nach § 1 Abs. 1a UStG zur Anwendung der Nichtsteuerbarkeit führen. Dies ist in aller Regel insbesondere deshalb von Vorteil, da ansonsten eine Vielzahl von Umsätzen beurteilt werden müssten. Für die Entgeltlichkeit ergeben sich zumeist keine Besonderheiten, da bei diesen Vorgängen im Falle des § 1 Abs. 1a UStG weitgehend die gleichen Rechtsfolgen eintreten würden, als wenn ein steuerbarer Umsatz vorliegt. Abweichungen können sich jedoch daraus ergeben, dass der Erwerber in die Rechtstellung des Veräußerers eintritt, § 1 Abs. 1a Satz 3 UStG.

Unentgeltliche Übertragungen können nach § 1 Abs. 1a UStG ebenfalls zur Anwendung der Nichtsteuerbarkeit führen. Insbesondere diese Vorgänge vermeiden es, dass der Veräußerer eine unentgeltliche Wertabgabe erbringt, bevor das Unternehmen auf den Erwerber übergeht. Außerdem können sich Vorteile bezüglich des Vorsteuerabzugs ergeben. So verbleibt dem Überträger der Vorsteuerabzug, sofern er Beratungsleistungen für die Übertragung in Anspruch nimmt.

§ 1 Abs. 1a UStG Satz 2 UStG bestimmt, dass auch die Einbringung zur Nichtsteuerbarkeit führen kann. Dies ist in Übereinstimmung mit Art. 19 MwStSystRL übernommen und dahingehend zu verstehen, dass sämtliche Einbringungen, somit auch sonstige Umwandlungsvorgänge, zu einer Geschäftsveräußerung im Ganzen führen können. Ein Formwechsel führt jedoch nicht zu einer Geschäftsveräußerung im Ganzen nach § 1 Abs. 1a UStG, da dieser keine Leistung darstellt und lediglich die Rechtsform des Unternehmens berührt, nicht jedoch die Identität.

1.5 Erwerb durch Unternehmer

Neben der Voraussetzung, dass der Veräußerer ein Unternehmer sein muss, ist es auch erforderlich, dass der Erwerber i. R. d. Geschäftsveräußerung im Ganzen ein Unternehmer ist. Der Erwerb muss weiterhin für das Unternehmen des Erwerbers erfolgen, damit sichergestellt wird, dass kein unversteuerter Erwerb eines Letztverbrauchers vorliegt. Die Unternehmerstellung des Erwerbers richtet sich nach den allgemeinen Vorgaben des § 2 Abs. 1 Satz 1 und Satz 3 UStG. Es ist möglich, dass der Erwerber erst durch den Erwerb des Unternehmens seine Unternehmerstellung begründet (Abschnitt 1.5 Abs. 1 Satz 1 UStAE).

Es ist zu beachten, dass in Organschaftsfällen (IV. 8.1) die Organgesellschaft den § 2 Abs. 1 UStG nicht erfüllt und daher die entsprechenden Umsätze nicht unter § 1 Abs. 1a UStG subsumiert werden können. Da innerhalb einer Organschaft nichtsteuerbare Innenumsätze vorliegen, führt dies jedoch zu keinen anderen Rechtsfolgen.

1.6 Fortführung der bisherigen Tätigkeit

Als letzte Voraussetzung des § 1 Abs. 1a UStG ist es erforderlich, dass die bisherige Tätigkeit des Unternehmens fortgeführt wird. Dieses Tatbestandsmerkmal ist im Gesetz dadurch beschrieben, dass die Veräußerung an den Erwerber „für dessen Unternehmen" erfolgen muss. Die Fortführbarkeit des Unternehmens ist eine wesentliche Voraussetzung, um den vom Gesetzgeber vorgegebenen Zweck der Vereinfachung gerecht zu werden. Die Auslegung des Begriffs ist nach

Umsetzung der EuGH-Rechtsprechung objekt- und tätigkeitsbezogen vorzunehmen. Dies heißt, dass die weitere Ausübung der Unternehmenstätigkeit möglich sein muss und die Tätigkeit mit jener vor der Übertragung übereinstimmt bzw. dieser zumindest ähnlich ist. Damit ist ältere Rechtsprechung des BFH, wonach eine sofortige Weiterveräußerung oder der Erwerb eines Mitbewerbers mit dem Zwecke der sofortigen Stilllegung zur Beseitigung der Konkurrenz, eine Geschäftsveräußerung im Ganzen auslösen kann, nicht mehr anwendbar.

Eine Modernisierung ist unschädlich, sofern der Kern des erworbenen Unternehmens erhalten bleibt. Zudem ist eine Erweiterung des Unternehmens in der freien Disposition des Erwerbers. Sofern dafür das Unternehmen zeitweise geschlossen werden muss, ist dies eine notwendige Folgeerscheinung. Dies steht der Geschäftsveräußerung nicht entgegen, da die Tätigkeit dennoch sofort – im Rahmen der notwendigen zeitlichen Einschränkungen der Modernisierung – fortgesetzt wird (Abschnitt 1.5 Abs. 1a Satz 1 UStAE).

Erwirbt der bisherige Mieter einer Immobilie diese zur Eigennutzung wird kein Vermietungsunternehmen übertragen. Eine Geschäftsveräußerung scheitert daran, da keine Fortführung des Unternehmens vorliegt (Abschnitt 1.5 Abs. 2 Satz 3 UStAE).

1.7 Besonderheiten bei Gesellschaftsanteilen

Die bisher dargestellten Überlegungen behandeln insbesondere sog. Asset-Deals, mithin Umsätze, bei welchen das Eigentum an Wirtschaftsgütern übertragen wird. Die Übertragung von Gesellschaftsanteilen fällt indes unter den Begriff der sog. Share-Deals, da lediglich die Anteile an einer Gesellschaft übertragen werden. Bei der Übertragung der Anteile ist neben der vollständigen Übertragung der „Shares" auch die nur anteilige Übertragung eines Teils der Anteile möglich. Wie in Beachtung des bisher Besprochenen nicht überraschen dürfte, stellt sich die Frage, ob die Übertragung nur eines Teils der Anteile an einer Gesellschaft bereits ausreichend sein kann, damit ein hinreichend Ganzes übertragen wird, welches die Voraussetzungen einer Geschäftsveräußerung im Ganzen nach § 1 Abs. 1a UStG erfüllt.

Bei Übertragungen eines Teils der Anteile gilt zu beachten: Dem Unternehmen stehen nicht die entsprechenden Wirtschaftsgüter zu, sondern lediglich ein Recht auf Teilhabe am Gewinn. Die Übertragung erfolgt deshalb nicht als Geschäftsveräußerung im Ganzen nach § 1 Abs. 1a UStG, da kein Unternehmen Gegenstand der Übertragung ist, sondern nur die Stellung als Gesellschafter und damit das Recht auf Teilhabe am Gewinn übertragen wird. Der Vorgang ist steuerbar und nach § 4 Nr. 8 Buchst. f UStG steuerbefreit. Eine Option zur Steuerpflicht nach § 9 UStG besteht nicht.

Es stellt sich die Frage, ob etwas anderes gelten kann, wenn durch einen einzelnen Gesellschafter eine Beteiligung i. H. v. 100 % auf einen Erwerber übertragen wird. Die Rechtsprechung zur Veräußerung von 100 %-Beteiligungen an Kapitalgesellschaften ist nicht einheitlich. Während der BFH diese Vorgänge ebenso wie die Übertragung eines Unternehmens im Ganzen lange Zeit als nichtsteuerbar würdigte, vertritt der EuGH die Auffassung, dass darin keine Geschäftsveräußerung gesehen werden kann. Dieser Auffassung hat sich nunmehr auch wiederholt der BFH angeschlossen. Die Anwendung des § 1 Abs. 1a UStG erfordert in Umsetzung des Art. 19 MwStSystRL nämlich, dass Gegenstände geliefert werden. Diese Voraussetzung wird bei der bloßen Übertragung von Gesellschaftsanteilen nicht erfüllt, da die Wirtschaftsgüter weiterhin dem Unternehmen zugerechnet werden, von dem die Anteile übertragen werden. Dass der Erwerber nach der Übertragung Eigentümer der Anteile wird, ist somit nicht gleichzusetzen damit, dass diese „Anteile" – die Gesellschaft – weiterhin Eigentümer der Vermögenswerte ist. Dies erscheint folgerichtig, da das Halten der Anteile an sich keine Unternehmereigenschaft begründet (Abschnitt 2.3 Abs. 2 Satz 1 UStAE) und zudem die Gesellschaft sowohl vor als auch nach der Übertragung der Anteile weiterhin Unternehmer i. S. d. UStG ist. Somit liegt keine Geschäftsveräußerung im Ganzen nach § 1 Abs. 1a UStG vor und der Vorgang ist anhand der allgemeinen Regelungen zu beurteilen.

1.8 Folgewirkungen der Geschäftsveräußerung im Ganzen

1.8.1 Erwerber tritt an Stelle des Veräußerers

Gemäß § 1 Abs. 1a Satz 3 UStG ist Rechtsfolge einer erfolgreichen Geschäftsveräußerung im Ganzen, dass der Erwerber an die Stelle des Veräußerers tritt. Dies ist in Umsetzung des Art. 19 MwStSystRL die sog. objektbezogene Einzelrechtsnachfolge. Diese Rechtsfolge ist ere für § 15a Abs. 10 UStG von Bedeutung, da die Rechtsposition des Veräußerers auch im Hinblick auf eine mögliche Berichtigung des Vorsteuerabzugs zur Anwendung gelangt. Des Weiteren ist dies für Änderungen i. R. d. § 17 UStG von Bedeutung, da sodann der Erwerber für die entsprechenden steuerlichen Konsequenzen einzutreten hat. Für etwaige Steuerschulden ist § 1 Abs. 1a Satz 3 UStG nicht heranzuziehen, diesbezüglich ist jedoch § 75 AO zu beachten.

1.8.2 Vorsteuerabzug nach § 15 UStG und Berichtigung nach § 15a UStG

Durch das Eintreten des Erwerbers in die Rechtsstellung des Veräußerers können sich auch Auswirkungen im Vorsteuerabzug ergeben. Es gilt zu differenzieren, ob die Folgen den Erwerber oder den Veräußerer treffen. So steht der Vorsteuerabzug aus vor der Veräußerung erworbenen Wirtschaftsgütern nur dem Veräußerer zu. Es ist unbeachtlich, ob der Vorsteuerabzug aufgrund der zeitlichen Vorgaben vor oder nach der Veräußerung vorgenommen werden darf, sofern dieser grundsätzlich durch den Veräußerer zulässig wäre. Sofern der Erwerber Vorgänge nach § 3 Abs. 1b UStG auslöst, ist für diese in Beachtung des § 1 Abs. 1a UStG auf die damalige Behandlung beim Veräußerer des Unternehmens abzustellen. Es wäre fehlerhaft eine gleichgestellte Lieferung zu negieren, da nicht der Erwerber den Vorsteuerabzug vornehmen durfte. Das Eintreten in die Stellung des Veräußerers hat zur Folge, dass nach § 15a Abs. 10 UStG der entsprechende Berichtigungszeitraum nicht unterbrochen wird. Eine etwaige Berichtigung des Vorsteuerabzugs muss daher der Erwerber nach § 15a Abs. 10 Satz 1 UStG vornehmen. Es ist insoweit auch auf IV. 7.2 zu verweisen.

2. Leistungsbeziehungen zwischen Gesellschaft und Gesellschafter

Jahre in denen entsprechende Themen einer der Schwerpunkte der Prüfung waren: 2016, 2014

Wie auch in anderen steuerlichen Disziplinen erfordert das Umsatzsteuerrecht eine Trennung zwischen Gesellschafter und Gesellschaft. Grund dessen ist, dass nicht nur Kapitalgesellschaften Unternehmer i. S. d. § 2 Abs. 1 Satz 1 und Satz 3 UStG sein können, sondern auch Personengesellschaften Subjekt der Umsatzsteuer sind. Betrachtet man nun das Verhältnis zwischen Gesellschafter und Gesellschaft gilt festzustellen, dass die rechtlichen Beziehungen für Zwecke der Umsatzsteuer einerseits ohne Bedeutung sein können, andererseits jedoch auch Leistungsaustauschverhältnisse begründen können. Als Grundsatz gilt, dass eine Leistung dabei nur steuerbar sein kann, wenn durch den Leistenden – es kommen sowohl die Gesellschaft als auch der der Gesellschafter infrage – eine Unternehmerstellung gemäß § 2 Abs. 1 Satz 1 und Satz 3 UStG begründet wird und für die Leistung eine Gegenleistung erbracht wird, welche in unmittelbarem Zusammenhang mit der Leistung steht. Praktisch schwierig ist insbesondere die Frage, ob tatsächlich eine Gegenleistung im unmittelbaren Zusammenhang mit der entsprechenden Leistung gegeben ist. Dabei ist zu konstatieren, dass etwaige Leistungsaustausche in beide Richtungen – also von der Gesellschaft an die Gesellschaft und von dem Gesellschafter an die Gesellschaft – erfolgen können.

2.1 Anwendung der allgemeinen Grundsätze

Grundsätzlich gilt, dass auch für den Leistungsaustausch bei Gesellschaftsverhältnissen die allgemeinen Grundsätze des UStG gelten und daher ein Leistungsaustausch zwischen Gesellschaften und ihren Gesellschaftern möglich ist. Dabei ist zu beachten, dass unentgeltliche Leistungen von Gesellschaften an ihre Gesellschafter gemäß § 3 Abs. 1b und 9a UStG zu beurteilen sind. Die

Bemessungsgrundlage ist in diesen Fällen nach § 10 Abs. 4 und 5 UStG zu ermitteln (UStAE Abschnitt 3.2 bis 3.4).

HINWEIS

Es ist darauf hinzuweisen, dass der bloße Erwerb, das bloße Halten und die Veräußerung von Gesellschaftsanteilen keine wirtschaftliche Tätigkeit und mithin keine Leistung ist (Abschnitt 1.6 Abs. 3 UStAE).

2.2 Gründung einer Gesellschaft und Eintritt eines Gesellschafters

In Beachtung des chronologischen Ablaufs eines „Gesellschaftslebens" ist zunächst der Fall zu betrachten, dass eine Gesellschaft gegründet wird. Eine Personengesellschaft erbringt dabei bei Aufnahme des Gesellschafters keinen steuerbaren Umsatz, noch tätig eine Kapitalgesellschaft einen solchen im Fall der erstmaligen Ausgabe von Gesellschaftsanteilen. In beiden Fällen liegt mithin kein Leistungsaustausch vor, da es sich um Vorgänge handelt, bei welchen der Gesellschafter aus Gründen handelt, welche sich aus dem Gesellschaftsverhältnis begründen (Abschnitt 1.6 Abs. 1 Satz 4 und Abs. 2 Satz 1 und Satz 2 UStAE). Insoweit handelt es sich jedoch nur um die Sichtweise der Gesellschaft. Auf der anderen Seite ist weiterhin auch die Sicht des Gesellschafters maßgebend, bei welcher es darauf ankommt, in welcher Weise der Gesellschafter seinen Beitrag zur Gründung der Gesellschaft leistet.

BEISPIEL

A möchte sich ein weiteres unternehmerisches Standbein aufbauen. Aus diesem Grund gründet er eine Kapitalgesellschaft, die A-GmbH, welche er mit 25.000 EUR Eigenkapital ausstattet. Die Gesellschaft soll in der Entwicklung und Herstellung von anspruchsvollen und kreativen Gesellschaftsspielen tätig sein.

Mit Gründung der Gesellschaft wird A Gesellschafter der A-GmbH. Entsprechend des Sachverhalts stehen ihm 100 % der Anteile der A-GmbH zu. Die Anteile an der GmbH, welche von dieser ausgegeben werden, stellen insoweit keinen steuerbaren Umsatz i. S. d. § 1 Abs. 1 UStG dar. Das Erwerben, Halten und Veräußern der Beteiligung stellt keine wirtschaftliche Tätigkeit dar. Dies ist darauf zurückzuführen, dass der A die Geldleistung i. H. v. 25.000 EUR hingibt, damit die Gesellschaft gegründet werden kann. Es handelt sich insoweit um den Gesellschafterbeitrag des A in Form einer Bareinlage. Somit liegt für die Gesellschaft in der Ausgabe und für den Gesellschafter im Erwerb der Beteiligung an der A-GmbH kein Umstand vor, welcher eine Nutzung eines Gegenstandes zur nachhaltigen Erzielung von Einnahmen darstellt und umsatzsteuerliche Folgen auslöst. Sofern der A eine Dividende erhält, ist diese indes Ausfluss seiner bloßen Gesellschafterstellung.

Anders kann es sich indes in Bezug auf den Gesellschafter verhalten, sofern es sich bei der Leistung des Gesellschafters zur Gründung der Gesellschaft um eine Sacheinlage handelt. Solche Fälle sind gegeben, wenn der Gesellschafter Lieferungen oder sonstige Leistungen im Rahmen seines Unternehmens an die Gesellschaft erbringt und keine Geschäftsveräußerung im Ganzen gemäß § 1 Abs. 1a UStG vorliegt. Die entsprechenden Vorgänge können einen umsatzsteuerbaren Leistungsaustausch auslösen. Hervorzuheben ist jedoch, dass dies nichts daran ändert, wie der Sachverhalt aus Sicht der Gesellschaft zu beurteilen ist.

BEISPIEL

Bernhard Buch (B) betreibt in der Hamburger Hafencity einen Großhandel mit Büchern jeder Art in der Rechtsform eines Einzelunternehmens. Im Rahmen der Expansion seiner unternehmerischen Aktivitäten beabsichtigt er in einer exponierten Lage der Hamburger Innenstadt einen kleinen Buchladen zu eröffnen. Dieses Geschäft soll in der Rechtsform einer GmbH, mithin als Kapitalgesellschaft (B-GmbH), gegründet werden. Um das Startkapital für „seine GmbH" i. H. v. 25.000 EUR aufzubringen, beabsichtigt er Bücher im unzweifelhaften Wert von 25.000 EUR aus seinem Einzelunternehmer der GmbH zur Verfügung zu stellen.

Mit der Einbringung der Bücher durch den bisherigen Einzelunternehmer B in die neu gegründete B-GmbH liegt ein Vorgang vor, welcher auf die Übertragung der Gesellschaftsrechte an der B-GmbH gerichtet ist. Das Entgelt für die Einbringung der Bücher in die Gesellschaft ist die Verschaffung der Beteiligung an der B-GmbH. Der entsprechende Leistungsaustausch zwischen B und der B-GmbH ist nachzuweisen.

HINWEIS

Ein Leistungsaustausch ist ausgeschlossen, sofern eine Geschäftsveräußerung im Ganzen nach § 1 Abs. 1a UStG vorliegt. Dies liegt daran, dass in solchen Fällen aufgrund des Vereinfachungscharakters der Geschäftsveräußerung im Ganzen der gesamte Vorgang nicht steuerbar ist.

Die vorgenannten Ausführungen zur Gründung einer Gesellschaft gelten entsprechend, sofern der Beitritt zu einer Gesellschaft erfolgt. Auch insoweit ist im Grundsatz zwischen einer Bareinlage und einer Sacheinlage zu unterscheiden. An dieser Auffassung ändert auch eine Kapitalerhöhung der Gesellschaft, welche den neuen Gesellschafter aufnimmt, nichts. Entsprechende Fälle sind mithin nach den vorstehenden Ausführungen zu lösen.

2.3 Leistungen während des bestehenden Gesellschaftsverhältnisses

Praktischer Schwerpunkt der Beurteilung von Leistungsverhältnissen zwischen einer Gesellschaft und ihren Gesellschaftern ist die Frage, ob es sich bei der jeweiligen Leistung um eine Leistung handelt, welche ihren Ursprung im gesellschaftsrechtlichen Beitragsverhältnis hat oder ob der Leistung ein gesondertes schuldrechtliches Austauschverhältnis zugrunde liegt. Die umsatzsteuerrechtliche Behandlung richtet sich im Grundsatz danach, ob die Gegenleistung durch eine Beteiligung am Gewinn oder Verlust der Gesellschaft erreicht wird, oder ob zwischen Gesellschafter und Gesellschaft ein sog. Sonderentgelt für die entsprechende Leistung entrichtet wird.

Im Fall eines Sonderentgelts handelt es sich sodann um die Erbringung einer Leistung, welche darauf gerichtet sein soll einen umsatzsteuerlich relevanten Leistungsaustausch auszulösen (Abschnitt 1.6 Abs. 3 Satz 1 und Satz 2 UStAE). Für die umsatzsteuerlichen Folgen des Leistungsaustausches ist es entscheidend, dass eine tatsächliche Ausführung des Leistungsaustauschs vorliegt und es sich nicht lediglich um eine gesellschaftsrechtliche Verpflichtung handelt. Übt der Gesellschafter indes gleichzeitig ihm zustehende Gesellschafterrechte aus seiner Beteiligung aus, ist dies für die Beurteilung unerheblich. Die Steuerbarkeit der Leistungen der Geschäftsführung und Vertretung einer Gesellschaft durch den Gesellschafter setzt voraus, dass ein unmittelbarer Zusammenhang zwischen der tatsächlich erbrachten Leistung des Gesellschafters und dem von der Gesellschaft empfangenen Sonderentgelt besteht.

2.3.1 Gesellschafterbeiträge ohne Leistungsaustausch

Gesellschafterbeiträge zeichnen sich dadurch aus, dass diese an die Gesellschaft geleistet werden, ohne dass der Gesellschafter eine konkrete Gegenleistung erhält. Mithin handelt es sich um Leistungen eines Gesellschafters zugunsten der Gesellschaft, welche in der Gesellschafterstellung begründet sind. Ein Gesellschafterbeitrag kann auch gegeben sein, wenn der Gesellschafter die Verluste seiner Gesellschaft übernimmt.

Es kommt für die Beurteilung danach, ob es sich um einen nichtsteuerbaren Gesellschafterbeitrag oder einen Leistungsaustausch handelt nicht darauf an, welche Bezeichnung gewählt wird. Unabhängig davon, ob die Gesellschafter die Leistung, welche sie von ihrer Gesellschaft erhalten als bspw. Gewinnvorab, Vorabgewinn, Vorwegvergütung, Aufwendungsersatz, Umsatzbeteiligung oder auch Kostenerstattung bezeichnen, kommt es für die umsatzsteuerliche Würdigung ausschließlich auf die tatsächlichen Gegebenheiten des Vorgangs an (Abschnitt 1.6 Abs. 4 Satz 1 UStAE).

BEISPIEL

In Anlehnung an Beispiel 1 in Abschnitt 1.6 Abs. 4 UStAE:

Die beiden natürlichen Personen A und B aus den vorgenannten Fällen kennen sich seit Jahren gut. Um ihre gemeinsamen Expertisen zu nutzen, betreiben sie in Hamburg in der Rechtsform einer GbR ein Ladengeschäft, welches den Verkauf von Büchern und Spielen verbindet. Den beiden Gesellschaftern der GbR obliegt die Führung der Geschäfte und die Vertretung der Gesellschaft. Für diese Leistungen erhalten sie einen nach der Anzahl der Gesellschafter und ihrem jeweiligen Kapitaleinsatz bemessenen Anteil am Ergebnis der GbR zugewiesen. Dieser Ergebnisanteil soll die gesamten Leistungen abgelten.

Sofern die beiden Gesellschafter Leistungen für ihre GbR erbringen, handelt es sich dabei um einen Gesellschafterbeitrag. Die Geschäftsführungs- und Vertretungsleistungen für die GbR werden nicht im Rahmen eines Leistungsaustauschs ausgeführt. Daher können die Ergebnisanteile, welche der A und der B von der GbR erhalten, auch kein Sonderentgelt für Zwecke der Umsatzsteuer sein und lösen keine umsatzsteuerlichen Folgen aus.

Die vorgenannten Grundsätze finden auch Anwendung, wenn nicht alle Gesellschafter tatsächlich dazu befugt sind die Geschäfte zu führen und die Gesellschaft zu vertreten. Übernimmt der entsprechende Gesellschafter, welcher die Geschäftsführung und Vertretung der Gesellschaft ausübt, diese und erhält dafür einen erhöhten Anteil am Ergebnis der Gesellschaft, stellt sich gleichsam die Frage, ob dadurch ein Sonderentgelt begründet sein kann. Auch dies führt jedoch lediglich zu einem Gesellschafterbeitrag und mithin zu keinem umsatzsteuerlich relevanten Leistungsaustausch.

2.3.2 Überlassung von Gegenständen und Dienstleistungen

Genauso wie ein Gesellschafter für seine Gesellschaft als Geschäftsführer ohne konkrete Gegenleistung tätig werden kann, ist es auch möglich, dass dieser der Gesellschaft Gegenstände überlässt und Dienstleistungen erbringt. Dabei gilt es zunächst festzustellen, dass ein Gesellschafter frei in der Entscheidung ist, inwiefern er für seine Gesellschaft tätig wird. Dies ermöglicht es einem Gesellschafter, dass er der Gesellschaft Gegenstände verkaufen, vermieten oder auch lediglich den Gegenstand selbst oder seine Nutzung als Einlage für die Gesellschaft erbringt (Abschnitt 1.6 Abs. 3 Satz 8 und 9 UStAE). Dabei fordert das Umsatzsteuerrecht jedoch, dass bei der sonstigen Leistung in Form der Überlassung der Nutzung eines Gegenstands durch den Gesellschafter an die Gesellschaft für diese die Möglichkeit begründet sein muss, den Gegenstand für Zwecke der Gesellschaft zu nutzen. Dies heißt, für den Fall, dass die Gesellschaft den Gegenstand verwendet, um diesen im Wege einer Rücküberlassung dem Gesellschafter zur Verfügung zu stellen, muss vertraglich und tatsächlich bestimmt sein, dass nunmehr die Gesellschaft eine Nutzung des Gegenstandes vornimmt und somit ihr Nutzungsrecht durch die Nutzungsüberlassung wahrnimmt.

Unabhängig davon steht es einem Gesellschafter jedoch frei, seine Sachverhalte so zu gestalten, dass diese zu einer möglichst niedrigen steuerlichen Belastung führen. Insbesondere ist dies von Bedeutung, wenn der Gesellschafter und die Gesellschaft das steuerlich günstigste Ergebnis in Bezug auf den Vorsteuerabzug erreichen möchten. Die Fallkonstellationen sind in den Ausführungen in Abschnitt 1.6 Abs. 7 UStAE gut nachzuvollziehen.

Für die Frage, ob ein Gesellschafterbeitrag vorliegt, oder es sich um ein Sonderentgelt handelt, ist es nicht relevant, ob der Gesellschafter die Zahlung zunächst durch Abschlagszahlungen erhält und erst bei der Gewinnermittlung eine Verrechnung des tatsächlich zustehenden Beitrags für den Gesellschafter erfolgt. Die bloße Entnahme im laufenden Jahr begründet mithin für Zwecke der Umsatzsteuer keinen Leistungsaustausch. Etwas anderes soll jedoch gelten, wenn gesellschaftsvertraglich ein Recht auf Entnahme vereinbart ist und ein etwaiger übersteigender Betrag in Bezug auf den Gewinnanteil nicht zu einer Verpflichtung auf Rückzahlung durch den Gesellschafter folgt. Solche Zahlungen sollen genauso wie eine Vorwegvergütung einen Leistungsaustausch begründen können.

2.3.3 Geschäftsführungsvergütung als Sonderentgelt

In Fällen der Übernahme von Geschäftsführungs- und Vertretungsleistungen für eine Gesellschaft liegt ein Gesellschaftsbeitrag vor, wenn kein gesondertes Entgelt geleistet wird. Andererseits kann jedoch wie bei der Überlassung von Wirtschaftsgütern zwischen Gesellschafter und Gesellschaft auch durch die Geschäftsführungstätigkeit des Gesellschafters für seine Gesellschaft ein Leistungsaustausch gegeben sein. Dafür kommt es jedoch explizit darauf an, dass ein Sonderentgelt geleistet wird.

Zunächst gilt es festzustellen, dass für das Vorliegen eines Leistungsaustausches die bloße Stellung des Geschäftsführers als Organ der Gesellschaft keinen Einfluss auf die etwaigen Leistungsbeziehungen zwischen Gesellschaft und Gesellschafter hat. Damit etwas anderes gilt, muss eine gegenseitige vertragliche Vereinbarung zwischen dem Gesellschafter und der Gesellschaft gelten. Wesentlich ist in solchen Fällen, dass der Gesellschafter gegenüber der Gesellschaft zu einem aktiven Handeln, Dulden oder Unterlassen verpflichtet ist. Demgegenüber muss die Gesellschaft verpflichtet sein, für das Handeln, Dulden oder Unterlassen des Gesellschafters eine konkrete Gegenleistung zu zahlen (Abschnitt 1.6 Abs. 4 Satz 3 UStAE). Zu beachten bleibt jedoch, dass der Gesellschafter für das Vorliegen eines Leistungsaustausches gegen Sonderentgelt Unternehmer i. S. d. § 2 Abs. 1 Satz 1 und Satz 3 UStG sein muss. Seine Unternehmerstellung kann jedoch auch durch die Leistungen für die Gesellschaft aufgrund des Sonderentgeltes begründet werden.

Als Standardfall eines solchen Leistungsaustauschs ist zu bezeichnen, wenn der Gesellschafter für die Geschäftsführungsleistungen für seine Gesellschaft von dieser eine Vergütung erhält, welche im Rahmen der Ergebnisermittlung der jeweiligen Gesellschaft als handelsrechtlicher Aufwand behandelt wird. Es ist insoweit davon auszugehen, dass die Vergütung den Charakter einer Gegenleistung für die erbrachte Leistungen des Gesellschafters zugunsten der Gesellschaft entlohnen soll (Abschnitt 1.6 Abs. 4 Satz 4 UStAE). Wichtig ist, dass in diesen Fällen ebenso wie beim nichtsteuerbaren Gesellschafterbeitrag die Bezeichnung der Leistung keine Rolle spielt. Wenn die Vergütung für die Leistungen eines Gesellschafters nunmehr nicht nur als Vorabvergütung bezeichnet wird, sondern auch als solche gezahlt wird, stellt sich die Frage, ob es sich ebenfalls um ein Sonderentgelt handeln kann. Dies ist für den Fall zu bejahen, dass die Zahlung stets erfolgt und somit unabhängig davon ist, ob bei der Gesellschaft ein Gewinn oder Verlust anfällt.

Vielfältige Besonderheiten können sich für die umsatzsteuerliche Würdigung ergeben, wenn die Vergütung, die der Gesellschafter für Leistungen an die Gesellschaft erhält, gesellschaftsvertraglich ein Teil der Ergebnisverwendung darstellen soll. Die Finanzverwaltung folgt dabei der Auffassung, dass ein Leistungsaustausch gegeben ist, wenn die geschlossene Vereinbarung und die tatsächliche Durchführung darauf hindeuten, dass es sich bei den Leistungen um ein Sonderentgelt und keine bloße Gewinnbeteiligung handelt (Abschnitt 1.6 Abs. 4 Satz 6 UStAE). Erschwert wird die Abgrenzung jedoch dadurch, dass nach Verwaltungsauffassung ein Leistungsaustausch zwischen Gesellschaft und Gesellschafter auch erfüllt ist, sofern es sich bei der Zahlung an den Gesellschafter nicht um einen Aufwand im Rahmen der Ergebnisermittlung handelt, die Zahlung jedoch dennoch das Ergebnis mindert. Zudem kann auch ausschlaggebend für den Leistungsaustausch sein, wenn ein Einzelfall so ausgestaltet ist, dass die Vergütung nach Ansicht der Gesellschafter Sonderentgelt für Zwecke der Umsatzsteuer sein soll (Abschnitt 1.6 Abs. 4 Satz 7 UStAE).

2.3.4 Mischentgelt und andere Leistungen

Problematisch können auch Fälle sein, in welchen der Gesellschafter für seine Leistungen zugunsten der Gesellschaft nicht nur ein Sonderentgelt, sondern zusätzlich eine gewinnabhängige Vergütung erhält. In den entsprechenden Fällen handelt es sich bei der Zahlung mithin um ein sog. Mischentgelt (Abschnitt 1.6 Abs. 5 Satz 1 UStAE). Die Finanzverwaltung sieht für diese Fälle vor, dass das Sonderentgelt und die Vergütung in Bezug auf den Gewinn als zwei getrennte Bestandteile für Zwecke der Umsatzsteuer behandelt werden (Abschnitt 1.6 Abs. 5 Satz 2 UStAE). Das Sonderentgelt ist in Bezug auf eine bestimmte Leistung umsatzsteuerliches Entgelt, während die gewinnabhängige Vergütung kein Entgelt ist und für den Gesellschafterbeitrag und in Bezug auf den Kapitalanteil des Gesellschafters gezahlt wird.

2.4 Ausscheiden eines Gesellschafters, Veräußerung von Gesellschaftsanteilen und Beendigung der Gesellschaft

Wie erläutert ist die bloße Ausgabe der Anteile einer Gesellschaft nicht steuerbar. Folglich kann auch die bloße Rückgabe der Anteile ebenfalls nicht steuerbar sein. Es liegt somit in der Rückgabe von Gesellschaftsanteilen keine wirtschaftliche Leistung des bisherigen Gesellschafters noch der Gesellschaft vor. Eine Barabfindung des Gesellschafters ist ebenfalls kein steuerbarer Umsatz.

BEISPIEL

Der Bauunternehmer Donald Dreier (D) hält eine Beteiligung i. H. v. 20 % an der im Einzelhandel tätigen Shopping GmbH (S-GmbH). Die Beteiligung wird im ertragsteuerlichen Privatvermögen des D gehalten. Da der D aus der Gesellschaft ausscheiden will, gibt er seine Anteile gegen eine unzweifelhaft angemessene Barabfindung an die Gesellschaft zurück.

Weder der D noch die S-GmbH erbringen vorliegend eine steuerbare Leistung in Form eines Leistungsaustausches. Die bloße Rückgabe der Anteile an der S-GmbH ist mit keinen umsatzsteuerlichen Folgen für D oder die S-GmbH verbunden. Die Barabfindung ist lediglich eine Hingabe von Bargeld, ohne das damit weitere umsatzsteuerliche Folgen verbunden sind.

Anders verhält es sich indes bei der Übertragung der Anteile an einer Gesellschaft im Wege der Veräußerung oder Schenkung durch einen Gesellschafter. Der Vorgang ist grundsätzlich steuerbar und nach § 4 Nr. 8 Buchst. f UStG steuerfrei. Es stellt sich jedoch die Frage, ob die Übertragung auch eine nichtsteuerbare Geschäftsveräußerung im Ganzen nach § 1 Abs. 1a UStG auslösen kann.

Das Ende einer Gesellschaft besteht in deren letzten Tätigwerden und nicht bereits in der Einstellung der Geschäfte. Aus diesem Grund bestehen sowohl Personengesellschaften als auch Kapitalgesellschaften nach der Auflösung noch solange fort, bis diese vollständig abgewickelt wurden. Sofern dies geschehen ist, erbringen die Gesellschafter mit Aufgabe ihrer Gesellschafterstellung gegen Erhalt des Liquidationserlöses keine steuerbare Leistung.

BEISPIEL

Der Bauunternehmer D hält eine Beteiligung i. H. v. 100 % an der im Einzelhandel tätigen Shopping GmbH (S-GmbH). Die Beteiligung wird im ertragsteuerlichen Privatvermögen des D gehalten. Da der D die Gesellschaft beenden will, wird diese unter Einhaltung der erforderlichen gesetzlichen Vorgaben zur Liquidation liquidiert.

Weder der D noch die S-GmbH erbringen eine steuerbare Leistung in Form eines Leistungsaustausches mit umsatzsteuerlichen Folgen. Die bloße Rückgabe der Anteile an der S-GmbH ist somit mit keinen umsatzsteuerlichen Folgen verbunden. Die Auskehrung des Liquidationserlöses an den Gesellschafter stellt keine steuerbare Leistung der Gesellschaft dar.

Etwas anderes kann jedoch gelten, wenn eine Gesellschaft dergestalt aufgelöst wird, dass diese ihr Betriebsvermögen auf die Gesellschafter verteilt. Sodann erbringt die Gesellschaft steuerbare Leistungen an die ehemaligen Gesellschafter. Wächst hingegen einem Gesellschafter durch Ausscheiden der anderen Gesellschafter bei Beendigung der Gesellschaft das Vermögen dieser an, ist kein umsatzsteuerbarer Vorgang in Form eines Leistungsaustausches gegeben. Ein steuerbarer Leistungsaustausch ist indes gegeben, wenn die ehemaligen Gesellschafter durch Gegenstände abgefunden werden.

3. Auslandsumsätze

Umsätze mit Auslandsbezug können in umsatzsteuerlichen Klausuren sehr häufig vorkommen. Insbesondere liegt dies daran, um zu prüfen, inwieweit die Besonderheiten europäischer Sachverhalte gewürdigt werden können. Zwar können auch Sachverhalte im Verhältnis zu Drittstaaten vorkommen, jedoch treten europäische Sachverhalte überproportional häufig auf. Aus diesem Grund sollen zum einen die Abgrenzungen zwischen innergemeinschaftlichem Erwerb und innergemeinschaftlichem Verbringen dargestellt werden, sowie auf die Steuerbefreiung der innergemeinschaftlichen Lieferung in ihren Besonderheiten eingegangen werden. Entsprechende Drittstaatensachverhalte werden indes nur am Rande durch die bisweilen anzutreffende Ausfuhrlieferung behandelt. Zudem soll unter zunächst grundsätzlicher Betrachtung des Begriffs des Reihengeschäftes das innergemeinschaftliche Reihengeschäft betrachtet werden. Entsprechende Besonderheiten des innergemeinschaftlichen Dreiecksgeschäfts werden indes unter IV. 8.6 dargestellt.

3.1 Innergemeinschaftlicher Erwerb in Abgrenzung zum innergemeinschaftlichen Verbringen

Jahre in denen entsprechende Themen einer der Schwerpunkte der Prüfung waren: 2022, 2020, 2018, 2017, 2016, 2015

Hinsichtlich des innergemeinschaftlichen Erwerbs ist auf die allgemeinen Ausführungen im III. 3.1 zu verweisen. Es ist zu beachten, dass eine Abgrenzung zum innergemeinschaftlichen Verbringen erforderlich sein kann. Daher soll an dieser Stelle das innergemeinschaftliche Verbringen skizziert werden.

Durch § 1a Abs. 2 UStG wird der Tatbestand des innergemeinschaftlichen Verbringens definiert. Dabei handelt es sich um Vorgänge, in welchen mangels eines Erwerbers keine Lieferung durch den Unternehmer erbracht wird. Vielmehr verbringt der Unternehmer einen Gegenstand seines Unternehmens aus dem übrigen Gemeinschaftsgebiet zur eigenen Verfügung in das Inland. Beim innergemeinschaftlichen Verbringen gilt stets der Unternehmer als Erwerber. Liegt ein innergemeinschaftliches Verbringen vor, so wird ein innergemeinschaftlicher Erwerb nach § 1 Abs. 1 Nr. 5 UStG fingiert. Weiterhin sieht das Gesetz die Fiktion des Entgeltes vor, da der Unternehmer im Falle des Verbringens für sich selbst verständlicherweise kein Entgelt berechnet. Die Bemessungsgrundlage wird daher auch nach § 10 Abs. 4 Nr. 1 UStG anhand der Wiederbeschaffungskosten ermittelt. Sinn und Zweck des Verbringens ist, dass Gegenstände, welche endgültig im Inland verbleiben, mit der deutschen Umsatzsteuer belastet werden. Dies schließt einen Vorsteuerabzug in Fällen der unternehmerischen und zum Vorsteuerabzug berechtigten Verwendung jedoch nicht aus.

BEISPIEL

Der französische Bauunternehmer Francis France verbringt eine Maschine aus seinem Unternehmen in Frankreich auf seine deutsche Baustelle, um die Maschine dort dauerhaft einzusetzen. Die Baustelle wird voraussichtlich länger bestehen, als die Verwendungsdauer der Maschine ist.

Francis France bewirkt mit dem Verbringen der Maschine nach § 1a Abs. 2 UStG einen innergemeinschaftlichen Erwerb in Deutschland. Da die Maschine dauerhaft bzw. zumindest bis zum wirtschaftlichen Verbrauch in Deutschland genutzt werden soll, ist auch nicht von einer nur vorübergehenden Verwendung auszugehen.

Hinsichtlich des Verbringens aus dem übrigen Gemeinschaftsgebiet gelten im Grunde die allgemeinen Grundsätze. Es ist weiterhin nicht erforderlich, dass der Unternehmer über eine Niederlassung oder Betriebsstätte im anderen Mitgliedstaat verfügt. Wie auch zum innergemeinschaftlichen Erwerb an sich dargestellt, ist auf die reine Warenbewegung abzustellen. Wichtig ist, dass der Gegenstand der Warenbewegung dem Unternehmen zugerechnet wird. Mithin scheidet das innergemeinschaftliche Verbringen gemieteter Gegenstände aus.

Um den Anwendungsbereich des § 1a Abs. 2 UStG zu eröffnen, ist zudem die Verfügungsmacht des Unternehmers am Gegenstand bei Beginn und Ende der Warenbewegung erforderlich. Somit kommt das innergemeinschaftliche Verbringen nicht zur Anwendung, wenn das Verbringen mit der Ausführung einer Lieferung in Verbindung steht und der Abnehmer bereits bei Beginn die Verfügungsmacht innehatte. Nach Verwaltungsauffassung kommt es dabei darauf an, ob der Abnehmer die Ware verbindlich bestellt hat. Problematisch sind Fälle, in welchen der Unternehmer den Gegenstand aus dem übrigen Gemeinschaftsgebiet in ein eigenes Lager ins Inland verbringt und der Gegenstand erst nach Freigabe (bspw. wegen erfolgter Zahlung) herausgegeben wird. Auch in diesen Fällen liegt eine Lieferung und kein innergemeinschaftliches Verbringen vor.

Etwas anderes gilt, wenn der Unternehmer einen Gegenstand mit dem Ziel der nicht nur vorübergehenden Verwendung nach § 1a Abs. 2 UStG in das Inland verbringt. Erfolgt sodann nach einiger Zeit ein Verkauf des Gegenstandes an einen Erwerber, so qualifiziert der Vorgang nicht nachträglich als innergemeinschaftlicher Erwerb. Vielmehr kommt es sodann zu einem im Inland steuerbaren Umsatz.

Eine Ausnahme des innergemeinschaftlichen Verbringens ist darin zu sehen, dass dieses nicht nur zur vorübergehenden Verwendung vorliegen darf. Hintergrund der Regelung ist, dass das Verbringen nur dann erfasst sein soll, wenn ein Aufbrauchen der wirtschaftlichen Substanz im Inland erfolgt. Grundsätzlich ist von einer vorübergehenden Verwendung auszugehen, wenn die Umstände im Einzelfall die Annahme erlauben, dass der Gegenstand vor dem weitgehenden Verbrauch der Substanz wieder in das Herkunftsland gelangt. Für die Praxis problematisch ist dabei, dass keine festen Zeitgrenzen vorgesehen sind, sondern eine Entscheidung im Einzelfall getroffen werden muss.

Eine erste Möglichkeit der vorübergehenden Verwendung ergibt sich, wenn der Gegenstand zu Zwecken der Bearbeitung und Begutachtung in das Inland gelangt. In diesen Fällen ist in der Regel § 1a Abs. 2 UStG nicht anzuwenden. Etwas anderes gilt nach Auffassung der Verwaltung nur dann, wenn der Gegenstand zu Zwecken der Materialbeistellung bspw. bei einer Werklieferung mit einem anderen Gegenstand verbunden wird oder in diesen eingeht. Sodann soll keine nur vorübergehende Verwendung vorliegen.

BEISPIEL

Der französische Bauunternehmer Francis France verbringt eine Maschine aus seinem Unternehmen in Frankreich nach Deutschland, um diese dort auf Funktionsfähigkeit zu überprüfen. Nach der Überprüfung der Maschine, wird diese unverzüglich zurück nach Frankreich gebracht.

Francis France bewirkt mit dem Verbringen der Maschine nach § 1a Abs. 2 UStG keinen innergemeinschaftlichen Erwerb in Deutschland. Da die Maschine nicht dauerhaft bzw. zumindest bis zum wirtschaftlichen Verbrauch in Deutschland genutzt werden soll, sondern nur für eine Überprüfung der Funktionsfähigkeit in Deutschland ist, ist von einer nur vorübergehenden Verwendung auszugehen.

Ein vorübergehendes Verbringen soll auch dann gegeben sein, wenn der Gegenstand zur Erbringung einer sonstigen Leistung in das Inland gelangt. Dies kann jedoch nur gelten, wenn kein Verbrauch der Substanz in dieser Zeit erfolgt.

BEISPIEL

Der französische Bauunternehmer Francis France verbringt eine Maschine aus seinem Unternehmen in Frankreich nach Deutschland, um diese dort für sechs Wochen auf einer Baustelle zu nutzen. Nach der Nutzung auf der speziellen Baustelle wird die Maschine unverzüglich zurück nach Frankreich gebracht.

Francis France bewirkt mit dem Verbringen der Maschine nach § 1a Abs. 2 UStG keinen innergemeinschaftlichen Erwerb in Deutschland. Da die Maschine nicht dauerhaft bzw. zumindest bis zum wirtschaftlichen Verbrauch in Deutschland genutzt werden soll, sondern nur für einen sechswöchigen Einsatz in Deutschland ist, ist von einer nur vorübergehenden Verwendung auszugehen. Daran würde sich grundsätzlich auch nichts ändern, wenn die Verwendungsdauer länger wäre. Problematisch würde es erst, wenn von einer dauerhaften Nutzung in Deutschland auszugehen ist oder die Baumaschine länger in Deutschland ist, als ihre Nutzungsdauer beträgt. Auch die Zerstörung der Maschine in Deutschland und damit das Aufbrauchen der wirtschaftlichen Substanz könnte mithin ein Problem darstellen und das innergemeinschaftliche Verbringen aufgrund Dauerhaftigkeit auslösen.

Weiterhin sind Mischfälle denkbar. Solche liegen vor, wenn Gegenstände von einem Unternehmer zum Zwecke des Verkaufs (Käufer noch nicht bekannt) aus dem übrigen Gemeinschaftsgebiet in das Inland gelangen, ein Teil jedoch wieder zurückgelangt. In solchen Fällen wird das innergemeinschaftliche Verbringen aus Vereinfachungsgründen auf die tatsächlich verkaufte Ware beschränkt.

BEISPIEL

Der niederländische Blumenhändler Thomas Tulpe befördert wöchentlich mit seinem eigenen LKW Blumen nach Hamburg, um sie dort auf dem Wochenmarkt zu verkaufen. Stets werden einige Blumen nicht verkauft. Diese nimmt er sodann am Ende des Tages mit zurück in die Niederlande.

Thomas Tulpe bewirkt vorliegend aufgrund einer Vereinfachungsregelung der Verwaltung nur in Bezug auf die verkauften Blumen einen innergemeinschaftlichen Erwerb nach § 1a Abs. 2 UStG in Deutschland. Der Verkauf der Blumen ist sodann als Inlandslieferung zu versteuern. Demgegenüber gilt das Verbringen der nicht verkauften Blumen ins Inland nicht als innergemeinschaftlicher Erwerb im Sinne des § 1a Abs. 2 UStG, genauso wie der Rücktransport der nicht verkauften Blumen keine innergemeinschaftliche Lieferung im Sinne des § 3 Abs. 1a UStG i. V. m. § 6a Abs. 2 UStG ist.

Kommt es im Übrigen bei einer eigentlich als vorübergehenden Verwendung geplanten Nutzung zu einer Dauerhaftigkeit, so kann auch nachträglich noch ein innergemeinschaftliches Verbringen erfolgen. Maßgeblich ist dann der Zeitpunkt, in dem die Dauerhaftigkeit verwirklicht wird. Denkbar ist bspw. die unbefristete Verlängerung der Nutzung eines Gegenstandes im Inland bis zum voraussichtlichen Ende der wirtschaftlichen Lebensdauer.

Für die Bemessungsgrundlage wird auf § 10 Abs. 4 Nr. 1 UStG abgestellt. Der ausländische Teil des Unternehmens wird dabei fiktiv wie ein eigenständiger Unternehmer mit eigener UStID behandelt. Eine Nachweispflicht ergibt sich aus § 17c UStDV in Form einer Proforma-Rechnung. Dies sollte durch die Bearbeitungshinweise der Klausur in der Regel gegeben sein.

Es zeigt sich, dass die Differenzierung insbesondere darauf zurückzuführen ist, dass im Fall des innergemeinschaftlichen Erwerbs tatsächlich ein Gegenstand durch den Unternehmer erworben wird, während beim innergemeinschaftlichen Verbringen der Gegenstand nur über innergemeinschaftliche Grenzen für Zwecke des Unternehmens bewegt wird.

An dieser Stelle soll auf einen Übungsklausurfall zum innergemeinschaftlichen Erwerb in IV. 8.6 unter Beachtung eines innergemeinschaftlichen Dreiecksgeschäft verwiesen werden.

3.2 Steuerbefreiung der innergemeinschaftlichen Lieferung in Abgrenzung zur Steuerbefreiung bei Ausfuhr

Jahre in denen entsprechende Themen einer der Schwerpunkte der Prüfung waren: 2022, 2020, 2018, 2017, 2016

Zwei der wichtigsten Steuerbefreiungsnormen, insbesondere im Kontext grenzüberschreitender Sachverhalte, sind § 4 Nr. 1 Buchst. a und b UStG. Insbesondere sind die in Buchst. a geregelte Ausfuhrlieferung mit Verweis auf § 6 UStG und die in Buchst. b geregelte innergemeinschaftliche Lieferung mit Verweis auf § 6a UStG von besonderer Bedeutung. Dies bedeutet, dass bei der Prüfung der genannten Steuerbefreiungsvorschriften stets die zugehörigen Vorschriften des § 6 UStG und § 6a UStG ebenfalls zu prüfen sind. Es ist unwahrscheinlich, dass in der Klausur bereits vorgegeben sein wird, dass die Voraussetzungen der Steuerbefreiungen per se erfüllt sind. Daher zunächst zu den Voraussetzungen der beiden Normen.

3.2.1 Innergemeinschaftliche Lieferung

Die innergemeinschaftliche Lieferung stellt eine Steuerbefreiung gemäß § 4 Nr. 1 Buchst. b UStG i. V. m. § 6a UStG dar. Zweck dieser Regelung ist es, das Bestimmungslandprinzip europäisch umzusetzen und infolgedessen Lieferungen von der deutschen Steuer zu befreien, wenn diese unter bestimmten Voraussetzungen in einen anderen Mitgliedstaat gelangen. Die Regelung des § 4 Nr. 1 Buchst. b UStG ist dazu als sog. echte Steuerbefreiung angelegt, da der Lieferer trotz der Steuerbefreiung weiterhin den Vorsteuerabzug geltend machen kann, § 15 Abs. 1 Nr. 1 i. V. m. Abs. 2 i. V. m. Abs. 3 Nr. 1 Buchst. a UStG. Folglich können deutsche Unternehmer ihre Waren ohne etwaige Wettbewerbsnachteile innerhalb der EU verkaufen. Der Erwerber hat in der Regel jedoch die Erwerbsbesteuerung (analog § 1a UStG) vorzunehmen und somit das Besteuerungsniveau des Bestimmungslandes herzustellen. Dies gewährleistet im Übrigen die Steuerhoheit des jeweiligen Mitgliedstaats sicherzustellen. Damit der deutsche Unternehmer jedoch die grundsätzlich vorgesehene Steuerbefreiung tatsächlich anwenden kann, sind verschiedene Voraussetzungen zu erfüllen, welche durch § 6a UStG konkretisiert werden.

Wie auch in den Fällen des innergemeinschaftlichen Erwerbs findet der Tatbestand der innergemeinschaftlichen Lieferung nur für Lieferung i. S. d. § 3 Abs. 1 UStG Anwendung. Hierbei ist darauf hinzuweisen, dass anders als im Falle des innergemeinschaftlichen Erwerbs die Lieferung nicht aus Sicht des Leistungsempfängers zu beurteilen ist. Vielmehr liegt nunmehr eine Ausgangsleistung des leistenden Unternehmers vor. Dies ist zwar im Wesentlichen nicht für die umsatzsteuerliche Würdigung von besonderer Bedeutung, gleichwohl geht damit einher, dass der Umsatz entsprechend des umsatzsteuerlichen Prüfschemata für § 1 Abs. 1 Nr. 1 UStG beurteilt werden muss. Somit ist zunächst die grundsätzliche Steuerbarkeit gemäß § 1 Abs. 1 Nr. 1 UStG festzustellen. In diesem Rahmen ist sodann auch die Anwendung des § 3 Abs. 1 UStG zu prüfen, bevor in einem weiteren dritten Schritt die Abgrenzung zur sonstigen Leistung vorzunehmen ist. Im Übrigen ist in Zweifelsfällen die richtlinienkonforme Auslegung gemäß Art. 14 ff. MwStSystRL hinzuziehen.

Besonderheit der innergemeinschaftlichen Lieferung ist, dass eine personelle Zurechnung zwischen Lieferung und Lieferer bestehen muss. Regelmäßig ist dieser Tatbestand erfüllt, da der leistende Unternehmer die zivilrechtliche Vereinbarung zu erfüllen hat; er handelt mithin im eigenen Namen und auf eigene Rechnung. Denkbar ist auch, dass der handelnde Unternehmer berechtigterweise im Namen eines anderen handelt und auftritt. Tritt der Handelnde dabei bspw. berechtigterweise auch gegenüben den Kunden im Namen dieses Dritten auf, so ist die Leistung nach ständiger Rechtsprechung dem Dritten zuzurechnen. Nur dieser Unternehmer kann auch die innergemeinschaftliche Lieferung verwirklichen.

Eine weitere Besonderheit zum Begriff der Lieferung ist der Tatbestand des § 3 Abs. 1a UStG. Diese Norm fingiert auch in Fällen des unternehmensinternen und somit nicht steuerbaren Innenumsatzes eine Lieferung gegen Entgelt. Erfasst sind Fälle, in welchen Gegenstände aus einem Mitgliedstaat in einen anderen Mitgliedstaat verbracht werden. Ausgenommen von dieser Besonderheit sind nur jene Vorgänge, welche zur vorübergehenden Verwendung erfolgen, § 3 Abs. 1a Satz 1 UStG. Nach der Fiktion des Gesetzes gilt der Unternehmer, also jener der den Innenumsatz bewirkt, als Lieferer, § 3 Abs. 1a Satz 2 UStG. Ein Zusammenspiel der Norm ergibt sich sodann aus § 6a Abs. 2 UStG, wonach die entsprechenden Umsätze ebenfalls als innergemeinschaftliche Lieferung qualifizieren.

Der Tatbestand der Beförderung oder Versendung in das übrige Gemeinschaftsgebiet ist ebenfalls mit den Anforderungen in § 1a Abs. 1 UStG vergleichbar. Es kann daher auf die dortigen Ausführungen zum innergemeinschaftlichen Erwerb verwiesen werden. Besonderheit gegenüber des innergemeinschaftlichen Erwerbs ergeben sich dadurch, dass die Beförderung oder Versendung für Zwecke der innergemeinschaftlichen Lieferung im Inland beginnen muss. Sodann muss der Gegenstand der Lieferung in das übrige Gemeinschaftsgebiet gelangen. Abzustellen ist auf das Ende der Beförderung oder Versendung. Der Nachweis für das Erreichen des Zielmitgliedstaates ist durch die sog. Gelangensbestätigung zu führen.

Nur steuerbare Umsätze gemäß § 1 Abs. 1 Nr. 1 UStG kommen für die Steuerbefreiung der innergemeinschaftlichen Lieferung infrage. Damit ist nach der Systematik des Umsatzsteuerrechts erforderlich, dass der Umsatz im Inland ausgeführt wurde. Es sind die Ortsbestimmungen nach § 3 Abs. 5a UStG zu berücksichtigen. Konkret muss daher entweder auf die Spezialvorschriften der §§ 3c, 3e oder 3 g UStG (vorrangig) oder die allgemeinen Grundsätze des § 3 Abs. 6 bis 8 UStG zurückgegriffen werden.

Hinsichtlich der innergemeinschaftlichen Lieferung sind jedoch § 3 Abs. 7 und 8 UStG nicht weiter von Bedeutung. Bei Betrachtung des Abs. 7 folgt dies daraus, dass nur unbewegte Lieferungen von dieser Norm erfasst sind. Eine innergemeinschaftliche Lieferung kann jedoch nur dann vorliegen, wenn der Gegenstand von einem Mitgliedstaat in den anderen Mitgliedstaat gelangt. Dies ist bereits praktisch unmöglich, wenn eine Ortsbestimmung für unbewegte Lieferungen erfolgt. Der Abs. 8 wird indes ausgeschlossen, da dieser nur dann von Relevanz ist, wenn der Gegenstand aus einem Drittlandsgebiet in das Inland gelangt. Da auch dies dem Grundkonzept der innergemeinschaftlichen Lieferung entgegensteht, kann die Norm keine Anwendung finden.

Wird die Betrachtung zunächst auf den Auffangbestand des § 3 Abs. 6 Satz 1 UStG gelenkt, so ist festzustellen, dass die Ortsbestimmung (in Übereinstimmung mit den Voraussetzungen des § 6a

Abs. 1 UStG) im Inland zu erfolgen hat. Mithin ist auf den Ort abzustellen, an dem die Beförderung oder Versendung an den Abnehmer beginnt. Entsprechend allgemeinen Vorgaben ist Beförderung insoweit jede Fortbewegung des Gegenstandes, während die Versendung dann vorliegt, wenn ein Dritter die Beförderung ausführt. Beginn der Versendung ist nach den allgemeinen Regelungen dann, wenn der Liefergegenstand an den Versender übergeben wird.

Innergemeinschaftliche Lieferungen können nur vorliegen, wenn der Lieferer die Voraussetzungen des § 2 UStG erfüllt, mithin Unternehmer ist. Dies folgt bereits aus dem allgemeinen Erfordernis eines steuerbaren Umsatzes gemäß § 1 Abs. 1 Nr. 1 UStG. Im Kontext der Steuerbefreiung für innergemeinschaftliche Lieferungen ist zu berücksichtigen, dass es sich um einen regelversteuernden Unternehmer handelt. In der Folge ist es nicht möglich, dass die innergemeinschaftliche Lieferung durch einen Kleinunternehmer gemäß § 19 UStG, einen Landwirt mit Pauschalbesteuerung i. S. d. § 24 UStG oder eines Wiederverkäufers, der die Differenzbesteuerung nach § 25a UStG anwendet verwirklicht wird. Nicht ausgeschlossen ist jedoch ein Unternehmer, der nur steuerfreie Umsätze ohne Vorsteuerabzug ausführt. Nicht relevant ist indes die Ansässigkeit des liefernden Unternehmers. Genauso wie in den Fällen des § 1a Abs. 1 UStG stellt § 6a UStG insoweit auf die bloße Warenbewegung ab.

Wie auch in allen anderen Fällen eines steuerbaren Umsatzes gefordert, ist für die Anwendung des § 6a Abs. 1 UStG von Bedeutung, dass der Lieferer im Rahmen seines Unternehmers gemäß § 2 Abs. 1 Satz 2 UStG tätig wird. Ausnahmen gelten nur, wenn die Lieferung neuer Fahrzeuge erfolgt. Nicht möglich ist, dass eine Lieferung aus der privaten und somit nichtunternehmerischen Sphäre des Unternehmers erfolgt. Da eine solche Lieferung bereits an den Voraussetzungen des § 1 Abs. 1 Nr. 1 UStG scheitert, kann auch kein innergemeinschaftlicher Erwerb vorliegen. In Zweifelsfällen ist die Auslegung richtlinienkonform nach Art. 2 Abs. 1 Buchst. a i. V. m. Buchst. b Ziff. i i. V. m. Art. 9 MwStSystRL vorzunehmen.

Die innergemeinschaftliche Lieferung kann nur verwirklicht werden, wenn bestimmte Abnehmer gemäß § 6a Abs. 1 Satz 1 Nr. 2 Buchst. a bis c UStG vorliegen. Die abschließende Aufzählung rekurriert insoweit zunächst auf Unternehmer, die den Gegenstand für ihr Unternehmen erworben haben (Buchst. a). Dies dürfte auch für die praktische Fallbearbeitung und Prüfungssituationen der Hauptanwendungsbereich sein. Darüber hinaus sind auch juristische Personen, die nicht Unternehmer sind und den Gegenstand nicht für ihr Unternehmer erworben haben, von der Anwendung erfasst. Seit dem Jahr 2020 wurden die Voraussetzungen für die Anwendung des § 6a Abs. 1 Satz 1 Nr. 2 Buchst. a und b UStG verschärft. Es ist demnach erforderlich, dass der Unternehmer oder die juristische Person in einem anderen Mitgliedstaat für Zwecke der Umsatzsteuer erfasst ist. Für die Registrierung ist auf die Vergabe der UStID abzustellen. Nicht erforderlich ist, dass die Registrierung im Bestimmungsland vorliegt. Somit ist der Tatbestand auch erfüllt, wenn die umsatzsteuerliche Registrierung in einem anderen Mitgliedstaat vorliegt. Nicht hingegen reicht die Registrierung in einem Drittstaat.

Durch § 6a Abs. 1 Nr. 3 UStG wird ein Korrespondenzprinzip vorgegeben, welches für die Anwendung des § 6a Abs. 1 UStG erforderlich ist. Da eine entsprechende Regelung für die Anwendung des § 1a Abs. 1 UStG nicht vorgesehen ist, kann von keiner umfassenden Korrespondenz ausgegangen werden. Dennoch ist eine Steuerbefreiung mithin nur zu erreichen, wenn der Erwerber der Erwerbsbesteuerung im Bestimmungsmitgliedstaat unterliegt. In Beachtung der deutschen Vorgaben gilt somit ähnliches, wie von § 1a Abs. 1 UStG gefordert. Konkret sind daher grundsätzlich Regelversteuer umfassend erfasst, während atypische Unternehmer und nichtunternehmerisch tätigte juristische Personen den Anwendungsbereich nur in den Grenzen der Erwerbsschwellenregelung eröffnen. D. h., diese müssen bspw. die Erwerbsschwelle ihres Mitgliedstaates überschreiten, damit der leistende Unternehmer die Steuerbefreiung anwenden kann. Gleichsam ist dies möglich, wenn der Erwerber auf die Anwendung der Erwerbsschwelle verzichtet. Die Erwerbsschwellen der einzelnen Mitgliedstaaten sind der Verwaltungsauffassung zu entnehmen.

Weitere Voraussetzung ist § 6a Abs. 1 Satz 1 Nr. 4 UStG. Demgemäß muss der Abnehmer gegenüber dem leistenden Unternehmer eine UStID verwenden, welche ihm von einem anderen Mitgliedstaat erteilt wurde. „Verwenden" soll nach Auffassung der Verwaltung bedeuten, dass der Abnehmer durch positives Tun bei Vertragsabschluss zur Kenntnis bringt, dass die entsprechende UStID für den Sachverhalt dienen soll. Sehr restriktiv ist dabei, dass formularmäßig abgedruckte UStID in bspw. Briefköpfen dieser Anforderung nicht genügen sollen. In richtlinienkonformer Auslegung wird im Schrifttum zurecht gefordert, dass der Abnehmer dem Lieferer seine UStID mitteilt und sich beide einig sein müssen, dass unter dieser geliefert werden soll; dokumentiert durch bspw. Aufnahme in die Rechnung. Weitergehende Anforderungen sind abzulehnen.

Während sich die Regelung zu den Nachweispflichten einer innergemeinschaftlichen Lieferung in § 6a Abs. 3 UStG grundsätzlich sehr harmlos liest, ist die praktische Auswirkung erheblich. So fordert § 6a Abs. 3 UStG zwar nur, dass die Voraussetzungen der innergemeinschaftlichen Lieferung nachzuweisen sind. Genaueres ist jedoch durch §§ 17a bis 17d UStDV geregelt, welche sich umfassend zum Nachweisverfahren äußern. Für die Lösung von Prüfungssachverhalten kann diesbezüglich jedoch beruhigt werden, da regelmäßig lapidar vorgegeben wird, dass die erforderlichen Nachweise vorliegen, sofern nichts Gegenteiliges geschildert ist. Aus diesem Grund sollen die Nachweispflichten in dieser Fallstudie nur am Rande und in aller Grundsätzlichkeit betrachtet werden.

Zu differenzieren ist bei den Nachweispflichten nach sog. Belegnachweisen (§§ 17a und 17b UStDV und sog. Buchnachweisen (§§ 17c und 17d UStDV). Die erstgenannte Voraussetzung ist grundsätzlich dann erfüllt, wenn der Unternehmer entsprechende Belege der innergemeinschaftlichen Lieferung vorlegen kann. Bspw. kann dabei auf Doppel der Rechnung, aber auch handelsübliche Belege, Empfangsbestätigungen und Verbringensversicherungen abgestellt werden. Der Buchnachweis ist durch die Aufzeichnungen des leistenden Unternehmers zu erfüllen und nachzuweisen. Dies kann neben der UStID auch weitere persönliche und sachliche Angaben zum Abnehmer und der Lieferung umfassen.

Der Vertrauensschutz des § 6a Abs. 4 UStG ist Ausfluss der Anforderungen der Verhältnismäßigkeit und soll den leistenden Unternehmer in klar definierten Fällen schützen und dessen Steuerbefreiung sicherstellen. Zu diesem Zweck geht das Gesetz davon aus, dass die Steuerbefreiung auch dann für den Lieferer bestehen bleibt, wenn er eine Lieferung als steuerfrei behandelt hat, diese Voraussetzungen aber tatsächlich nicht erfüllt sind und der Fehler auf unrichtigen Angaben des Abnehmers beruht. Zudem muss erfüllt sein, dass der Lieferer die Unrichtigkeit auch bei Beachtung aller Sorgfaltspflichten eines ordentlichen Kaufmanns nicht hätte erkennen können. Folge der Regelung ist, dass der Abnehmer zum Steuerschuldner der entgangenen Steuer wird, § 6a Abs. 4 Satz 2 UStG. Ähnlich wie die Thematik der Nachweispflichten stellt auch der Vertrauensschutz nach § 6a Abs. 4 UStG keinen Schwerpunkt in der Bearbeitung von Klausursachverhalten dar. Dennoch ist auch diese Regelung von erheblicher Relevanz für die Praxis, da sie bspw. dazu geeignet ist unbeteiligte Teilnehmer von Karussellgeschäften zu schützen. Gerade aus diesem Grund werden jedoch auch hohe Anforderungen an die Erfüllung der Tatbestände gelegt, weswegen es in der Regel schwierig ist, insbesondere das „Nicht-Erkennen-Können" nachzuweisen.

Auch in den Fällen der innergemeinschaftlichen Lieferung handelt es sich um eine echte Steuerbefreiung. Dies heißt, dass der Vorsteuerabzug zunächst gemäß § 15 Abs. 2 Nr. 1 UStG ausgeschlossen ist, um sodann durch § 15 Abs. 3 Nr. 1a UStG wieder zugelassen zu werden. Die entsprechenden Normenkette ist zwingend zu beachten. Man sollte in keinem Fall über den Ausschluss hinweggehen und sofort auf die Wiederzulassung abstellen.

Hinsichtlich der Besonderheiten des § 3c UStG für die Lieferschwelle wird auf die Ausführungen unter III. 10.2.2 verwiesen.

3.2.2 Ausfuhrlieferung

Kerngedanke der Steuerbefreiung ist es dem Bestimmungslandprinzip Rechnung zu tragen. Dabei ist es von Bedeutung, dass trotz der Steuerbefreiung welche sich aus § 6 UStG ergeben kann der Vorsteuerabzug aufgrund des Konzeptes des Ausschlusses und der folgenden Wiederzulassung in § 15 Abs. 2 Nr. 1 UStG i. V. m. § 15 Abs. 3 Nr. 1 Buchst. a UStG erhalten bleibt. Mithin liegt eine sogenannte echte Steuerbefreiungen vor, welche zur vollständigen Entlastung von der inländischen Umsatzsteuer führt.

Die Differenzierung der Norm ist in drei Arten möglich. Gemäß § 6 Abs. 1 Nr. 1 UStG kann die Steuerbefreiung für steuerbare Beförderungs- oder Versendungslieferungen i. S. d. § 1 Abs. 1 Nr. 1 UStG greifen, sofern der Liefergegenstand vom Inland in ein Drittlandsgebiet gelangt. Ausgenommen ist dies in den Fällen des § 1 Abs. 3 UStG. Wesentlich für die Norm ist, dass die Beförderung oder Versendung durch den Lieferer erfolgt und ein Buch- und Belegnachweis gemäß § 6 Abs. 4 UStG geführt werden kann. In Abgrenzung dazu sieht Nr. 2 der Norm vor, dass auch eine Beförderung oder Versendung durch den Abnehmer möglich ist, dies jedoch nur. wenn der Abnehmer ein ausländischer Abnehmer i. S. d. § 6 Abs. 2 UStG ist. Dies heißt, dass der Leistungsempfänger seinen Sitz bzw. Wohnsitz im Ausland, ausgenommen der Gebiete des § 1 Abs. 3 UStG haben muss. Mithin ist auch ein Leistungsempfänger mit Wohnort im übrigen Gemeinschaftsgebiet gemäß § 1 Abs. 2 Satz 2 UStG ein ausländischer Abnehmer in diesem Sinne. Sollten mehrere Orte vorliegen, so ist zu beachten, dass der Begriff des Wohnortes den Ort meint, der unter objektiven Aspekten und nicht ausschließlich aufgrund der subjektiven Entscheidung der Mittelpunkt des Lebens des Unternehmers ist.

Während in den beiden oberen Fällen die Lieferung in Zollfreigebiete gemäß § 1 Abs. 3 UStG ausgeschlossen ist, regelt Nr. 3 der Norm genau diesen Fall. In diesen Fällen ist die Beförderung oder Versendung durch den Lieferer oder Abnehmer möglich. Wichtig ist jedoch, dass der Abnehmer ein Unternehmer ist, der den Gegenstand für sein Unternehmen erworben hat und keine Umsätze i. S. d. § 4 Nr. 8 bis Nr. 27 UStG damit ausführen möchte. Dennoch sind auch Fälle denkbar, in welchen der Abnehmer ein ausländischer Abnehmer i. S. d. § 6 Abs. 2 UStG ist, jedoch kein Unternehmer und der Gegenstand in das übrige Drittlandsgebiet gelang. Ansonsten gelten die oben genannten Voraussetzungen entsprechend.

HINWEIS

Hinsichtlich der Nachweise kann an dieser Stelle grundsätzlich auf den jeweiligen Hinweisteil der Klausur verwiesen werden. Dort wird regelmäßig vorgegeben sein, dass alle entsprechenden Nachweisvorschriften erfüllt sind.

Der Vollständigkeit halber ist darauf hinzuweisen, dass die entsprechenden Nachweisvorschriften im §§ 8 bis 13 UStDV geregelt sind. Insoweit kann dem Wortlaut nach davon ausgegangen werden, dass in den Bearbeitungshinweisen steht „Erforderliche Buch und Belegnachweise liegen vor." Die Sonderfälle des § 6 Abs. 3 und Abs. 3a UStG haben bisweilen in der Praxis erhebliche Bedeutung, kommen jedoch bisher in Klausuren nicht so häufig vor. Die Lohnveredelung an Gegenständen der Ausfuhr, welche sich aus § 7 UStG ergibt, stellt ebenfalls in der Regel ein Randgeschehen dar. Nichtsdestotrotz sollten auch die Grundlagen dieser Normen bekannt sein.

Zusammenfassend zeigt sich für die Differenzierung, dass die Steuerbefreiungen bei Ausfuhrlieferungen und bei innergemeinschaftlichen Lieferungen mit grundsätzlich ähnlichen Tatbestandsmerkmale arbeiten. Wichtig ist es stets nicht nur auf die Normen des § 4 Nr. 1 Buchst. a und Buchst. b UStG abzustellen, sondern den Schwenk in die entsprechende Ergänzungsnormen des §§ 6 bzw. 6a UStG zu tätigen. Aufgrund der vielfältigen Besonderheiten kann die Prüfung auf strittige Punkte konzentriert werden. Die grundsätzlichen Voraussetzungen und deren Erfüllung ist dennoch kurz zu erwähnen. Sollte der Vorsteuerabzug im späteren Verlauf der Klausur geltend gemacht werden, ist stets darauf hinzuweisen, dass bedacht wird, dass in diesen Fällen ein Vorsteuerabzug wiederzugelassen wird und insoweit das erforderliche Ziehen der Vorsteuer nicht vergessen wird.

3.3 Innergemeinschaftliches Reihengeschäft

Jahre in denen entsprechende Themen einer der Schwerpunkte der Prüfung waren: 2016, 2015

Gerne werden in Klausuren Reihengeschäfte genutzt. Dabei ist festzustellen, dass der Fokus auf innergemeinschaftlichen Reihengeschäften liegt. Insoweit ist zunächst auf die Voraussetzungen des Reihengeschäfts im allgemein einzugehen. Besonderheit des innergemeinschaftlichen Reihengeschäfts ist es nämlich lediglich, dass die Warenbewegung von einem Mitgliedstaat in einen anderen Mitgliedstaat erfolgt. Die Abgrenzung zum innergemeinschaftlichen Dreiecksgeschäft ergibt sich mithin daraus, dass nicht drei Staaten betroffen sind. Zu den weiteren Voraussetzungen ist auf die Ausführungen unter IV. 8.6 zu verweisen.

3.3.1 Grundlagen des Reihengeschäfts

Ganz allgemein liegt ein Reihengeschäft vor, wenn mehrere Unternehmer über denselben Gegenstand Umsatzgeschäfte abschließen und dieser Gegenstand der Lieferung dabei unmittelbar vom ersten Unternehmer an den letzten Abnehmer durch Beförderung oder Versendung gelangt. Es müssen mithin mindestens drei Personen beteiligt sein, diese müssen nicht zwangsläufig alle Unternehmer sein (zwei sind ausreichend) und es können weiterhin auch mehr als drei Personen beteiligt sein.

Die Regelungen des Reihengeschäfts finden sich in § 3 Abs. 6a UStG und in Beachtung des § 3 Abs. 7 Satz 2 UStG wieder. Die Regelung besagt, dass sofern der Gegenstand bei der Lieferung durch den ersten Unternehmer in der Reihe befördert oder versendet wird, die Beförderung oder Versendung seiner Lieferung zuzuordnen ist. Wird der Gegenstand der Lieferung indes durch den letzten Abnehmer befördert oder versendet, muss die Beförderung oder Versendung der Lieferung an ihn zugeordnet werden. Erfolgt indes durch einen der mittleren Teilnehmer eine Beförderung oder Versendung, ist die Beförderung stets an den jeweiligen mittleren Unternehmer, den Zwischenhändler, zuzuordnen. Anderes gilt, wenn er nachweisen kann, dass er Lieferer durch Beförderung oder Versendung des Gegenstandes ist. Für das Vorgenannte gilt insoweit § 3 Abs. 6a Satz 2 bis 4 UStG. Dies bedeutet in der praktischen Folge, dass stets nur eine der Lieferungen im Rahmen eines Reihengeschäft die bewegte Lieferung sein kann. Unter Beachtung der weiterführenden Ausführungen in § 3 Abs. 7 Satz 2 UStG ist zu beachten, dass die Lieferungen, welche der Beförderungs- oder Versendungslieferung vorausgehen dort als ausgeführt gelten, wo die Beförderung oder Versendung beginnt, Nr. 1 der Norm. Für folgende Lieferungen ist auf das Ende der Beförderung oder Versendung abzustellen, § 3 Abs. 7 Satz 2 Nr. 2 UStG.

Mithin heißt dies zusammengefasst: Erfolgt die Beförderung oder Versendung durch den ersten Unternehmer, so ist die bewegte Warenlieferung die von ihm ausgeführte Lieferung. Erfolgt die Versendung oder Beförderung durch den letzten Abnehmer so ist die an ihn erbrachte Lieferung die bewegte Warenlieferung und sofern der mittlere Unternehmer die Beförderung oder Versendung übernimmt, wird grundsätzlich an ihn erbracht, es sei denn er weist das Transportrisiko nach. Nachweise sind mithin durch Ausführungen im Sachverhalt der Klausur gegeben, sofern diese erfüllt sind.

3.3.2 Innergemeinschaftliches Reihengeschäft im Speziellen und Auswirkungen durch Drittlandsbezug

Im Rahmen innergemeinschaftlicher Reihengeschäfte ist insoweit von erheblicher Bedeutung, inwieweit durch die beteiligten Unternehmer innergemeinschaftliche Lieferungen und innergemeinschaftliche Erwerbe ausgeführt werden. Es gilt zu beachten, dass zunächst im Rahmen der Prüfung des Reihengeschäftes anhand der allgemeinen Voraussetzungen festgestellt werden muss, wer die jeweilige bewegte Lieferung erbringt und welcher Teilnehmer unbewegte Lieferungen erbringt. Erst sodann kann für die jeweiligen Einzellieferungen anhand der für innergemeinschaftliche Umsätze geltenden Regelungen weiter geprüft werden.

Eine wesentliche Neuerung durch § 3 Abs. 6a UStG sind die Ausführungen in Satz 5 bis 7 UStG. Dabei gilt nunmehr für innergemeinschaftliche Reihengeschäfte, dass sofern der Gegenstand der Lieferung aus dem Gebiet eines Mitgliedstaates in das Gebiet eines anderen Mitgliedstaates gelangt und der Zwischenhändler gegenüber dem leistenden Unternehmer bis zum Beginn der Beförderung oder Versendung eine UStID verwendet, welche ihm vom Mitgliedstaat des Beginns der Beförderung oder Versendung erteilt wurde, so ist die Beförderung oder Versendung stets seiner Lieferung zuzuordnen. Gelangt der Gegenstand der Lieferung indes in das Drittlandsgebiet, so ist von einem ausreichenden Nachweis für die Liefereigenschaft des Zwischenhändler auszugehen, sofern dieser bis zum Beginn der Beförderung oder Versendung einer UStID oder Steuernummer des Mitgliedstaates verwendet, in welcher der Beginn der Beförderung oder Versendung erfolgt. In Fällen, in welchen der Gegenstand aus dem Drittlandgebiet in das Gemeinschaftsgebiet gelangt, ist von einer ausreichenden Nachweisführung des Zwischenhändlers für die Lieferung dadurch auszugehen, dass dieser die Ware für seine Rechnung zum zoll- und steuerrechtlich freien Verkehr angemeldet hat.

HINWEIS

Mit § 3 Abs. 6a Satz 5 ff. UStG ist für grenzüberschreitende Reihengeschäfte, wie dem innergemeinschaftliche Reihengeschäft, bereits gesetzlich vorgeschrieben wie die Zuordnung für den Zwischenhändler zu erfolgen hat. Dies soll in der Praxis Ungleichmäßigkeiten zwischen den Mitgliedstaaten vermeiden. Für die Klausur kann dies ebenfalls hilfreich sein, da die entsprechenden Erfordernisse durch Hinweise im Klausursachverhalt vorgegeben werden müssen.

Zudem sollte, wie bereits eingangs erwähnt, stets ein Fokus auf die Regelungen zum innergemeinschaftlichen Erwerb oder zur gemeinschaftlichen Lieferung gelegt werden, um das Reihengeschäft sodann korrekt zu beurteilen. Für die innergemeinschaftlichen Umsätze wird auf IV. 3.2 verwiesen. Eine Übungsaufgabe findet sich indes V. in einer der Klausurübungen. Zudem können entsprechende Fragestellungen auch durch die Übung unter IV. 8.6 abgedeckt werden.

Prüfungsschema zum Reihengeschäft

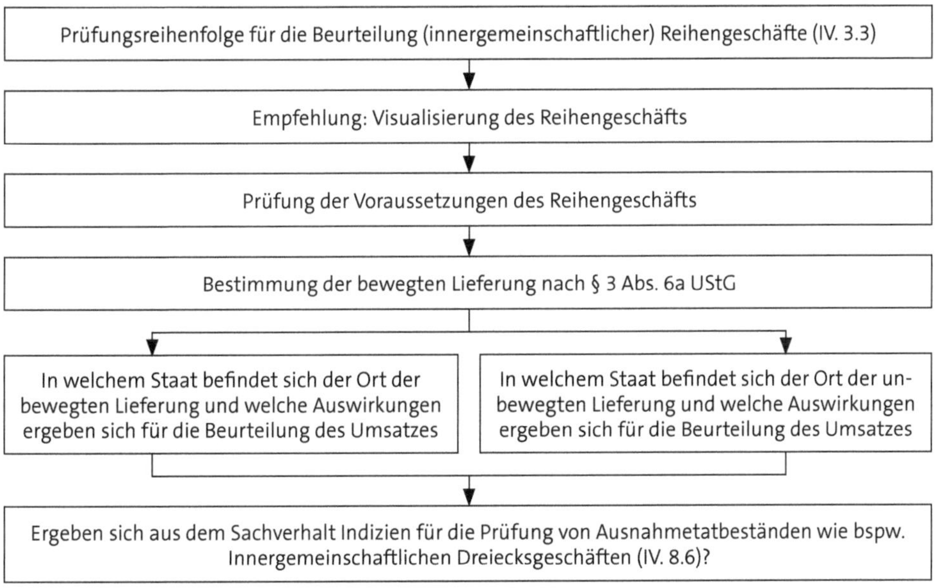

4. Unentgeltliche Wertabgaben und Vergünstigungen

Für die Ausarbeitung der Schwerpunkte stellte sich die Frage, welche unentgeltlichen Vorgänge und Sachverhalte, sowie Vergünstigungen der Bemessungsgrundlage, sich für die Darstellung anbieten. Aus den Schwerpunkten der Klausuren der letzten Jahre hat sich ergeben, dass insbesondere die Pkw-Nutzungsüberlassung einen Schwerpunkt darstellt. Weiterhin ist es zielführend auf die unentgeltlichen Wertabgaben an Personal und Geschäftsfreunde genauso einzugehen wie die vergünstigte Überlassung an Arbeitnehmer, um in diesem Fall insbesondere die Mindestbemessungsgrundlage zu thematisieren.

4.1 Pkw-Nutzungsüberlassung

Jahre in denen entsprechende Themen einer der Schwerpunkte der Prüfung waren: 2021, 2018, 2017, 2015, 2014

Häufig kommt es in umsatzsteuerlichen Klausuren zu unentgeltlichen Wertabgaben durch die außerunternehmerische Nutzung von dem Unternehmen zugeordneten Gegenständen. Zunächst einmal ist auf die allgemeinen Zuordnungsgrundsätze in Abschnitt 15.2c UStAE hinzuweisen. Entsprechende Ausführungen zur außerunternehmerischen Nutzung von Fahrzeugen sind im BMF-Schreiben vom 5.6.2014 – IV C 6 – S 2177/13/10002 (BStBl 2014 I S. 835) zu finden. Ist zu den allgemeinen Ausführungen auf die entsprechenden Hinweise im BMF-Schreiben zu verweisen ist, soll im Folgenden auf die Besteuerung der unternehmensfremden Nutzung eines dem Unternehmen zugeordneten Fahrzeugs eingegangen werden.

Für umsatzsteuerliche Zwecke umfasst der Begriff „Fahrzeug" oder auch „Kfz" alle Kraftfahrzeuge und folglich auch kennzeichnungs-, versicherungs- und führerscheinpflichtige Elektrofahrräder. Ausgangspunkt der Überlegungen zur Besteuerung der Nutzung ist die Zuordnung zum Unternehmen. Diesbezüglich sind die Implikationen hinsichtlich der ertragsteuerlichen Erfassung als Betriebs- oder Privatvermögen grundsätzlich irrelevant. Vielmehr ist nach den allgemeinen Grundsätzen auf die beabsichtigte Verwendung im Besteuerungszeitraum der erstmaligen Verwendung abzustellen. Die Ermittlung der Verwendung richtet sich hierbei nach der voraussichtlichen Kilometerleistung für die jeweilige Nutzung. Wie durch § 15 Abs. 1 Satz 2 UStG vorgegeben, kommt es somit insbesondere darauf an, ob die erforderliche Mindestnutzung i. H. v. 10 % erreicht werden kann oder das Zuordnungsverbot einschlägig ist. Wichtig hinsichtlich dieser Aufteilung ist, dass Fahrten zwischen Wohnung und Betriebsstätte sowie Familienheimfahrten aus betrieblichem Anlass der unternehmerischen Nutzung zuzurechnen sind.

Es sind dabei folgende unterschiedliche Zuordnungsmöglichkeiten bei der Nutzung eines Kfz denkbar:

a) Ausschließliche unternehmerischer Verwendung des Kfz: In diesem Fall kann der Unternehmer die auf die Anschaffung des Fahrzeugs entfallenden Vorsteuerbeträge abziehen, sofern kein Ausschlusstatbestand gemäß § 15 Abs. 1a und 2 UStG gegeben ist.

b) Teilunternehmerische Verwendung des Kfz mit vollständiger Zuordnung: Wenn eine vollständige Zuordnung des Kfz zum Unternehmen erfolgt, gilt das unter a) Geschilderte entsprechenden. Jedoch ist dann zu beachten, dass die unternehmensfremde Verwendung gemäß § 3 Abs. 9a Nr. 1 UStG zu einer unentgeltlichen Wertabgabe führt.

c) Teilunternehmerische Verwendung des Kfz mit teilweiser Zuordnung: Alternativ kann bei teilunternehmerischer Nutzung auch nur eine Zuordnung des unternehmerisch genutzten Fahrzeugteil erfolgen. Sodann ist nur die entsprechend darauf entfallende Vorsteuer abziehbar, wobei damit auch die Besteuerung nach § 3 Abs. 9a Nr. 1 UStG vermieden werden kann. Es gelten hinsichtlich der Aufteilung die Grundsätze des § 15 Abs. 4 UStG. Hier ist jedoch zu beachten, dass bei etwaiger Erhöhung der unternehmerischen Verwendung kein zusätzlicher Vorsteuerabzug gemäß § 15a UStG erreicht werden kann.

d) Teilunternehmerische Verwendung für nichtwirtschaftliche Tätigkeiten i. e. S.: Diesbezüglich kann das Kfz nur in Höhe der beabsichtigten unternehmerischen Nutzung zum Unternehmen zugeordnet werden. Folglich ist auch nur insoweit ein Vorsteuerabzug zulässig.

Die vorstehenden Grundsätze gelten im Übrigen auch für die Aufwendungen im Zusammenhang mit dem Kfz. Es kann aus Vereinfachungsgründen auf das Verhältnis der unternehmerischen zur nichtunternehmerischen Nutzung des Fahrzeugs abgestellt werden.

HINWEIS

Die Begünstigungen für Elektrofahrzeuge aus dem Ertragsteuerrecht gelten für die Umsatzsteuer nicht.

4.1.1 1 % Methode

Einerseits ist es in Beachtung der Ausführungen im genannten BMF-Schreiben möglich, dass Kraftfahrzeuge, welche zu mehr als 50 % betrieblich genutzt werden nach der 1 % Regelung besteuert werden. Dies heißt, dass in Beachtung der allgemeinen Ausführungen zur unentgeltlichen Wertabgabe eine solche gemäß § 3 Abs. 9 Nr. 1 UStG vorliegt und die Bemessungsgrundlage nach § 10 Abs. 4 Satz 1 Nr. 2 UStG zu ermitteln ist. Es kann die für ertragsteuerliche Zwecke genutzte Nutzungsentnahme nach § 6 Abs. 1 Nr. 4 Satz 2 UStG aus Vereinfachungsgründen auch als Bemessungsgrundlage für die Umsatzbesteuerung zugrunde gelegt werden. Hervorzuheben ist jedoch, dass für umsatzsteuerliche Zwecke keine pauschale Kürzung des inländischen Listenpreises aufgrund von Elektrofahrzeugen erfolgt. Eine wesentliche Abwandlung zum Ertragssteuerrecht liegt jedoch darin, dass für nicht mit Vorsteuer belastete Ausgaben aus Vereinfachungsgründen ein pauschaler Abzug von 20 % vorzunehmen ist. Dies betrifft bspw. Aufwendungen wie Kfz-Steuer und Kfz-Versicherung, welche nicht mit Vorsteuer belastet sind. Es ergibt sich mithin einen Wert, welcher ein Nettowert ist.

Die Umsatzsteuer ist mit dem allgemeinen Steuersatz hinzuzurechnen. Die ertragsteuerliche Kostendeckelung ist zu beachten. Übersteigen somit die pauschal berechneten Werte die tatsächlichen Kosten für das Fahrzeug, so bilden die tatsächlichen Kosten die Obergrenze der unentgeltlichen Wertabgabe.

HINWEIS

Der Nachweis kann unter anderem durch ein Fahrtenbuch oder eine sachgerechte Schätzung erfolgen. In der Klausur müsste dazu ein Hinweis vorliegen, wenn dies einschlägig sein soll.

Insbesondere die in Klausuren häufig anzutreffende private Pkw Nutzung nach der 1 % Regelung so nachfolgend an einem Beispiel dargestellt werden.

BEISPIEL

Ein Unternehmer verwendet einen dem Unternehmen zugeordneten Pkw, für den er die Vorsteuer aus der Anschaffung in voller Höhe zum Abzug gebracht hat auch privat. Die Anschaffungskosten (Listenpreis ohne Sonderausstattung) des Pkw betrugen 200.000 €. Zubehörteile und Zusatzkosten betrugen 100.000 €, der Listenneupreis lag demnach bei 300.000 €.

Aus der Anschaffung und den laufenden Kosten des Pkw hat der Unternehmer gemäß § 15 UStG den vollen Vorsteuerabzug geltend gemacht, da das Fahrzeug zu mehr als 10 % unternehmerisch genutzt wurde. Es gilt insoweit § 15 Abs. 1 Satz 2 UStG. Für die nicht unternehmerische Verwendung erfolgt eine unentgeltliche Wertabgabe i. S. d. § 3 Abs. 9a Nr. 1 UStG. Auf Grundlage der ertragsteuerlichen 1 % Regelung ist wie folgt zu verfahren:

Anschaffungskosten:	200.000 €
Zubehörteile:	100.000 €
Umsatzsteuer:	57.000 € (Ermittlung aus § 12 Abs. 1 UStG in Höhe von 19 % von 300.000 €)

Bemessungsgrundlage sind mithin 357.000 € als Bruttolistenneupreis für den Pkw. Davon ist 1 % zu berechnen. Es ergeben sich mithin 3.570 €. Der entsprechende Wert ist ein Monatsbetrag und mit zwölf zu multiplizieren. Der Jahresbetrag beläuft sich mithin auf 42.840 €. Wie erwähnt sind sodann 20 % für nicht mit Vorsteuer belasteten Kosten auszuschließen. Dies betrifft rechnerisch 8.568 €. Die entsprechenden Kosten sind unter anderem für Versicherung und Kfz-Steuer. Eine verbleibende Bemessungsgrundlage ist mithin 34.272 €. Nunmehr ist nach den Grundsätzen des § 10 Abs. 4 Satz 1 Nr. 2 UStG die Umsatzsteuer in Höhe von 19 % zu berechnen. Diese beträgt für das gesamte Jahr 6.511,68 €.

4.1.2 Fahrtenbuchmethode

Wird für ertragsteuerliche Zwecke ein Fahrtenbuch genutzt, kann von diesem Wert auch bei der Ermittlung der Bemessungsgrundlage für die Umsatzbesteuerung ausgegangen werden. Auch hier sind die ertragsteuerlichen Besonderheiten hinsichtlich der Elektrofahrzeuge nicht zu berücksichtigen. Wichtig ist jedoch, dass aus den Gesamtaufwendungen, die für Umsatzsteuerzwecke nicht mit Vorsteuer belasteten Ausgaben in der belegmäßig nachgewiesenen Höhe auszuscheiden sind. Dies liegt daran, dass auf Aufwendungen, für welche kein Vorsteuerabzug geltend gemacht werden kann, auch keine Nutzungsentnahme besteuert werden darf.

In Abgrenzung zum o. g. Beispiel soll nun ein Rechenbeispiel nach einem ordnungsgemäßen Fahrtenbuch erfolgen. Grund dessen ist, dass in der Klausur zum Teil auch die Frage gestellt wird, wie sich die jeweiligen Bemessungsgrundlage ergeben, damit der Unternehmer weiß, welche für ihn günstiger ist. Daher kann es bisweilen sein, dass nach beiden Methoden die Umsatzsteuer ermittelt werden muss.

BEISPIEL

Ein Unternehmer hat einen Pkw für 100.000 € zuzüglich Umsatzsteuer erworben. Nach ordnungsgemäßem Fahrtenbuch beträgt der private Nutzungsanteil 30 %. Es sind die nachfolgend dargestellten Kosten angefallen. Mithin liegen ohne Vorsteuerabzugsrecht belastete Kosten für Kfz-Steuer in Höhe von 400 €, für Kfz-Versicherungen in Höhe von 1.500 € und weitere Gebühren in Höhe von 50 € vor. Mit Vorsteuerabzug war der Erwerb von Kraftstoff in Höhe von 3.600 €, notwendige Reparaturmaßnahmen in Höhe von 1.800 € sowie Ersatzteile in Höhe von 600 €. Für die Anschaffungskosten ist eine entsprechende Aufteilung nach § 15a Abs. 1 UStG vorzunehmen. 20 % der Anschaffungskosten sind mithin 20.000 €.

Zunächst ist darauf hinzuweisen, dass nur für die mit Vorsteuerabzugsrecht belasteten Aufwendungen eine umsatzsteuerliche Nutzungsentnahme vorzunehmen ist. Die Kosten belaufen sich auf 26.000 €. Der Privatanteil beträgt bei 30 % 7.800 €. Unter Beachtung des Umsatzsteuersatzes von 19 % ergibt sich für die Privatnutzung 1.482 € Umsatzsteuer. Da bereits die tatsächlichen Kosten ohne Vorsteuerabzugsrecht herausgerechnet wurden, ist ein 20 %-Abzug wie bei der 1 % Methode nicht erforderlich. Bei der Klausurlösung sollte stets darauf geachtet werden, dass nicht die ertragsteuerliche AfA für den Pkw angesetzt wird, sondern stets der nach § 15a UStG ermittelt Betrag, bei allen Gegenständen außer Grundstücken fünf Jahre, bei Grundstücken zehn Jahre.

4.1.3 Besonderheiten

Eine Besonderheit kann sich dadurch ergeben, wenn das Kraftfahrzeug zu weniger als 50 % betrieblich genutzt wird. In diesen Fällen findet die 1 % Regelung für ertragsteuerliche Zwecke keine Anwendung. Mithin ist auch auf die ertragsteuerliche Ermittlung nach § 6 Abs. 1 Nr. 4 Satz 1 EStG abzustellen, sodann ohne 1 % Regelung. Eine Schätzung kann erfolgen. Dazu kommen unter anderem die Verhältnisse von gefahrenen Kilometern zu Gesamtkilometern infrage. Entsprechende Ausführungen müssen laut Sachverhalt vorgegeben sein, damit dies geprüft werden kann.

HINWEIS

Ein Fallstrick kann dadurch gebildet werden, dass der Pkw in der Klausur von einer Privatperson erworben wurde. In diesen Fällen konnte bei der Anschaffung des Fahrzeugs kein Vorsteuerabzug vorgenommen werden. Aus diesem Grund sind nur die vorsteuerbelasteten Unterhaltungskosten des Fahrzeugs somit heranzuziehen. Dafür, dass für das Fahrzeug kein Vorsteuerabzug geltend gemacht wurde, ist dieses auch nicht mit einer Nutzungsentnahme zu besteuern.

4.2 Unentgeltliche Wertabgaben an Personal und Geschäftsfreunde sowie Vergünstigungen mit Mindestbemessungsgrundlage

Jahre in denen entsprechende Themen einer der Schwerpunkte der Prüfung waren: 2021, 2018, 2017, 2015, 2014

4.2.1 Unentgeltliche Wertabgaben

Wie oben dargestellt, können auch unentgeltliche Wertabgaben an Personal und Geschäftsfreunde vorliegen und werden bisweilen geprüft. Zudem können auch Vergünstigungen vorliegen, welche die Mindestbemessungsgrundlage erforderlich machen. Im Folgenden soll zunächst auf die Bemessungsgrundlage in den Fällen der unentgeltlichen Wertabgaben an Personal und Geschäftsfreunde eingegangen werden. Dabei geht es insbesondere um die Werte, welche nicht überschritten werden dürfen, damit es nicht zu einer Besteuerung kommt. Anschließend folgen einige Ausführungen zur Mindestbemessungsgrundlage.

Wie bereits eingangs in III. 3.3 hingewiesen, ist bei Aufmerksamkeiten an das Personal i. S. d. § 3 Abs. 1b Nr. 2 UStG, d. h. Zuwendungen in Höhe von maximal 60 €, keine Umsatzbesteuerung vorzunehmen. Es ist stets darauf zu achten, dass die 60 € ein Bruttobetrag und eine Freigrenze sind. Anderes gilt indes für Geschenke an Geschäftsfreunde i. S. d. § 3 Abs. 1b Nr. 3 UStG. In diesem Fällen ist der Betrag von 35 € als Nettobetrag zu verstehen. Zudem handelt es sich dabei um einen Jahresbetrag in Form einer Freigrenze. Sofern die entsprechenden Beträge überschritten sind oder es ansonsten zu unentgeltlichen Wertabgaben entsprechend der genannten Nummern kommt, sind Besonderheiten bei der Bemessungsgrundlage zu beachten.

Da bei unentgeltlichen Wertabgaben kein Entgelt geleistet wird, ist die Bemessungsgrundlage nach einer besonderen Vorschrift zu ermitteln. Dabei handelt es sich um § 10 Abs. 4 UStG. Gemäß Nr. 1 der Norm wird der Umsatz beim Verbringen eines Gegenstandes (IV. 3.1) sowie Lieferungen i. S. d. § 3 Abs. 1b UStG nach dem Einkaufspreis zuzüglich der Nebenkosten für den Gegenstand oder einen gleichartigen Gegenstand bemessen. Mangels eines Einkaufspreises können auch die Selbstkosten herangezogen werden. Jeweils ist auf den Zeitpunkt des Umsatzes abzustellen. Somit gelten als Bemessungsgrundlage vordergründig die Nettowiederbeschaffungskosten, während nachrangig auch die Herstellungskosten herangezogen werden können.

Die Nr. 2 der Norm befasst sich mit sonstigen Leistungen i. S. d. § 3 Abs. 9a Nr. 1 UStG. Bei diesen wird der Umsatz nach den bei der Ausführung dieses Umsatzes entstandenen Ausgaben bemessen. Heranzuziehen sind nur jene Ausgaben, welche zum vollen oder teilweisen Vorsteuerabzug berechtigt haben. Während somit vordergründig auf die laufenden Ausgaben abzustellen ist, werden auch Anschaffungs- und Herstellungskosten ab einem Wert von mindestens 500 € berücksichtigt. Diese sind linear entsprechend des jeweiligen Zeitraums nach § 15a UStG zu verteilen.

Für § 10 Abs. 4 Satz 1 Nr. 3 UStG gilt, dass diese Norm bei sonstigen Leistungen i. S. d. § 3 Abs. 9a Nr. 2 UStG zur Anwendung gelangt. Es werden die bei der Ausführung des Umsatzes entstandenen Ausgaben herangezogen. Ebenfalls sind Anschaffungs- oder Herstellungskosten eines Wirtschaftsgutes maßgebend, sofern diese mindestens 500 € betragen. Sie sind sodann ebenfalls entsprechend des maßgeblichen Berichtigungszeitraums nach § 15a UStG zu verteilen. Der Unterschied zu Nr. 2 besteht somit darin, dass in den Fällen der Nr. 3 nicht darauf abgestellt wird, dass die Ausgaben zum vollen oder teilweisen Vorsteuerabzug berechtigt haben.

4.2.2 Mindestbemessungsgrundlage

Unter anderem bei der vergünstigten Überlassung an Arbeitnehmer findet die sogenannte Mindestbemessungsgrundlage Anwendung. Diese ist in § 10 Abs. 5 UStG geregelt. Für den Zweck der Mindestbemessungsgrundlage gilt § 10 Abs. 4 UStG unter bestimmten Voraussetzungen entsprechend. Gleiches gilt, sofern Lieferungen oder sonstige Leistungen an Angehörige des Personals eines Unternehmers aufgrund eines Dienstverhältnisses erbracht werden. Zudem ist zu beachten, dass das Nachfolgende auch gilt, sofern Lieferungen oder sonstige Leistungen von einer Körperschaft oder Personenvereinigung an den Anteilseigner, Gesellschafter, Mitglieder, Teilhaber oder nahestehende Personen sowie von Einzelunternehmen an diesem nahestehende Personen erbracht werden, § 10 Abs. 5 Satz 1 Nr. 1 UStG.

Wie eingangs erwähnt, findet die Norm jedoch nur unter bestimmten Voraussetzungen Anwendung. Dafür ist es erforderlich, dass die Bemessungsgrundlage nach § 10 Abs. 4 UStG höher ist als das gezahlte Entgelt i. S. d. § 10 Abs. 1 UStG. Sinn und Zweck der Norm ist somit die Vermeidung missbräuchliche Gestaltungen. Zwar sind der Leistende und der Leistungsempfänger grundsätzlich frei, wenn es darum geht eine Bemessungsgrundlage zu finden. Jedoch kann es in bestimmten Fällen passieren, dass die zu zahlende Summe aufgrund persönlicher Verpflichtungen nicht fremdüblich ist. Dem soll durch die Norm entgegengewirkt werden. Wichtig ist darauf hinzuweisen, dass der Umsatz höchstens nach dem marktüblichen Entgelt bemessen wird. Sofern das Entgelt nach § 10 Abs. 1 UStG das marktübliche Entgelt übersteigt, wird auf § 10 Abs. 1 UStG zurückgegriffen.

Für die Lösung in der Klausur bedeutet dies, dass in den Fällen, in denen die Voraussetzungen des § 10 Abs. 5 UStG erfüllt sein könnten, also in den Nr. 1 und 2, jeweils zunächst § 10 Abs. 1 UStG zu prüfen ist, während danach unter Beachtung des § 10 Abs. 4 UStG der § 10 Abs. 5 UStG zu prüfen ist, um einen Vergleich der beiden Bemessungsgrundlagen vorzunehmen. In der Regel ergibt sich das Erfordernis des § 10 Abs. 5 UStG bereits aus dem Sachverhalt, sofern verschiedene Werte genannt sind, welche als Bemessungsgrundlage infrage kämen.

BEISPIEL

Adelbert Anders (A) ist Mitunternehmer einer Personengesellschaft. Tätigkeitsbereich der Gesellschaft ist ein Spielwarenhandel in der Hamburger Innenstadt. Da A für den Geburtstag seiner Tochter ein Geschenk benötigt, bedient er sich dafür am Sortiment seines Unternehmens. Er nimmt ein Brettspiel als Geschenk mit, welches im Ladengeschäft für netto 150 € verkauft wird. Die Nettoanschaffungskosten haben vor zwei Monaten 100 € betragen. Da dieses Brettspiel aktuell sehr gefragt ist, betragen die Nettoanschaffungskosten zurzeit 120 €. Bei Anschaffung des Brettspiels für das Unternehmen hat dieses den Vorsteuerabzug geltend gemacht.

Die Mitnahme des Brettspiels stellt eine gleichgestellte Lieferung gemäß § 3 Abs. 1b Satz 1 Nr. 1 UStG. Die Entnahme des Brettspiels erfolgt für Zwecke außerhalb des Unternehmens, da A dieses Spiel als Geschenk für seine Tochter nutzen möchte. In Beachtung der Ausführungen des Abschnitt 1.6 Abs. 1 Satz 2 i. V. m. Abschnitt 3.2 Abs. 1 Satz 2 bis 4 UStAE liegt ein sog. Eigenverbrauch des A vor. Da der Vorsteuerabzug bei Anschaffung des Spiels erfolgt ist, wird insoweit eine gleichgestellte Lieferung nicht behindert, § 3 Abs. 1b Satz 2 UStG. Unter Beachtung der weiteren Voraussetzungen liegt somit ein steuerbarer Umsatz nach § 1 Abs. 1 Nr. 1 UStG vor.

Die Bemessungsgrundlage ermittelt sich vorliegt in Abweichung zu § 10 Abs. 1 UStG nach § 10 Abs. 4 Satz 1 Nr. 1 UStG. Dabei handelt es sich um den Einkaufspreis im Zeitpunkt des Umsatzes. Damit ist der Umsatz nicht nach den historischen Anschaffungskosten i. H. v. 100 € zu bemessen, stattdessen sind die aktuellen Wiederbeschaffungskosten von 120 € zugrunde zu legen.

5. Grundstücksumsätze

5.1 Erwerb einer Immobilie, Vermietung und Option zur Steuerpflicht

Jahre in denen entsprechende Themen einer der Schwerpunkte der Prüfung waren: 2023, 2021, 2019, 2018, 2017, 2016

Für den Erwerb einer Immobilie, welche anschließend in der Regel vermietet wird, ergeben sich in der Klausur regelmäßig Besonderheiten. Dies folgt daraus, dass gerade bei solchen Sachverhalten das Zusammenspiel verschiedener Normen geprüft werden kann und so komplexe Sachverhalte gestaltet werden. Aus diesem Grund wird im Folgenden auf zum Teil getätigte Ausführungen innerhalb des vorliegenden Leitfadens verwiesen. Ganz grundsätzlich soll jedoch dargestellt werden, was in solchen Sachverhalten zu beachten ist, da diese Sachverhalte einen der Hauptschwerpunkte in den Prüfungen der letzten Jahre darstellten. Es wird insoweit entsprechend der in der Klausur zu prüfenden Reihenfolge verfahren.

Zunächst ist sich der Frage zuzuwenden, in welcher Weise eine bisher noch nicht vorhandene Immobilie im Sachverhalt erworben wird. Regelmäßig ist denkbar, dass ein klassischer Erwerb einer Immobilie von einer Privatperson oder einem anderen Unternehmer erfolgt. Der Erwerb einer Immobilie ist wie bereits bei den Steuerbefreiung dargestellt gemäß § 4 Nr. 9 Buchst. a UStG grundsätzlich steuerfrei (III. 4.1). An dieser Stelle ist zu beachten, dass sofern der Erwerb von einem anderen Unternehmer erfolgt, eine Option zur Steuerpflicht gemäß § 9 UStG gezogen werden kann (III. 4.2). Wie in Kapitel IV. 6 dargestellt, kommt es insoweit regelmäßig zur Anwendung des § 13b Abs. 2 Nr. 3 UStG. Eine an dieser Stelle weiter darzustellende Besonderheit ist der Erwerb der Immobilie im Rahmen einer Geschäftsveräußerung im Ganzen i. S. d. § 1 Abs. 1a UStG. Zwar gelten die Grundsätze aus Kapitel IV. 1., jedoch können sich überdies Besonderheiten ergeben. Dies liegt nicht zuletzt daran, dass Immobilien stets als wesentliche Betriebsgrundlagen zu würdigen sind und daher einen besonderen Einfluss auf das Vorliegen einer Geschäftsveräußerung im Ganzen nach § 1 Abs. 1a UStG nehmen können.

Es ist denkbar, dass es sich bei der veräußerten Immobilie um eine von mehreren Immobilien des Veräußerers handelt. Dabei ist zu differenzieren, ob die Immobilie vermietet ist oder diese leerstehend bzw. eigengenutzt ist. Hinsichtlich einer vermieteten Immobilie ist davon auszugehen, dass diese selbstständig als Vermietungsunternehmen gelten kann und daher das übertragende Teilvermögen „Immobilie" inklusive der dazugehörenden Mietverträge zu einer nichtsteuerbaren Geschäftsveräußerung im Ganzen nach § 1 Abs. 1a UStG führt.

BEISPIEL

Vermietungsunternehmer Albert Abend (A) besitzt in Hamburg fünf Mehrfamilienhäuser, welche jeweils vollständig vermietet sind. Da er kurzfristig finanzielle Mittel benötigt, veräußert er eine der Immobilien mit sechs vermieteten Wohnungen für 1 Mio. € an Bernhard Boden (B). B übernimmt sämtliche Mietverträge und führt diese fort. Es wird im Kaufvertrag vereinbart, dass eine Geschäftsveräußerung im Ganzen nach § 1 Abs. 1a UStG vorliegt.

Die Vereinbarung im Kaufvertrag ist unerheblich, da es für die umsatzsteuerliche Behandlung nur darauf ankommt, ob die Voraussetzungen einer nichtsteuerbaren Geschäftsveräußerung im Ganzen erfüllt sind. Da die Immobilie bereits für sich ein Teilvermögen darstellt und auch selbstständig als Vermietungsunternehmen fortgeführt werden kann, liegt eine Geschäftsveräußerung im Ganzen nach § 1 Abs. 1a UStG vor. Die Übernahme der Immobilien mit bestehenden Mietverträgen führt daher dazu, dass die Vermietung sofort durch den B fortgeführt werden kann und keine Unterbrechungen auftreten, welcher der Anwendung des § 1 Abs. 1a UStG entgegenstehen.

Es ist vorstellbar, dass ein Unternehmer im Rahmen seines einheitlichen Unternehmens i. S. d. § 2 Abs. 1 Satz 2 UStG eine Immobilie vermietet und diese Vermietung nicht im Zusammenhang mit der anderen wirtschaftlichen Tätigkeit steht. In diesen Fällen ist die Vermietung der Immobilie als Teil des gesamten Unternehmens zu sehen, welcher als Teilvermögen für Zwecke einer Geschäftsveräußerung im Ganzen übertragen werden kann.

Da nicht nur vermietete Immobilien veräußert werden, sondern zum Teil auch Leerstands-Immobilien, stellt sich die Frage, ob auch diese Umsätze eine Geschäftsveräußerung im Ganzen auslösen können. Nach Auffassung des BFH ist die Vermietung von leerstehenden Immobilien ohne gleichzeitig übertragende Mietverträge nicht ermöglicht. Dies liegt daran, dass der Erwerber ein Unternehmen – hier ein Vermietungsunternehmen – selbständig fortführen können muss. Die Vermietung der Immobilie ist daher in solchen Fällen ein steuerbarer und steuerfreier Umsatz nach § 4 Nr. 9 Buchst. a UStG, sofern keine Option zur Steuerpflicht nach § 9 Abs. 1 und Abs. 3 UStG im notariellen Kaufvertrag wirksam vereinbart wurde. Wurde die Option hingegen wirksam gezogen, ist zu beachten, dass der Umsatz entsprechend der o. g. Ausführungen nach § 13b Abs. 2 Nr. 3 i. V. m. Abs. 5 UStG zur Steuerschuldnerschaft des Leistungsempfängers führt, sofern der Erwerber Unternehmer ist, was bei Anwendung der Option nach § 9 UStG angenommen werden sollte.

Unterschiedlichen Würdigungen zugänglich ist der Erwerb teilweise vermieteter Immobilien, da dabei verschiedene Fallkonstellationen denkbar sind. Im Grunde ist auch in diesen Fällen zu entscheiden, welche Verwendungsabsicht, für die nicht vermieteten Flächen der Immobilie gelten und ob der Erwerber für diese Flächen ebenfalls beabsichtigt eine Vermietung durchzuführen bzw. diese fortzusetzen. Abhängig von der Verwendungsabsicht ist zu beurteilen, ob die teilweise vermietete Immobilie ebenfalls zu einer Geschäftsveräußerung im Ganzen führt, sofern diese übertragen wird. Bei teilweiser Eigennutzung und teilweiser Vermietung sollte für Zwecke der Geschäftsveräußerung im Ganzen eine Aufteilung der Veräußerung in einen nichtsteuerbaren und einen steuerbaren Teil vorzunehmen sein. Nach Auffassung der Verwaltung (Abschnitt 1.5 Abs. 2 Satz 5 und 6 UStAE) liegt eine Geschäftsveräußerung im Ganzen vor, soweit das Vermietungsunternehmen übertragen wird.

Sofern die Immobilie im Unternehmen vorliegt, können Vermietungsumsätze aus diesem heraus durchgeführt werden. Dabei ist zu beachten, dass Vermietungen grundsätzlich steuerfreie Umsätze gemäß § 4 Nr. 12a UStG sind. Auch hier sind die Optionsregeln des § 9 UStG bei der Prüfung der Klausur auf jeden Fall zu beachten. Es gelten die oben genannten Hinweise auf die Ausführungen zur Option zur Steuerpflicht. Wie im folgenden Kapitel zum Vorsteuerabzug bei Grundstücken unter 5.2 dargestellt werden wird, hat die entsprechende Option auch Auswirkungen auf den Vorsteuerabzug.

Bereits an den vorgenannten Ausführungen zeigt sich, dass viele komplexe umsatzsteuerliche Fragestellungen an Grundstücksumsätze anknüpfen. Gerne werden solche Sachverhalte auch verwendet, um im Weiteren noch die Fragestellungen des § 15a UStG zu prüfen (IV. 7.2). Die Fragestellungen des § 15a UStG können sich unter anderem dadurch ergeben, dass die Vermietung von einzelnen Etagen geändert wird, sich ansonsten Nutzungsänderungen am Gebäude ergeben, aber auch eine Veräußerung der Immobilie in Teilen oder im Ganzen erfolgt. Sodann sind Fragestellungen zur jeweiligen Veräußerung der Immobilie zu klären sowie in den Fokus zu nehmen, ob ggf. wiederum eine Geschäftsveräußerung im Ganzen gegeben sein kann.

Eine weitere Schwierigkeit, welche sich bei Grundstücksumsätzen ergeben kann, liegt darin, dass ggf. Erweiterungen am Grundstück vorgenommen werden oder Reparaturarbeiten ausgeführt werden. In diesen Fällen ist die Komplexität einerseits dadurch gegeben, dass der Vorsteuerabzug in Bezug auf die Vermietungsverhältnisse der Immobilie oder deren weitergehende Nutzung unterschiedlich sein kann (IV. 5.2). Zudem können sich auch wieder Fragestellungen einer Vorsteuerberichtigung ergeben.

Der gesamte Komplex der Immobilienumsätze wird an praktischen Fällen in den Übungsklausuren unter V. ausführlich dargestellt. An dieser Stelle soll indes noch ein Beispielsfall zur Option zur Steuerpflicht gemäß § 9 UStG mit Anwendung des § 13b UStG der Verdeutlichung dienen.

BEISPIEL

Der A erwirbt vom B eine in Hamburg belegene Immobile. Mit notariellem Kaufvertrag vom 13.5.2024 wurde ausdrücklich unter vollumfänglichem Verzicht auf etwaige Steuerbefreiungen zwischen A und B ein Gesamtkaufpreis von 900.000 € vereinbart. Nutzen und Lasten gingen vertragsgemäß zum 31.5.2024 auf A über.

Im Sachverhalt erbringt B mit der Veräußerung der Immobilie eine Lieferung gemäß § 3 Abs. 1 UStG. Ort dieser ruhenden Lieferung ist gemäß § 3 Abs. 7 Satz 1 UStG Hamburg (= Inland, § 1 Abs. 2 Satz 1 UStG). Somit ist die Lieferung steuerbar gemäß § 1 Abs. 1 Nr. 1 UStG. Sie ist mit Übergang von Nutzen und Lasten am 31.5.2024 ausgeführt. Auf die Lieferung sind grundsätzlich die Vorschriften zur steuerbefreiten Grundstückslieferung nach § 4 Nr. 9 Buchst. a UStG anzuwenden. Dies folgt daraus, dass es sich um einen Umsatz handelt, der unter das GrESt fällt. Vorliegend konnte jedoch wirksam auf die Steuerbefreiung verzichtet und zur Umsatzsteuerpflicht optiert werden. A als Unternehmer ist Erwerber und erwirbt die Immobilie für sein Unternehmen, den Betrieb des Kaufhauses, sowie die zeitweise, jedoch absehbar endende Vermietung der übrigen Flächen. Die nach § 9 Abs. 1 UStG notwendigen Voraussetzungen sind daher erfüllt. Zudem ist der Verzicht auf die Steuerbefreiung gemäß § 9 Abs. 3 Satz 2 UStG ausdrücklich im Notarvertrag erfolgt. Die ruhende Lieferung ist somit steuerpflichtig, wobei die Bemessungsgrundlage (§ 10 Abs. 1 Satz 1 und 2 UStG) 900.000 € beträgt. Bei dem im Notarvertrag vereinbarten Gesamtkaufpreis handelt es sich um einen Betrag ohne Umsatzsteuer (§ 14a Abs. 5 Satz 2 UStG). Die Umsatzsteuer ist daher auf diesen Nettobetrag zu berechnen und beträgt bei einem Steuersatz von 19 % gemäß § 12 Abs. 1 UStG 171.000 € (900.000 € • 19 %).

Steuerschuldner ist hier nicht B, sondern A. Dies ist darauf zurückzuführen, dass es sich um einen Fall des § 13b Abs. 2 Nr. 3 UStG handelt. Es liegt ein umsatzsteuerpflichtiger Umsatz, der unter das Grunderwerbsteuergesetz fällt, vor. Gemäß § 13b Abs. 2 UStG entsteht die Umsatzsteuer mit Ausstellung der Rechnung, hier mit Abschluss des Notarvertrages (welcher als ordnungsgemäße Rechnung i. S. des Umsatzsteuerrechts zählt, Abschnitt 14.1 Abs. 2 Satz 1 UStAE) am 13.5.2024, mithin im Voranmeldungszeitraum Mai 2020. Würde noch keine Rechnung vorliegen, würde die Steuer spätestens mit Ablauf des der Ausführung der Leistung folgenden Kalendermonats, mithin im Voranmeldungszeitraum Juni 2024, entstehen. Die Steuerschuldnerschaft geht gemäß § 13b Abs. 5 Satz 1 i. V. m. § 13b Abs. 2 Nr. 3 UStG auf den Leistungsempfänger, den Unternehmer A, über.

Für den steuerbaren und steuerpflichtigen Erwerb der Immobilie nach § 13b Abs. 2 Nr. 3 UStG kann A gemäß § 15 Abs. 1 Nr. 4 UStG im selben Voranmeldungszeitraum, in welchem der Umsatz anzumelden ist, einen Vorsteuerabzug geltend machen. Es handelt sich um eine Leistung, die A für sein Unternehmen bezogen hat. Die Grenze des § 15 Abs. 1 Satz 2 UStG i. H. v. mindestens 10 % ist überschritten. Die Vorsteuer ist komplett abziehbar gemäß § 15 Abs. 1 Nr. 4 UStG. Abziehbar sind mithin 171.000 €.

5.2 Vorsteuerabzug bei Grundstücken

Jahre in denen entsprechende Themen einer der Schwerpunkte der Prüfung waren: 2023, 2021, 2019, 2018, 2016, 2014

Der Vorsteuerabzug beim Erwerb von Grundstücken kann von Besonderheiten geprägt sein. Grundsätzlich ist dieser zunächst nach § 15 Abs. 1 Satz 1 Nr. 1 UStG (bzw. den weiteren Normen des Abs. 1, siehe III. 8.1 und 8.2) möglich. Aufteilungen können sich jedoch ergeben, sofern steuerfreie Vermietungen vorgenommen werden. Zudem ergeben sich Besonderheiten aus Zuordnungswahlrechten.

So bestimmt § 15 Abs. 1b UStG, dass bei der Anschaffung von Grundstücken, welche der Unternehmer sowohl für unternehmerische als auch außerunternehmerische Zwecke nutzen möchte, diese teilunternehmerische Nutzung zu Besonderheiten führt. Der Vorsteuerabzug ist auf die unternehmerisch genutzten Teile beschränkt. Die Aufteilung und Zuordnung erfolgen grundsätzlich nach den Regelungen i. S. d. § 15 Abs. 4 UStG. Dies bedeutet, dass die bezogene Leistung, welche nur zum Teil für Umsätze verwendet wird, welche den Vorsteuerabzug erlauben, auch nur einen teilweisen Vorsteuerabzug ermöglicht. Es kommt dabei auf die wirtschaftliche Zuordnung der erhaltenen Leistung zu verschiedenen Ausgangsumsätzen an. Die Besonderheit bei Grundstücken ergibt sich daraus, dass in Abschnitt 15.17 Abs. 1 und 2 UStAE geregelt ist, dass bei Anschaffungs- oder Herstellungskosten vorrangig zu prüfen ist, ob die bezogene Leistung vorsteuerunschädlich oder vorsteuerschädlich verwendeten Gebäudeteilen zugeordnet werden kann.

Sodann ist eine Aufteilung vorzunehmen, bei der die auf die Anschaffungs- oder Herstellungskosten des Gebäudes entfallenden verbleibenden Vorsteuerbeträge entsprechend den Ausführungen in § 15 Abs. 4 UStG einer Aufteilung zu unterwerfen sind. Entsprechend ist auch mit nachträglichen Anschaffungs- oder Herstellungskosten zu verfahren. Sofern ein Gebäudeteil abgrenzbar ist, ist dieser gesondert zu beurteilen, da sich aus § 15 Abs. 4 Satz 2 UStG ergibt, dass eine sachgerechte Schätzung vorzunehmen ist. Dies bedeutet, dass sich weiterhin die Frage gestellt werden muss, wie diese Schätzung zu erfolgen hat. Gemäß Satz 3 der Norm ist mithin ein sogenannter Umsatzschlüssel nur in Ausnahmefällen zulässig. Daher ist laut Finanzverwaltung die Aufteilung entsprechend der unterschiedlich genutzten Nutzungsflächen des Gebäudes vorzunehmen, Abschnitt 15.17 Abs. 7 UStAE. Sollten keine Nutzungsflächen für die Aufteilung genannt sein, ist darauf hinzuweisen, dass auch Ertragswerte ein Indiz dafür sind, wie die Aufteilung vorzunehmen ist, Abschnitt 15.17 Abs. 7 Satz 7 UStAE.

Zusammengefasst lässt sich festhalten, dass stets dann, wenn bestimmten Teilen oder Flächen eine Leistung direkt zugeordnet werden kann, dies vorrangig zu erfolgen hat. Denkbar ist dies für Leistungen, welche sich konkret auf bestimmte Gebäudeteile beziehen, bspw. eine Reparaturmaßnahme einer bestimmten und abgrenzbaren Nutzungsfläche der Immobilie. Kann eine Leistung nicht direkt zugeordnet werden, weil diese bspw. wie eine Dachreparatur oder ein Gebäudeanstrich auf das gesamte Gebäude bezogen ist, muss in der Regel nach Nutzungsflächen aufgeteilt werden.

Entsprechende Fallbeispiele sind in den Klausurübungen unter V. zu finden. Zudem ist auf die Besonderheiten im Verhältnis zu § 15a UStG bei der Vorsteuerberichtigung hinzuweisen. Da die gesamte Immobilie im Zweifel dem Unternehmensvermögen zugeordnet ist, können Nutzungsänderungen in der Regel zu einer Korrektur führen. Diese Vorsteuerberichtigung ist in der Klausur meist der letzte Schritt der Bearbeitung. Ausführungen zur Vorsteuerberichtigung sind IV. 7.2 zu entnehmen.

6. Übergang der Steuerschuldnerschaft

Jahre in denen entsprechende Themen einer der Schwerpunkte der Prüfung waren: 2023, 2021, 2019, 2018, 2017, 2016, 2015

Ein weiterer Schwerpunkt in umsatzsteuerlichen Steuerberaterprüfungen ist die sogenannte Steuerschuldnerschaft des Leistungsempfängers gemäß § 13b UStG. Die Steuerschuldnerschaft des Leistungsempfängers wird auch als Reverse-Charge Verfahren bezeichnet. Wesentlicher Zweck der Vorschrift ist, die Sicherung des Steueraufkommens zu gewährleisten. Zudem hat die Vorschrift bei Leistungsbezügen aus dem Ausland auch eine gewisse Vereinfachungsfunktion. So wird insbesondere durch § 13b Abs. 1 UStG für im übrigen Gemeinschaftsgebiet ansässige Unternehmer und § 13b Abs. 2 Nr. 1 UStG für im Ausland ansässige Unternehmer die Möglichkeit eröffnet, bestimmte Erklärungs- und Zahlungspflichten im Inland nicht ausführen zu müssen. Erst die weiteren Vorschriften der Norm decken insbesondere bekannte Betrugsfälle des Umsatzsteuerrechts ab.

Folge der Steuerschuldnerschaft des Leistungsempfängers ist, dass der Leistungsempfänger die Steuer gem. § 13b Abs. 5 UStG schuldet, sofern die weiteren Voraussetzungen der Norm erfüllt sind. Den einzelnen Tatbeständen des § 13b UStG ist gemein, dass diese ausschließlich für steuerpflichtige Umsätze i. S. d. § 1 Abs. 1 Nr. 1 UStG anwendbar sind. Der nachfolgenden Tabelle können überblicksartig die einzelnen Tatbestände der in Klausuren vorkommende Fälle des § 13b Abs. 1 und Abs. 2 UStG zur Steuerschuldnerschaft des Leistungsempfängers entnommen werden. Diese Tatbestände sollen im Folgenden skizziert werden. Zunächst werden nachfolgend jedoch die grundsätzlichen Anwendungsbereiche betrachtet:

Norm	Art des Umsatzes	Besonderheit
§ 13b Abs. 1 UStG	Nach § 3a Abs. 2 UStG (B2B) im Inland steuerpflichtige sonstige Leistungen	Erfordernis der Ansässigkeit des Unternehmers im übrigen Gemeinschaftsgebiet, § 13b Abs. 7 Satz 2 UStG
§ 13b Abs. 2 Nr. 1 UStG	Werklieferungen und nicht unter § 13b Abs. 1 UStG fallende sonstige Leistungen	Erfordernis der Ansässigkeit des Unternehmers im Ausland, § 13b Abs. 7 Satz 1 UStG
§ 13b Abs. 2 Nr. 2 UStG	Lieferungen sicherungsübereigneter Gegenstände durch den Sicherungsgeber an den Sicherungsnehmer außerhalb der Insolvenz	Keine Anwendung bei Differenzbesteuerung nach § 25a UStG, § 13b Abs. 5 Satz 9 UStG
§ 13b Abs. 2 Nr. 3 UStG	Umsätze die unter das Grunderwerbsteuergesetz fallen	
§ 13b Abs. 2 Nr. 4 UStG	Bauleistungen, Werklieferungen, sonstige Leistungen im Zusammenhang mit Grundstücken, gerichtet auf Herstellung, Instandsetzung, Instandhaltung, Änderung und Beseitigung, nicht jedoch Planungs- und Überwachungsleistungen	Sowohl für unternehmerisch als auch nicht unternehmerisch bezogene Leistungen, sofern nachhaltige entsprechende Leistungen erbracht werden, § 13b Abs. 5 Satz 2 UStG; § 13b Abs. 2 Nr. 1 UStG bleibt von der Norm unberührt
§ 13b Abs. 2 Nr. 5 UStG	Lieferung von Gas, Elektrizität, Wärme, Kälte gemäß § 3 g UStG	Erfordernis der Ansässigkeit des Unternehmers im Ausland, § 13b Abs. 7 Satz 1 UStG; Erfordernis des Wiederverkäufers gemäß § 13b Abs. 5 Satz 3 und 4 UStG
§ 13b Abs. 2 Nr. 6 UStG	Handel mit Emissionszertifikaten	
§ 13b Abs. 2 Nr. 7 UStG	Lieferungen der in Anlage 3 zum UStG bezeichneten Gegenstände (u. a. Schlacke, Abfälle und Schrott)	Keine Anwendung bei Differenzbesteuerung nach § 25a UStG, § 13b Abs. 5 Satz 9 UStG
§ 13b Abs. 2 Nr. 8 UStG	Reinigung von Gebäuden und Gebäudeteilen	Sowohl für unternehmerisch als auch nicht unternehmerisch bezogene Leistungen, sofern nachhaltige entsprechende Leistungen erbracht werden, § 13b Abs. 5 Satz 2 UStG; § 13b Abs. 2 Nr. 1 UStG bleibt von der Norm unberührt
§ 13b Abs. 2 Nr. 9 UStG	Lieferung von Gold (Feingehalt mindestens 325/1000), Rohform, Halbzeug (Position 7108 Zolltarif), Goldplattierungen (Feingehalt mindestens 325/1000, Position 7109 Zolltarif)	Keine Anwendung bei Differenzbesteuerung nach § 25a UStG, § 13b Abs. 5 Satz 9 UStG
§ 13b Abs. 2 Nr. 10 UStG	Lieferung von Mobilfunkgeräten, Tablets Spielkonsolen, integrierten Schaltkreisen sofern Summe der Entgelte mindestens 5.000 EUR	Keine Anwendung bei Differenzbesteuerung nach § 25a UStG, § 13b Abs. 5 Satz 9 UStG
§ 13b Abs. 2 Nr. 11 UStG	Lieferungen der in Anlage 3 zum UStG bezeichneten Gegenstände sofern Summe der Entgelte mindestens 5.000 EUR (u. a. Silber, Platin, Eisen und verschiedene andere Metalle)	Keine Anwendung bei Differenzbesteuerung nach § 25a UStG, § 13b Abs. 5 Satz 9 UStG
§ 13b Abs. 2 Nr. 12 UStG	Sonstige Leistungen auf dem Gebiet der Telekommunikation.	Keine Anwendung bei Differenzbesteuerung nach § 25a UStG, § 13b Abs. 5 Satz 9 UStG

Den Einzelvorschriften des § 13b UStG ist gemein, dass diese ausschließlich für steuerpflichtige Umsätze anwendbar sind. Im Nachfolgenden werden einige der in der Tabelle bezeichneten Umsätze kurz umrissen. Hierbei liegt der Schwerpunkt insbesondere auf den Fällen, welche zuletzt häufiger in Prüfungen vorgekommen sind.

Der Ausgangsfall der Steuerschuldnerschaft des Leistungsempfängers ist § 13b Abs. 1 UStG zu entnehmen. Dabei handelt es sich um Leistungen i. S. d. § 3a Abs. 2 UStG eines im übrigen Gemeinschaftsgebiet ansässigen Unternehmers. Dies heißt, dass die Norm nur Anwendung findet, sofern ein sogenannter B2B-Umsatz vorliegt. Bestimmt sich der Ort der sonstigen Leistung nach einer abweichenden Vorschrift des § 3a UStG, kann § 13b Abs. 1 UStG nicht einschlägig sein (jedoch ggf. § 13b Abs. 2 Nr. 1 UStG, siehe im Folgenden). Stellt man sich die Frage, was ein im übrigen Gemeinschaftsgebiet ansässiger Unternehmer ist, so ist auf § 13b Abs. 7 Satz 2 UStG zu verweisen. Hinsichtlich der Nutzung von Betriebsstätten ist auf die Besonderheit im § 13b Abs. 7 Satz 3 UStG hinzuweisen. Demnach gilt ein im Ausland bzw. übrigen Gemeinschaftsgebiet ansässige Unternehmer nicht als dort ansässig, sofern der Umsatz von seiner inländischen Betriebsstätte erbracht wird.

Die Rechtsfolge ergibt sich sodann aus § 13b Abs. 5 Satz 1 UStG. Wichtig an dieser Stelle ist, dass die Norm auf die Unternehmerstellung i. S. d. § 2 Abs. 1 UStG rekurriert. Folglich lässt sich festhalten, dass für die Anwendung des § 13b Abs. 1 UStG stets das Zusammenspiel aus § 3a Abs. 2 UStG, § 13b Abs. 5 Satz 1 UStG und § 13b Abs. 7 Satz 2 UStG erforderlich ist. Es sollte daher bei der Lösung stets darauf geachtet werden, dass die entsprechenden Vorschriften vollumfänglich genannt werden.

Sofern eine nicht unter § 13b Abs. 1 UStG fallende sonstige Leistung sowie eine Werkleistung vorliegt, ergibt sich aus § 13b Abs. 2 Nr. 1 UStG, dass für einen im Ausland ansässigen Unternehmer, welcher steuerpflichtige Werklieferungen (III. 3.1.3) oder steuerpflichtige sonstige Leistungen (III. 3.2) erbringt, ebenfalls der Leistungsempfänger der Steuerschuldner ist. Die Steuerschuldnerschaft ergibt sich auch in diesen Fällen aus § 13b Abs. 5 Satz 1 UStG als Rechtsfolge. Die Definition des im Ausland ansässigen Unternehmers folgt aus § 13b Abs. 7 Satz 1 UStG. Die o. g. Besonderheiten bezüglich Betriebsstätten gelten ebenfalls. Mithin gilt hier der Dreiklang der Normen des § 13b Abs. 2 Nr. 1 UStG, § 13b Abs. 5 Satz 1 UStG und § 13b Abs. 7 Satz 1 UStG erforderlich.

Ein gerne in Klausurfällen genutzter Fallstrick ist, dass Abschnitt 13b.11 Abs. 2 Satz 2 UStAE bestimmt, dass ein ausländischer Unternehmer, welcher ein im Inland gelegenes Grundstück besitzt und steuerpflichtig vermietet, insoweit als im Inland ansässig zu behandeln ist. In diesen Fällen findet keine Steuerschuldnerschaft des Leistungsempfängers Anwendung (zu Grundstücksumsätzen zudem IV. 5.). Weiterhin kann ein Fallstrick sein, dass trotz der Anwendung des § 13b UStG eine Umsatzsteuer gesondert ausgewiesen wird. Dies ist jedoch für Zwecke der Steuerschuldnerschaft des Leistungsempfängers nicht erforderlich und untersagt. Insoweit sind die Ausführungen zu § 14c UStG zu beachten (IV. 8.2).

Ebenfalls gerne und oft in Klausuren, ist ein Zusammenspiel aus der Grundstückslieferung, welche grundsätzlich gemäß § 4 Nr. 9a UStG steuerfrei ist, mit einer Optionsausübung nach § 9 Abs. 1 UStG. Wird in diesen Fällen zur Umsatzsteuerpflicht optiert, findet gemäß § 13b Abs. 2 Nr. 3 UStG die Steuerschuldnerschaft des Leistungsempfängers Anwendung (IV. 5.1). Entsprechende Fallkonstellationen können den Übungsklausuren unter V. entnommen werden. Zudem findet sich in IV. 5.1 ein Beispielsfall.

Weiterhin sind ein komplexes Feld des § 13b UStG die Bauleistung in Abs. 2 Nr. 4. Damit in diesen Fällen die Steuerschuldnerschaft des Leistungsempfängers zur Anwendung gelangt, reicht es nicht aus, dass der Empfänger Unternehmer ist. Vielmehr muss der Leistungsempfänger selbst nachhaltig entsprechende Bauleistungen erbringen. Ob dies gegeben ist, ergibt sich in aller Regel aus den Ausführungen im Sachverhalt. Geregelt ist das Erfordernis in § 13b Abs. 5 Satz 2 UStG. Zudem sollte in der Klausurbearbeitung stets darauf geachtet werden, dass die Steuerschuldnerschaft des Leistungsempfängers bei Bauleistungen auch dann zur Anwendung gelangt, wenn der Unternehmer, der nachhaltig selber Bauleistungen erbringt, die bezogene Bauleistung nicht für sein eigenes Unternehmen bezieht. Aufgrund des Wortlautes in § 13b Abs. 5 Satz 2 UStG, findet die Norm nämlich auch Anwendung, wenn der Unternehmer Bauleistungen für bspw. seinen Privatbedarf bezieht.

Zudem kann es sich als wichtig erweisen, darauf hinzuweisen, dass das Reinigen von Gebäuden und Gebäudeteilen gemäß § 13b Abs. 2 Nr. 8 UStG ebenfalls die Steuerschuldnerschaft des Leistungsempfängers auslösen kann. Es gibt zu beachten, dass in solchen Fällen nicht lediglich daran gedacht wird bei Eingangsumsätzen einen Vorsteuerabzug geltend zu machen, sondern ggf. auch die Anwendung des § 13b Abs. 2 Nr. 8 UStG zu prüfen. Wie bei Bauleistungen gilt insoweit zu beachten, dass die Norm nur Anwendung findet, wenn es sich bei dem Leistungsempfänger um einen Unternehmer handelt, der seinerseits nachhaltig Reinigungsleistungen erbringt, § 13b Abs. 5 Satz 5 UStG.

Ebenfalls schnell zu Problemen kann die Situation führen, dass die Entstehung der Steuer in § 13b Abs. 1 UStG und § 13b Abs. 2 UStG nicht nur unterschiedlich von § 13 UStG geregelt ist, sondern sich auch noch an sich unterschiedlich verhält. So entsteht die Umsatzsteuer gemäß § 13b Abs. 1 UStG mit Ablauf des Voranmeldungszeitraums, in dem die Leistungen ausgeführt worden sind. Gemäß § 13b Abs. 2 UStG entsteht die Umsatzsteuer mit Ausstellung der Rechnung, spätestens jedoch mit Ablauf des der Ausführung der Leistung folgenden Kalendermonats. Für den Vorsteuerabzug gibt indes nur eine Norm, sowohl für § 13b Abs. 1 als auch Abs. 2 UStG. Nach § 15 Abs. 1 Satz 1 Nr. 4 UStG ist die Steuer für Leistungen i. S. d. § 13b Absatz 1 und 2 UStG, die für das Unternehmen eines Unternehmers ausgeführt worden sind, abziehbar. Es ist mithin auf die Ausführung der Leistung abzustellen. Soweit die Steuer auf eine Zahlung vor Ausführung dieser Leistungen entfällt, ist sie abziehbar, wenn die Zahlung geleistet worden ist.

In Beachtung der verschiedenen Möglichkeiten von Fällen gemäß § 13b UStG und der Chance, dass entsprechende Fälle in Klausuren aufgenommen werden, sollte die Norm stets im Hinterkopf behalten werden und die Grundfälle sollten sicher beherrscht werden. Es ist anzuraten sich intensiv mit den unterschiedlichen Gegebenheiten des § 13b UStG auseinander zu setzen. Insbesondere in Fällen, in denen der Sachverhalt bereits darauf hindeutet, dass es sich um einen Fall der Steuerschuldnerschaft des Leistungsempfängers handeln könnte, sollte selbst wenn die Voraussetzungen nicht erfüllt sind, eine Abgrenzung zu § 13b UStG vorgenommen werden.

Weitere Übungsfälle zu diesem Themenkomplex ergeben sich aus den unter V. dargestellten Klausurübungen.

7. Vorsteuerabzug und Vorsteuerberichtigung

7.1 Ausschluss vom Vorsteuerabzug

Jahre in denen entsprechende Themen einer der Schwerpunkte der Prüfung waren: 2023, 2018, 2015

Wie eingangs dargestellt, ist unter bestimmten Voraussetzungen ein Vorsteuerabzug möglich. Immer wieder kommt es jedoch in der Klausur vor, dass zwar grundsätzlich die Voraussetzungen für einen Vorsteuerabzug erfüllt sein könnten, dieser jedoch aufgrund weiterer Vorgaben des § 15 UStG scheitert. Häufige Fälle der Einschränkung des Vorsteuerabzugs bzw. des Ausschlusses dieses finden sich in § 15 Abs. 1a bis 4 UStG (siehe hinsichtlich Besonderheiten bei Immobilien auch IV. 5.2).

So sind zunächst gemäß § 15 Abs. 1a UStG die Vorsteuerbeträge nicht abziehbar, sofern diese auf Aufwendungen entfallen, für welche ein ertragsteuerliches Abzugsverbot gemäß § 4 Abs. 5 Satz 1 Nr. 1 bis 4, Nr. 7 oder des § 12 Nr. 1 EStG gilt. Eine Besonderheit ergibt sich dahingehend, dass das Abzugsverbot nicht zur Anwendung gelangt, sofern Bewirtungsaufwendungen gemäß § 4 Abs. 5 Satz 1 Nr. 2 EStG vorliegen und diese dem Grunde und der Höhe nach angemessen und nachgewiesen sind. Entsprechende Ausführung über die Angemessenheit und den Nachweis in solchen Fällen sollten dem Sachverhalt bzw. den Bearbeitungshinweisen entnommen werden können. Es kann sich insoweit ein Auseinanderfallen der ertragsteuerlichen Betriebsausgaben und des für Zwecke der Umsatzsteuer maßgeblichen Vorsteuerabzugs ergeben. Mithin können 100 % der Vorsteuerbeträge auf Bewirtungsaufwendungen abzugsfähig sein, sofern diese angemessen und nachgewiesen sind.

Eine Aufteilung des Vorsteuerabzugs kann sich aus § 15 Abs. 1b UStG ergeben. Sofern der Unternehmer nämlich ein Grundstück sowohl für Zwecke des Unternehmens als auch für außerhalb seines Unternehmens liegende Zwecke verwendet, ist eine entsprechende Aufteilung vorzunehmen. Siehe zur weiteren Anwendung IV. 5.2.

Eine weitere Besonderheit beim Vorsteuerabzug stellt § 15 Abs. 2 Nr. 1 UStG dar. Demnach ist der Vorsteuerabzug ausgeschlossen, sofern Lieferungen, die Einfuhr, der innergemeinschaftliche Erwerb von Gegenstellen sowie sonstige Leistungen für die Ausführung steuerfreier Umsätze i. S. d. § 4 UStG verwendet werden. Dies bedeutet zunächst, dass für sämtliche steuerfreie Umsätze der Vorsteuerabzug ausgeschlossen ist. Blickt man jedoch zurück auf die Ausführungen zu den steuerfreien Umsätzen, so kann man sich in Erinnerung rufen, dass für bestimmte steuerfreie Umsätze dennoch ein Vorsteuerabzug möglich sein soll (III. 4.1). Es handelt sich insoweit um die als echte Steuerbefreiungen bezeichneten Steuerbefreiungen. Um dies zu erreichen, arbeitet das Umsatzsteuergesetz mit einer Rückausnahme vom Ausschluss des Vorsteuerabzug. Dieser ist in § 15 Abs. 3 Nr. 1 UStG für die Fälle der steuerfreien Umsätze geregelt. Die für Klausursachverhalte schwerpunktmäßig anzuwendende Norm ist dabei § 15 Abs. 3 Nr. 1a UStG. Demnach erfolgt eine Wiederzulassung zum Vorsteuerabzug stets dann, wenn steuerfreie Umsätze nach § 4 Nr. 1 bis 7 UStG erbracht werden. Mithin von besonderer Bedeutung ist die Norm somit für innergemeinschaftliche Lieferungen und Ausfuhrlieferungen (IV. 3.2). Bei diesen echten Steuerbefreiungen ist somit der Vorsteuerabzug nicht ausgeschlossen. Gerne findet sich im Klausursachverhalt insoweit eine Kombination der Normen zum innergemeinschaftlichen Lieferung und des Vorsteuerabzugs mit Ausschluss und Wiederzulassung.

Ein kurzer Verweis auf § 15 Abs. 4 UStG (IV. 5.2): Diese Norm findet Anwendung, sofern ein Unternehmer einen für sein Unternehmen gelieferten, eingeführten oder innergemeinschaftlich erworbenen Gegenstand bzw. eine sonstige Leistung nur zum Teil zur Ausführung von Umsätzen verwendet, welche den Vorsteuerabzug ausschließen. In diesen Fällen ist jeweils nur der Teil der Vorsteuerbeträge nicht abziehbar, der dem zum Ausschluss vom Vorsteuerabzug führenden Umsätzen wirtschaftlich zuzurechnen ist. Wie die Norm bereits in Satz 1 besagt, kann der nicht abziehbare Teilbetrag im Wege einer sachgerechten Schätzung ermittelt werden. Beispielsweise kann die Schätzungsgrundlage bei der Vermietung von Grundstücken auf den Quadratmetern liegen. Entsprechende Schätzungsgrundlagen sollten in Klausursachverhalten stets vorgegeben sein. Sofern eine Aufteilung nach Umsätzen, welche zum Vorsteuerabzug berechtigen, vorgegeben ist, kann dies nur nachrangig Anwendung finden. Sollte indes in der Klausur ein weiterer denkbarer und möglicher Aufteilungsmaßstab ersichtlich sein, ist dieser zu bevorzugen.

7.2 Vorsteuerberichtigungen

Jahre in denen entsprechende Themen einer der Schwerpunkte der Prüfung waren: 2023, 2021, 2019, 2018, 2017, 2015, 2014

Die Prüfung des Vorsteuerabzugs gemäß § 15 Abs. 1 UStG erfolgt im Zeitpunkt des Bezugs der Eingangsleistung. Es wird auf die Verwendungsabsicht im Zeitpunkt des Leistungsbezugs abgestellt. Dies heißt, dass die sogenannten ursprünglichen und maßgeblichen Verhältnisse für den Vorsteuerabzug von Bedeutung sind. Nicht selten kann es jedoch passieren, dass die tatsächliche Verwendung eines Wirtschaftsgutes, welches für das Unternehmen bezogen wurde, von der bisherigen Verwendungsabsicht abweicht. In diesen Fällen ist es erforderlich, dass die Berichtigung des Vorsteuerabzugs geprüft wird. Die Prüfung der Berichtigung des Vorsteuerabzugs erfolgt nach § 15a Abs. 1 UStG. Der Norm kommt sowohl in der Praxis als auch in der Klausur eine erhebliche Bedeutung zu, da Berichtigungen des Vorsteuerabzugs nicht nur einen komplexen Charakter haben, sondern häufig auch rechnerisch schwierig zu ermitteln sind.

Ausgangspunkt der Berichtigung des Vorsteuerabzugs nach § 15a Abs. 1 UStG ist, dass sich bei einem Wirtschaftsgut, welches nicht nur einmalig zur Ausführung von Umsätzen verwendet wird, die für den ursprünglichen Vorsteuerabzug maßgeblichen Verhältnisse innerhalb eines definierten Berichtigungszeitraums ändern. Eine Berichtigung erfolgt nur in den Fällen einer sogenannten vorsteuerrelevanten Nutzungsänderung. Diese ist sodann zugunsten und zu Ungunsten des Unternehmers möglich. Für die Vorsteuerrelevanz der Änderung ist darauf abzustellen, wie sich die tatsächliche Verwendung eines Wirtschaftsgutes im Berichtigungszeitraums, zu dem für den ursprünglichen Vorsteuerabzug maßgeblichen Verhältnissen verhält. Zur Klausurlösung hat es sich bewährt, dass der prozentuale Anteil der vorsteuerunschädlichen Verwendung ermittelt wird und in das Verhältnis zu den beabsichtigten vorsteuerschädlichen Prozentsätzen der Verwendung im Zeitpunkt des ursprünglichem Vorsteuerabzugs gesetzt wird. Zu beachten ist, dass sofern die Nutzungsänderung außerhalb des Berichtigungszeitraums geschehen ist, diese nicht von Bedeutung ist.

Der umsatzsteuerliche Berichtigungszeitraum ist in § 15a Abs. 1 UStG geregelt. Für bewegliche Wirtschaftsgüter liegt der Zeitraum bei fünf Jahren, mithin 60 Monaten und für Grundstücke bei zehn Jahren, mithin 120 Monaten. Grundsätzlich beginnt der Berichtigungszeitraum mit der tatsächlichen erstmaligen Verwendung des entsprechenden Wirtschaftsguts. Eine wichtige klausurrelevante Besonderheit ist jedoch, dass sich aus § 45 UStDV Vereinfachungsregelungen ergeben. Demnach gilt: endet der Berichtigungszeitraum vor dem 16. eines Kalendermonats, so muss dieser Monat für die Ermittlung des Berichtigungszeitraums unberücksichtigt bleiben. Endet der Berichtigungszeitraum indes nach dem 15. eines Kalendermonats, so wird dieser Monat bei der Ermittlung des Berichtigungszeitraums vollständig berücksichtigt. Mithin wirkt sich § 45 UStDV auch auf den Beginn des Berichtigungszeitraums aus.

Sollte es zu einer Veräußerung oder unentgeltlichen Wertabgabe eines Wirtschaftsgutes kommen, so wird nach den Vorgaben im Gesetz davon ausgegangen, dass das Wirtschaftsgut fiktiv für Zwecke der Vorsteuerberichtigung bis zum Ablauf des jeweiligen Besteuerungszeitraums weiterhin im Unternehmen genutzt wird, § 15a Abs. 8 i. V. m. Abs. 9 UStG. Dies bedeutet in der Folge, dass sofern die Veräußerung oder unentgeltliche Wertabgabe eines Wirtschaftsgutes steuerpflichtig erfolgt, auch die fiktive Nutzung als steuerpflichtig gilt. Umgekehrt ist in den Fällen, in denen die Veräußerung oder unentgeltliche Wertabgabe steuerfrei erfolgt auch die fiktive Nutzung als steuerfrei einzustufen.

In Beachtung dessen, dass für den Berichtigungszeitraum auf die jeweiligen Monate abgestellt wird, ist die abziehbare Vorsteuer bei der Durchführung der Berichtigung auch anteilig genau auf die jeweiligen Monate des Berichtigungszeitraums zu verteilen. Ergibt sich, dass sofern die Vorsteuer in ihrer Abzugsfähigkeit nach den Verhältnissen im zu prüfenden Berichtigungszeitraum anders zu beurteilen ist, als dies zum Zeitpunkt des ursprünglichen Vorsteuerabzugs der Fall war, so ist in der entsprechenden Höhe der vorsteuerrelevanten Nutzungsänderung die Berichtigung durchzuführen. Berechnungsgrundlage ist stets der anteilig auf das entsprechende Berichtigungsjahr entfallende und abziehbare Vorsteueranteil. In der praktischen Umsetzung wird dieser mit dem Prozentsatz der vorsteuerrelevanten Nutzungsänderung multipliziert.

Bei diesen Berechnungsschritten sind ebenfalls Vereinfachungsregelungen zu berücksichtigen. Diese ergeben sich aus § 44 UStDV. In § 44 Abs. 1 UStDV ist geregelt, dass eine Berichtigung des Vorsteuerabzugs unterbleibt, sofern der Vorsteuerbetrag der auf die Anschaffungs- oder Herstellungskosten entfällt 1.000 € nicht übersteigt. Als Merkwert kann insoweit festgehalten werden, dass bei einem Steuersatz von 19 % die Anschaffungskosten mindestens 5.264 € betragen müssen, während bei Anwendung des Steuersatzes von 7 % 14.286 € Anschaffungskosten vorliegen müssen, damit es überhaupt zu einer Vorsteuerberichtigung kommt. Sind diese Voraussetzungen gegeben, so kann auch für das konkrete Jahr eine Berichtigung unterbleiben, wenn gemäß § 44 Abs. 2 UStDV die Änderung der entsprechenden Verhältnisse weniger als 10 % beträgt und der sich dabei ergebende rechnerische Berichtigungsbetrag 1.000 € nicht übersteigt.

Eine weitere Vereinfachung ist § 44 Abs. 3 UStDV zu entnehmen. Die Vorsteuerberichtigung hat nämlich grundsätzlich bereit im Voranmeldungsverfahren für das laufende Kalenderjahr zu erfolgen. Nach der genannten Norm ist die Berechtigung jedoch einheitlich am Ende des Besteuerungszeitraums, mithin in der Umsatzsteuerjahreserklärung durchzuführen, wenn der Ausgangsbetrag der Vorsteuer 6.000 € nicht übersteigt. In den Fällen der Veräußerung oder unentgeltlichen Wertabnahme ist die gesamte Vorsteuerberichtigung für den restlichen Berichtigungszeitraum bereits in dem Voranmeldungszeitraum vorzunehmen, in dem der entsprechende Vorgang durchgeführt wurde.

Sofern es sich um ein Wirtschaftsgut handelt, das nur einmalig zur Ausführung eines Umsatzes verwendet wird und bei dem sich die für den ursprünglichen Vorsteuerabzug maßgeblichen Verhältnisse ändern, ist die komplette Berichtigung des Vorsteuerabzugs im Besteuerungszeitraum der Verwendung vorzunehmen, § 15a Abs. 2 UStG. Die weiteren Besonderheiten des § 15a UStG in den jeweiligen Absätzen sollen im Folgenden überblicksartig in einer Tabelle zusammengestellt werden.

Norm des Sonderfalls der Vorsteuerberichtigung bzw. des entsprechenden Vorgangs	**Bezeichnung des maßgeblichen Vorgangs der Vorsteuerberichtigung**
§ 15a Abs. 3 UStG	In Wirtschaftsgut geht nachträglich anderer Gegenstand ein und verliert körperliche und wirtschaftliche Eigenart endgültig bzw. an Wirtschaftsgut wird sonstige Leistung ausgeführt, so gelten für ursprünglichen Vorsteuerabzug maßgebenden Verhältnisse entsprechend; Beachte: gehen mit einer Maßnahme mehrere Gegenstände in ein Wirtschaftsgut ein oder werden mehrere sonstige Leistungen ausgeführt, ist Berichtigungsobjekt zusammenzufassen; Änderung auch, wenn das Wirtschaftsgut ohne Anwendung des § 3 Abs. 1b UStG entnommen wurde.
§ 15a Abs. 4 UStG	§ 15a Abs. 1 und 2 UStG für sonstige Leistungen, die nicht unter § 15a Abs. 3 Satz 1 UStG fallen, entsprechend anzuwenden, sofern in der Steuerbilanz ein Aktivierungsgebot bestünde; nicht jedoch soweit sonstige Leistungen, für die Leistungsempfänger für den Zeitraum vor Ausführung der sonstigen Leistung einen Vorsteuerabzug vornehmen konnte
§ 15a Abs. 5 UStG	Bei Anwendung des § 15a Abs. 1 UStG ist für jedes Kalenderjahr der Änderung bei Satz 1 1/5 und bei Satz 2 1/10 der auf das Wirtschaftsgut entfallenden Vorsteuerbeträge zu berücksichtigen; kürzere Verwendungsdauer ist entsprechend zu berücksichtigen
§ 15a Abs. 6 UStG	Nachträgliche Anschaffungskosten führen entsprechend des jeweiligen Sachverhalts zu einer Änderung gemäß § 15a Abs. 1 bis 5 UStG
§ 15a Abs. 6a UStG	Auch Änderung der Verwendung nach § 15 Abs. 1b UStG führt zu Änderung der Verhältnisse i. S. d. § 15a UStG
§ 15a Abs. 7 UStG	Änderung der Verhältnisse nach § 15a Abs. 1 bis 3 UStG auch bei Übergang von allgemeiner Besteuerung zur Kleinunternehmerregelung § 19 Abs. 1 UStG und umgekehrt
§ 15a Abs. 8 UStG	Änderung der Verhältnisse auch, wenn verwendungsfähiges Wirtschaftsgut, das nicht nur einmalig zur Ausführung von Umsätzen verwendet wird, vor Ablauf des maßgeblichen Berichtigungszeitraums nach § 15a Abs. 1 bis 5 UStG veräußert oder nach § 3 Abs. 1b UStG mit Änderung der Verhältnisse geliefert wird; gilt auch für Wirtschaftsgüter mit teilweisen Ausschluss vom Vorsteuerabzug nach § 15 Abs. 1b UStG
§ 15a Abs. 9 UStG	Bei Anwendung des § 15a Abs. 8 UStG, ist die Änderung so durchzuführen, als wäre das Wirtschaftsgut i. S. d. § 3 Abs. 1b UStG bis zum Ablauf des Berichtigungszeitraums unter geänderten Verhältnissen weiterhin im Unternehmen verblieben
§ 15a Abs. 10 UStG	Eintreten in die Stellung des Veräußerers hat zur Folge, dass nach § 15a Abs. 10 UStG der entsprechende Berichtigungszeitraum nicht unterbrochen wird; etwaige Berichtigung des Vorsteuerabzugs muss daher der Erwerber nach § 15a Abs. 10 Satz 1 UStG vornehmen

Zur Einordnung der vorstehenden Ausführungen in Prüfungssachverhalten wird auf das nachfolgende Beispiel sowie die Ausführungen in den Übungsklausuren unter V. verwiesen.

BEISPIEL

Ludwig Listig (L) vermietet eine Immobilie im Zentrum von Hamburg. Die gesamte Immobilie wird an einen Einzelhandel vermietet. L hatte die Immobilie am 10.4.2020 zu einem Kaufpreis von 15.000.000 € erworben. Die damals im Notarvertrag wirksam ausgeübte Option, mit der zu 100 %, für die schon damals an den Einzelhandel vermieteten Gebäudeteile, auf etwaige Umsatzsteuerbefreiungen verzichtet wurde, hatte ihm einen Vorsteuerabzug i. H. von 2.850.000 € ermöglicht. Der Vorsteuerabzug war unzweifelhaft rechtmäßig. Während der gesamten Zeit als Eigentümer der Immobilie hatte L nie eine Änderung seiner Nutzungsabsichten hinsichtlich der Vermietungen vorgenommen. Er hatte immer das von ihm bereits beim Erwerb der Immobilie übernommene Mietverhältnis unverändert fortgesetzt.

Da L für die Immobilie kein Potenzial mehr sieht, verkauft er diese als unzweifelhaft nichtsteuerbare Geschäftsveräußerung im Ganzen nach § 1 Abs. 1a UStG an den Privatier Peter Protzig (P). Mit notariellem Kaufvertrag vom 14.5.2024 wurde zwischen P und L ein Gesamtkaufpreis von 20.000.000 € für die Immobilie vereinbart. Nutzen und Lasten gingen vertragsgemäß zum 31.5.2024 auf P über. Ab diesem Zeitpunkt sollte P als neuer Vermieter in den Mietvertrag mit dem Einzelhandel eintreten. Beim Kauf der Immobilie beabsichtigte der P jedoch die Vermietung von 20 % der Flächen so schnell wie möglich zu beenden, da ein Hausarzt die Flächen anmieten möchte und dafür eine attraktive Miete geboten hat. Deshalb änderte er sofort den Mietvertrag und der Einzelhandel war aufgrund konjunktureller Verschlechterung auch damit einverstanden sofort ab Juni 2024 20 % der Räumlichkeiten freigeben. So konnte der Hausarzt sofort die Räumlichkeiten übernehmen.

Aufgrund der Geschäftsveräußerung im Ganzen nach § 1 Abs. 1a UStG tritt der P nach Satz 3 in die Stellung des L. Etwaige spätere Vorsteuerberichtigungen (§ 15a UStG), hat daher der P zu tragen, § 15a Abs. 10 UStG. Durch die Vermietung an den Hausarzt hat P eine Änderung der Nutzungsverhältnisse nach § 15a Abs. 1 UStG ausgelöst. Die Vermietung ist nunmehr anders zu beurteilen als die für den ursprünglichen Vorsteuerabzug maßgeblichen Verhältnisse. Die Immobilie ist ein Wirtschaftsgut, das nicht nur einmalig zur Ausführung von Umsätzen verwendet wird. Daher beträgt der Berichtigungszeitraum nach § 15a Abs. 1 Satz 1 und 2 UStG zehn Jahre. Er beginnt im Grundsatz mit erstmaliger Verwendung am 10.4.2020 und endet mithin zehn Jahre später am 10.4.2030. Hier greift sodann allerdings § 45 Satz 1 UStDV, wonach der Berichtigungszeitraum in den Fällen, in denen dieser vor dem 16. eines Kalendermonats endet, ohne Berücksichtigung dieses Monats ermittelt wird. Berichtigungszeitraum ist daher der 1.4.2020 bis zum 31.3.2030. Eine Vereinfachung nach § 44 Abs. 1 UStDV entfällt, da die auf die Anschaffungskosten entfallende Vorsteuer die Grenze von 1.000 € überstieg.

Ermittlung des Berichtigungsbetrags für 2024:

Beabsichtigte vorsteuerunschädliche Nutzung 2024: 12 Monate • 100 % = 1200 % / 12 Monate = 100 %.

Tatsächliche vorsteuerunschädliche Nutzung 2024:

5 Monate • 100 % = 500 %

7 Monate • 800 % = 560 %

= 1.060 %/12 Monate = 88,33 %

Bisher in Abzug gebrachte Vorsteuer für 2024: 2.850.000 € • 1/10 • 100 % = 285.000 €.

Nunmehr in Abzug zu bringende Vorsteuer für 2024: 2.850.000 € • 1/10 • 83,33 % = 237.490,50 €. Die Differenz i. H. v. 47.509,50 € wurde in 2024 bisher zu viel an Vorsteuer berücksichtigt und ist zuungunsten des P zu berichtigen, sofern keine Vereinfachung nach § 44 Abs. 2 UStDV greift. Da es sich bei der Berichtigung um einen Betrag über 10 % Nutzungsänderung handelt, entfällt § 44 Abs. 2 Satz 1 UStDV. Die Vereinfachung nach § 44 Abs. 2 Satz 2 UStDV ist mithin nicht mehr zu prüfen. Der Zeitpunkt für die Berichtigung ist im Umkehrschluss zu § 44 Abs. 3 Satz 1 UStDV die monatliche Voranmeldung, da der Betrag 6.000 € übersteigt. Die verbleibenden Jahre ist ebenfalls entsprechend eine Berichtigung durch den P vorzunehmen. Der P hat jeweils die entsprechenden Vorsteuerbeträge an die Finanzverwaltung zurückzuzahlen.

7.3 Berechnungsschemata

Insbesondere die Berechnung des Berichtigungsbetrag nach § 15a Abs. 1 UStG steht im Fokus von Prüfungssituationen und folgt einem teilweise komplexen Aufbau. Daher wird nachfolgend ein Berechnungsschemata (In Anlehnung und Anpassung an Frye in: Rau/Dürrwächter, § 15a UStG, 357 ff. und eigene Schemata) dargestellt, an welchem sich bei der Berechnung des Berichtigungsbetrags orientiert werden kann. Dieses stellt nur eine Möglichkeit der Berechnung dar und kann auch für die Lösung der Klausurübungen am Ende dieses Leitfadens angewandt werden.

7.3.1 Ausgangsgröße der Vorsteuerberichtigung nach § 15a UStG

1. Verteilung der gesamten vom leistenden Unternehmer gesetzlich geschuldeten Steuern zeitanteilig auf den Berichtigungszeitraums, mithin das Jahr des Leistungsbezugs und die Jahre, die ganz oder teilweise in den Berichtigungszeitraum fallen. Bei teilweiser Berücksichtigung eines Jahres Aufteilung nach Monaten.
2. Die Ausgangsgröße je Jahr stellt den maximal Abzugs- bzw. Berichtigungsbetrag für jedes Jahr des Berichtigungszeitraums dar und ist Ausgangsgröße gemäß § 15a Abs. 1 Satz 1 UStG.
3. Bei der Verteilung muss auf jedes volle Kalenderjahr grundsätzlich ein Fünftel bzw. ein Zehntel der Vorsteuer entfallen.

7.3.2 Ursprüngliche abziehbare Vorsteuer

1. Der Vergleichsmaßstab sind die ursprünglich abziehbaren bzw. zu Recht abgezogenen Vorsteuerbeträge je Kalenderjahre innerhalb des Berichtigungszeitraums.
2. Die Werte stellen den Ausgang für den Vergleich mit den Folgejahren der Änderung dar und ist grundsätzlich jährlich gleich hoch.
3. Bei der Verteilung muss auf jedes volle Kalenderjahr grundsätzlich ein Fünftel bzw. ein Zehntel der Vorsteuer entfallen.
4. Beginnt und endet der Berichtigungszeitraum im laufenden Jahr, hat eine teilweiser Berücksichtigung durch Aufteilung nach Monaten zu erfolgen (§ 45 Satz 1 und 2 UStDV).
   - Endet der Berichtigungszeitraum vor dem 16. eines Kalendermonats, bleibt dieser Monat unberücksichtigt.
   - Endet der Berichtigungszeitraum nach dem 15. eines Kalendermonats, ist dieser Monat voll zu berücksichtigen.

7.3.3 Abziehbare Vorsteuer nach Änderung der Verhältnisse

- Der Vergleich orientiert sich daran, ob im Folgejahr ein höherer oder niedrigerer Vorsteuerabzug möglich wäre.
- Die Vergleichsgröße kann unterschiedlich hoch sein, abhängig davon, wie häufig sich die Verhältnisse geändert haben.
- Bei der Verteilung muss auf jedes volle Kalenderjahr grundsätzlich ein Fünftel bzw. ein Zehntel der Vorsteuer entfallen.
- Beginnt und endet der Berichtigungszeitraum im laufenden Jahr, hat eine teilweiser Berücksichtigung durch Aufteilung nach Monaten zu erfolgen. Gleiches gilt bei Änderungen im laufenden Jahr.

7.3.4 Berichtigungsbetrag

- Der Unterschiedsbetrag aus Schritt 2 und 3 ist als Berichtigungsbetrag für jeden Berichtigungszeitraum zu berechnen.

7.3.5 Prüfung der Bagatellgrenzen

- Prüfung des Vorsteuerabzugs hinsichtlich der gesamten Vorsteuer: Übersteigt diese nicht 1.000 EUR unterbleibt die Berichtung gemäß § 44 Abs. 1 UStDV.
- Prüfung des Vorsteuerabzugs in prozentualer Hinsicht: Liegt die Änderung der Verhältnisse bei weniger als 10 % geändert, unterbleibt für dieses Kalenderjahr die Berichtigung
- Rückausnahme der prozentualen Prüfung: Übersteigt der Berichtigungsbetrag im Jahr 1.000 EUR gemäß § 44 Abs. 2 UStDV, gilt die 10 %-Grenze nicht.

8. Sondervorschriften

8.1 Organschaft

Jahre in denen entsprechende Themen einer der Schwerpunkte der Prüfung waren: 2016, 2014

Bisweilen kam es in der Vergangenheit vor, dass umsatzsteuerliche Klausursachverhalte auch durch eine Organschaft gekennzeichnet waren. Diese ist im Allgemeinen in § 2 Abs. 2 Nr. 2 UStG geregelt. Demnach wird eine gewerbliche oder berufliche Tätigkeit nicht selbständig ausgeübt, wenn eine juristische Person nach dem Gesamtbild der Verhältnisse tatsächlich finanziell, wirtschaftlich und organisatorisch in das Unternehmen eines Organträgers eingegliedert ist. Die juristische Person ist sodann die Organgesellschaft. Es liegt eine Organschaft vor. Die Wirkung der Organschaft ist nur auf das Innenverhältnis beschränkt. Dies bedeutet, dass die einzelnen Unternehmensteile als ein Unternehmen zu behandeln sind. Grenzüberschreitende Organschaften sind bisher nicht möglich. Sofern der Organträger seine Geschäftsleitung im Ausland hat, gilt der wirtschaftlich bedeutendste Unternehmensteile im Inland als der maßgebliche Unternehmer.

Für die Klausur ist bei Organschaftsverhältnissen insbesondere von Bedeutung, dass die Organgesellschaften als unselbständig anzusehen sind. Umsätze der Organgesellschaften werden mithin dem Organträger zugerechnet. Weiterhin sind Lieferungen und sonstige Leistungen zwischen Mitglieder der Organschaft nichtsteuerbare Innenumsätze. D. h. wenn im Sachverhalt entsprechende Umsätze vorliegen, müssen diese als nichtsteuerbare Innenumsätze gewürdigt werden. Im Grunde stellt dies auch eine Erleichterung für die Bearbeitung der Klausur dar, da so ggf. der ein oder andere Umsatz weniger beurteilt werden muss. Nur der Organträger hat eine Steuernummer und muss eine Umsatzsteuererklärung abgeben. Man sollte sich jedoch nicht verwirren lassen, sofern in der Klausur davon die Rede ist, dass die Organgesellschaft eine UStID hat. Dies ist möglich und zulässig und auch Organgesellschaften müssen zusammenfassende Meldungen (§ 18a UStG) abgeben.

Wichtig ist noch darauf hinzuweisen, dass die Voraussetzungen der körperschaftsteuerlichen und gewerbesteuerlichen Organschaft nicht identisch mit denen der umsatzsteuerlichen Organschaft sind. Es sollte darauf geachtet werden bei der Bearbeitung nicht fälschlicherweise Voraussetzungen zugrunde zu legen, welche für ertragsteuerliche Zwecke gelten. Zudem ist darauf hinzuweisen, dass für die Organschaft kein Wahlrecht besteht. Mithin ist sie auch nicht vom Abschluss bestimmter Vereinbarungen abhängig und liegt unabhängig vom Willen des Unternehmers vor. Das Vorliegen der Organschaft in der Klausur muss sich aus dem Sachverhalt ergeben, indem insbesondere die Worte der finanziellen, wirtschaftlichen und organisatorischen Eingliederung erfüllt sind.

Wenn der Sachverhalt dies nicht per se voraussetzt, muss darauf geachtet werden, ob der Organträger mittelbar oder unmittelbar für die finanzielle Eingliederung mehr als 50 % der Stimmrechte der Organgesellschaft hält. Die wirtschaftliche Eingliederung verlangt indes, dass die beiden Unternehmen hinreichend eng wirtschaftlich miteinander verflochten sind. Im Sachverhalt kann sich dies derart darstellen, dass bspw. ein wesentliches Wirtschaftsgut von einer Betriebsgesellschaft durch eine Besitzgesellschaft zur Verfügung gestellt wird. Zudem können auch Vertriebsbeziehungen maßgeblich sein. Geringfügige und insoweit unerhebliche Leistungsaustausche, auch unentgeltlicher Art, genügen indes nicht. Letztlich ist für die organisatorische Eingliederung darauf abzustellen, dass bspw. der Organträger in der Lage ist, auf die Geschäftsführung der Organgesellschaft hinsichtlich der Willensbildung einzuwirken. Er muss entsprechende Entscheidungen verhindern können. Mithin muss er auch jederzeit seinen eigenen Willen bei der Organgesellschaft tatsächlich durchsetzen können. Auf Rechtsprechung des BFH zur Erweiterung der umsatzsteuerlichen Organschaft vom 2.12.2015 - VR 25/13 (BStBl 2017 II S. 547) wird verwiesen. Zudem wird nachdrücklich darauf hingewiesen, dass Außenumsätze außerhalb des Organkreises den allgemeinen Regelungen unterliegen.

8.2 § 14c UStG-Steuer

Jahre in denen entsprechende Themen einer der Schwerpunkte der Prüfung waren: 2021, 2019, 2017

Ein gerne verwendeter Fallstrick in Klausuren stellt der unrichtige oder unberechtigter Steuerausweis da. Ein unrichtiger Steuerausweis liegt vor, wenn ein Unternehmer, welcher grundsätzlich zum gesonderten Steuerausweis berechtigt ist, einen Steuerbetrag in der Rechnung gesondert ausgewiesen hat, obwohl für den Umsatz keine oder eine niedrigere Steuer geschuldet wird. Entsprechende Vorgänge sind im § 14c Abs. 1 UStG geregelt. Demnach schuldet der Unternehmer die fälschlicherweise ausgewiesene Umsatzsteuer bis zu einer etwaigen Rechnungsberichtigung. Insbesondere werden solche Fälle verwendet, wenn steuerfreie Leistungen vorliegen. Zudem ist zu beachten, dass in solchen Fällen der Leistungsempfänger die zu hoch ausgewiesen Umsatzsteuer nicht als Vorsteuer abziehen kann. Eine Korrektur ist daher nur durch Berichtigung des Rechnungsausstellers gemäß § 14c Abs. 1 Satz 2 UStG möglich. Die Frage einer zu niedrig ausgewiesenen Umsatzsteuer stellt sich in der Regel nicht, da selbst wenn dies der Fall sein sollte, der Unternehmer unabhängig des § 14c UStG stets die gesetzlich geschuldete Steuer schuldet. Jedoch darf der Leistungsempfänger als Vorsteuer nur den in der Rechnung ausgewiesenen Steuerbetrag abziehen. Auch in diesen Fällen ist jedoch eine Berichtigung möglich.

Etwas anderes wird von § 14c Abs. 2 UStG durch den unberechtigten Steuerausweis geregelt. In diesen Fällen scheitert es bereits an der grundsätzlichen Berechtigung eines Steuerausweises. Regelmäßig liegt dies daran, dass in Ermangelung mindestens eines Tatbestandsmerkmales kein umsatzsteuerlicher Vorgang gegeben ist. Denkbar sind Fälle, in dem die Rechnung von einem Unternehmer mit gesondertem Steuerausweis erteilt wird, obwohl dieser Unternehmer aufgrund eines Scheingeschäfts keine Leistung ausgeführt hat. Gleiches gilt für den Schadensersatz. Hinsichtlich des Schadensersatzes liegt nämlich kein steuerbarer Umsatz vor. Einzelheiten sind Abschnitt 1.3 UStAE geregelt. Zudem sind Fälle denkbar, für die ein Unternehmer eine Rechnung mit gesondertem Steuerausweis erteilt, in der ein tatsächlich nicht gelieferter Gegenstand aufgeführt wird. Es handelt sich um eine falsche Leistungsbezeichnung. Auch Privatpersonen und Kleinunternehmer dürfen nicht mit gesonderten Steuerausweis abrechnen. Tun Sie es dennoch, so kommt es auch hier zur Anwendung des § 14c UStG.

In den vorgenannten Fällen ist die Rechnungsberichtigung an bestimmte Voraussetzungen geknüpft. So kann diese nach § 14c Abs. 2 Satz 3 ff. UStG nur infrage kommen, sofern die sogenannte Gefährdung des Steueraufkommens beseitigt ist. Dies wird dadurch nachgewiesen, dass der Leistungsempfänger im Ergebnis keinen Vorsteuerabzug vorgenommen hat, oder diesen bereits berichtigt hat.

Betrachtet man für die Fälle des § 14c UStG die Steuerentstehung, so ist auf § 13 Abs. 1 Nr. 3 UStG zu verweist. Die Steuer entsteht in diesen Fällen insoweit mit Ausgabe der Rechnung.

HINWEIS

Es bietet sich an, in der Klausurlösung neben der Feststellung des § 14c UStG auch jeweils auf die Möglichkeiten der Berichtigung der Rechnung kurz einzugehen.

BEISPIEL

Der F verkauft einen alten LKW für 20.000 € an eine Privatperson aus Belgien, den er selbst unentgeltlich erhalten hatte. Der Transport wurde über eine Spedition veranlasst, die vom Abnehmer beauftragt wurde. Diese holte den LKW am 11.1.2024 in Hamburg ab, zahlte im Namen und für Rechnung des Abnehmers die Rechnung des F in bar und nahm den LKW mit nach Belgien. F händigte dem Spediteur eine an den Abnehmer gerichtete und ordnungsgemäße Rechnung aus, in der die Berechnung wie folgt erfolgte:

Ein 30 Jahre alter LKW	16.528,93 €
Belgische Umsatzsteuer 21 % (§ 3c UStG)	3.471,07 €
Gesamtbetrag in bar entrichtet	20.000,00 €.

Die Lieferung des LKW gemäß § 3 Abs. 1 UStG hat ihren Ort nicht gemäß § 3c UStG im übrigen Gemeinschaftsgebiet, da § 3c Abs. 1 UStG erfordert, dass die Versendung durch den Lieferer und nicht wie im vorliegenden Sachverhalt gegeben, durch den Abnehmer vorzunehmen ist. Der Lieferort bestimmt sich daher gemäß § 3 Abs. 6 Satz 1 bis 4 UStG nach dem Ort der Übergabe an den Beauftragten in Hamburg (= Inland gemäß § 1 Abs. 2 Satz 1 UStG). Da ein Entgelt für den LKW gezahlt wird, ist der Vorgang steuerbar nach § 1 Abs. 1 Nr. 1 Satz 1 UStG. Zwar gelangt der Gegenstand vom Inland in das übrige Gemeinschaftsgebiet, jedoch liegt keine gemäß § 4 Nr. 1 Buchst. b UStG steuerfreie innergemeinschaftliche Lieferung vor, da es sich beim Abnehmer weder um einen Unternehmer, noch eine juristische Person, noch den Käufer eines neuen Fahrzeugs handelt. Es greift deshalb § 6a Abs. 1 Nr. 2 UStG nicht. Damit ist die Lieferung mangels einer Steuerbefreiung nach § 4 UStG steuerpflichtig. Die Anwendung der Differenzbesteuerung wäre im vorliegenden Sachverhalt zwar grundsätzlich denkbar, erübrigt sich jedoch, da keine die Bemessungsgrundlage mindernde Differenz vorliegt. F hat den LKW unentgeltlich erhalten. Die Bemessungsgrundlage ist somit gemäß § 10 Abs. 1 Satz 1 und 2 UStG 16.806,72 € (20.000 € / 1,19). Der Steuersatz beträgt gemäß § 12 Abs. 1 UStG 19 %, der belgische Steuersatz ist unbeachtlich. Die Umsatzsteuer auf den Umsatz i. H. von 3.193,28 € entsteht gemäß § 13 Abs. 1 Nr. 1 Buchst. a Satz 1 UStG mit Ablauf des Voranmeldungszeitraums Januar 2024. Für die Umsatzsteuer ist F der Steuerschuldner gemäß § 13a Abs. 1 Nr. 1 UStG.

In der Rechnung des F erfolgt ein zu hoher Steuerausweis, wodurch § 14c Abs. 1 UStG ausgelöst wird. Der F schuldet daher den Mehrbetrag i. H. von 277,80 € (3.471,07 € - 3.193,27 €) zusätzlich zur oben genannten Umsatzsteuer. Es ist nämlich nur die deutsche Umsatzsteuer maßgebend, nicht jedoch die belgische Umsatzsteuer. Die Steuer entsteht gemäß § 13 Abs. 1 Nr. 3 UStG für den Voranmeldungszeitraum Januar 2024 und der Steuerschuldner gemäß § 13a Abs. 1 Nr. 1 UStG ist der F. Es bleibt dem F jedoch unbenommen eine Berichtigung entsprechend § 17 Abs. 1 UStG durchzuführen und dadurch den unrichtigen Steuerausweis zu korrigieren, § 14c Abs. 1 Satz 2 UStG.

8.3 Kleinunternehmerregelung

Jahre in denen entsprechende Themen einer der Schwerpunkte der Prüfung waren: 2020, 2017

Bisweilen kam es in der Vergangenheit vor, dass in einer über zwei Jahre gestreckten Umsatzsteuerklausur die Kleinunternehmerregelung nach § 19 UStG für mindestens ein Jahr Anwendung gefunden hat und zu prüfen war. Die maßgebliche Umsatzgrenze liegt mittlerweile bei 22.000 € pro Jahr. Sofern die grundsätzlich umsatzsteuerpflichtigen Tätigkeiten jährlich unter dieser Grenze liegen, wird die Umsatzsteuer nicht erhoben. Ein Verzicht ist jedoch gemäß Abs. 2 der Norm möglich, bindet den Unternehmer indes aber für fünf Jahre.

Die Umsatzgrenze ergibt sich aus dem Gesamtumsatz gemäß § 19 Abs. 3 UStG. Wichtig ist hervorzuheben, dass grundsätzlich alle Einnahmen abzuziehen sind, die aus steuerfreien Umsätzen stammen, für welche der Vorsteuerabzug ausgeschlossen ist. Indes ist ein Abzug nicht vorzunehmen, wenn wirksam gemäß § 9 UStG optiert wurde. Eine weitere wichtige Besonderheit ergibt sich bei schwankenden Einnahmen daraus, dass die Einnahmen voraussichtlich im laufenden Kalenderjahr 50.000 € nicht übersteigen dürfen. Sollte der Unternehmer seine Tätigkeit im Laufe eines Jahres beginnen, gilt es ebenfalls Besonderheiten zu beachten. Demnach ist der tatsächliche Gesamtumsatz im Erstjahr in einen Jahresumsatz umzurechnen, § 19 Abs. 3 Satz 3 UStG.

Folge der Kleinunternehmerregelung ist, dass in den Rechnungen des Unternehmers keine Umsatzsteuer ausgewiesen werden darf. Zudem ist kein Vorsteuerabzug durch den Unternehmer möglich und es müssen keine Voranmeldungen abgegeben werden. Die Abgabe einer jährlichen Steuererklärung ist jedoch erforderlich.

Zu beachten ist jedoch, dass es in den Fällen, in welchem die Kleinunternehmerregelung in der Klausur vorkommt, zu einem Wechsel der Besteuerungsform kommen wird. Dies kann zum einen darauf zurückzuführen sein, dass entsprechende Grenzen gerissen werden. Andererseits kann auch ein wirksamer Verzicht vorliegen (19 Abs. 2 UStG). Hierbei ist zu beachten, dass Umsätze vor Übergang zur Regelbesteuerung noch unter die Kleinunternehmerregelung fallen, auch wenn die Einnahmen erst nach dem Übergang erfolgen. Erst Umsätze, die nach dem Übergang ausgeführt wurden, unterliegen der Regelbesteuerung. Zudem kann mit dem Wechsel der Besteuerungsform stets eine Vorsteuerberichtigung gemäß § 15a UStG verbunden sein. Sollte daher in der Klausur ein Kleinunternehmerfall vorliegen, nutzt der Ersteller dies gerne um § 15a UStG zu prüfen (IV. 7.2).

8.4 Reiseleistungen

Jahre in denen entsprechende Themen einer der Schwerpunkte der Prüfung waren: 2017

Reiseleistungen spielten in den vergangenen Jahren bei Steuerberaterprüfungen im Umsatzsteuerrecht nur eine geringe Rolle. Aus diesem Grund soll nur im Allgemeinen kurz auf die Norm hingewiesen werden. Demnach ist in den Fällen der Reiseleistungen nach § 25 UStG eine Margenbesteuerung vorzunehmen, sofern ein Reiseveranstalter zur Ausführung seiner Reiseleistungen Reisevorleistungen von Dritten in Anspruch nimmt. Dies können unter anderem die Beförderung zu den Reisezielen sowie Unterbringung und Verpflegung sein. Die Reisevorleistungen sind mithin zu einer Reise gebündelt, welche der Reiseveranstalter im eigenen Namen erbringt. Auch liegt eine Reiseleistung vor, wenn der Unternehmer nur eine Leistung wie bspw. die Vermietung einer Ferienwohnung ohne die zusätzliche Anreise oder Verpflegung erbringt. Mithin sind Reisevorleistung alle Leistungen, die von einem Dritten erbracht werden und einem Reisenden unmittelbar zugutekommen.

Leistungsempfänger der Reiseleistungen ist mithin der Besteller der Reiseleistung. § 25 findet indes keine Anwendung, soweit Reiseleistungen für das Unternehmen des Leistungsempfängers bestimmt sind. In diesen Fällen erfolgt die Besteuerung nach den allgemeinen Vorschriften des Umsatzsteuergesetzes, Abschnitt 25.1 Abs. 2 UStAE. Die Ortsbestimmung der Reiseleistungen erfolgt nach § 3a Abs. 1 UStG, da diese stets an Privatpersonen erbracht werden müssen. Alle bei der Durchführung der maßgeblichen Reise erbrachten Leistungen sind als sogenannte einheitliche sonstige Leistung des Reiseveranstalters zusammenzufassen.

Sodann ist der sich ergebende Differenzbetrag in Form der Marge nach § 25 Abs. 3 UStG der allgemeinen Besteuerung zu unterwerfen. Die Umsatzsteuer gehört dabei nicht zur Bemessungsgrundlage. Für die Reisevorleistungen darf der diese in Anspruch nehmende Unternehmer indes keinen Vorsteuerabzug geltend machen. Dies ergibt sich aus § 25 Abs. 4 UStG.

8.5 Differenzbesteuerung

Jahre in denen entsprechende Themen einer der Schwerpunkte der Prüfung waren: 2022, 2014

Bisweilen enthält die Steuerberaterprüfung im Umsatzsteuerteil auch ein Fall der Differenzbesteuerung nach § 25a UStG. Dabei ist zu beachten, dass es sich bei der Norm um eine besondere Besteuerungsform neben der Regelbesteuerung und der Kleinunternehmerbesteuerung (IV. 8.3) handelt. Die Differenzbesteuerung gilt nur für bestimmte Umsätze, ansonsten gelten die allgemeinen Regelungen. Zweck ist es etwaige Wettbewerbsnachteile unternehmerischer Wiederverkäufer gegenüber der Veräußerung durch Privatpersonen zu kompensieren. Die Steuerentstehung für solche Fälle ist nach § 13 Abs. 1 Nr. 1 Buchst. a und b UStG geregelt.

Die Voraussetzungen der Differenzbesteuerung sind, dass eine Lieferung i. S. d. § 1 Abs. 1 Nr. 1 UStG von beweglichen körperlichen Gegenständen vorliegen muss und der Unternehmer als Wiederverkäufer i. S. d. § 25a Abs. 1 Nr. 1 UStG qualifiziert ist. Wiederverkäufer ist ein Unternehmer, welcher gewerbsmäßig, also mit einer gewissen Nachhaltigkeit, mit beweglichen körperlichen Gegenständen handelt, bzw. öffentliche Versteigerungen dieser im eigenen Namen vornimmt. Es muss mithin eine Wiederverkaufsabsicht im Zeitpunkt der Anschaffung vorliegen. Zudem müssen die Gegenstände im Wesentlichen unverändert weiterverkauft werden. Es sind lediglich Schönheitsreparaturen zulässig.

Der Gegenstand bei der Differenzbesteuerung muss an den Wiederverkäufer im Gemeinschaftsgebiet geliefert worden sein. Der Lieferort ergibt sich mithin aus § 25a Abs. 1 Nr. 2 Satz 1 UStG. Eine Ausnahme findet sich in § 25a Abs. 2 Nr. 1 UStG. Wesentlich für die Regelung ist, dass für die Lieferung an den Wiederverkäufer keine Umsatzsteuer geschuldet wurde, § 25 Abs. 1 Nr. 2 Satz 2 UStG. Es handelt sich mithin um einen Erwerb von bspw. Privatpersonen, Kleinunternehmern, Differenzbesteuerern oder schlichtweg steuerfreie Umsätze erbringende Unternehmer.

Die Folgen der Differenzbesteuerung sind, dass die Bemessungsgrundlage jeweils der geschaffene Mehrwert nach § 25a Abs. 3 Satz 1 UStG ist. Es wird zur Ermittlung der Verkaufspreis herangezogen, von diesem der Einkaufspreis zuzüglich Nebenkosten, welche vom Vorlieferanten berechnet wurden, abgezogen und von der sich daraus ergebenden Differenz die Umsatzsteuer subtrahiert.

HINWEIS

In allen Fällen der Differenzbesteuerung findet der Regelsteuersatz nach § 25a Abs. 5 Satz 1 UStG Anwendung.

Grundsätzlich ist für Umsätze bei der Differenzbesteuerung die sogenannte Einzeldifferenz zu wählen. Diese gilt jeweils für das einzelne Wirtschaftsgut Eine Ausnahme ergibt sich nach § 25a Abs. 4 Satz 1 UStG sofern für das gesamte Kalenderjahr die Gesamtdifferenz angewendet werden soll. Dies betrifft Gegenstände, deren Einkaufspreis kleiner gleich 500 € beträgt. Unabhängig davon darf der Unternehmer nach § 14 Abs. 6 Satz 2 UStG jedoch keine Rechnung mit offenem Steuerausweis ausstellen. Wird doch eine entsprechende Rechnung ausgestellt, findet § 14c Abs. 2 UStG Anwendung (IV. 8.2).

Letztlich ist noch relevant, dass eine Option nach § 25a Abs. 8 UStG auf Verzicht der Differenzbesteuerung möglich ist. Dies ist bspw. vorteilhaft, wenn der Leistungsempfänger die Berechtigung zum vollen Vorsteuerabzug hat. Die Option ist bei jeder einzelnen Lieferung eines gebrauchten Gegenstandes möglich, soweit nicht die Gesamtdifferenz nach § 25a Abs. 4 UStG angewendet wird. Lieferungen unterliegen bei Anwendung der Option den allgemeinen Regelungen des Umsatzsteuergesetzes.

Besonderheiten können sich ergeben, wenn die Differenzbesteuerung auf Kunstgegenstände angewendet werden soll. Für diese Zwecke ist in § 25a Abs. 2 UStG ein Wahlrecht mit zweijähriger Bindung geregelt. Danach können einerseits Kunstgegenstände, Sammlungsstücke und Antiquitäten im Rahmen der Differenzbesteuerung weiterveräußert werden, wenn der Unternehmer sie selbst eingeführt hat. Zudem können Kunstgegenstände auch nach der Differenzbesteuerung weiterveräußert werden, wenn sie steuerpflichtig erworben wurden. Nicht jedoch geht dies, sofern die Gegenstände von einem Wiederverkäufer erworben wurden. Die Besonderheit ist nunmehr, dass nach § 25a Abs. 3 Satz 2 UStG die Bemessungsgrundlage 30 % des Verkaufspreises beträgt, sofern der Einkaufspreis eines Kunstwerkes sich nicht mehr ermitteln lässt bzw. unbedeutend war. Sollte somit in der Klausur ein infragekommender Fall vorkommen und zudem ein Kunstwerk gegeben sein, gilt es zu prüfen, ob diese Ausnahme einen Fallstrick des Sachverhaltes darstellt.

8.6 Innergemeinschaftliches Dreiecksgeschäft

Eines der schwierigsten Probleme in umsatzsteuerlichen Klausuren stellt das innergemeinschaftliche Dreiecksgeschäft gemäß § 25b UStG dar. Dieses wurde zuletzt lange nicht mehr in Steuerberaterprüfungen geprüft und soll an dieser Stelle kurz dargestellt werden, falls die sich ergebende Lücke in der Prüfung zukünftig geschlossen werden soll. Zudem kann nicht auf eine Darstellung verzichtet werden, da mit diesem Themenkomplex verschiedene umsatzsteuerliche Probleme verzahnen und es wesentlich ist auch innergemeinschaftliche Dreiecksgeschäfte souverän lösen zu können.

Bricht man ein innergemeinschaftliches Dreiecksgeschäft in seine Bestandteile auf, so enthält dieser verschiedene Umsätze. Zunächst liegt in der Regel eine innergemeinschaftliche Lieferung des ersten Lieferers in dem Mitgliedstaat, in welchem die Beförderung oder Versendung des Gegenstandes beginnt gemäß § 3 Abs. 6 Satz 1 UStG vor. Weiterhin ist ein innergemeinschaftlicher Erwerb des ersten Abnehmers in dem Mitgliedstaat, in dem die Beförderung oder Versendung des Gegenstandes endet gemäß § 3d Satz 1 UStG anzunehmen. Die Norm des § 3d Satz 2 UStG führt dazu, dass der innergemeinschaftliche Erwerb des ersten Abnehmers auch in dem Mitgliedstaat vorliegt, von welchem der erste Abnehmer seine UStID erteilt bekommen hat. Letztlich findet sich zudem noch eine Lieferung des ersten Abnehmers in dem Mitgliedstaat, in welchem die Beförderung oder Versendung des Gegenstandes endet. Dabei handelt es sich in der Regel um eine unbewegte Lieferung gemäß § 3 Abs. 7 Satz 2 Nr. 2 UStG.

Im Folgenden sollen die Voraussetzungen eines innergemeinschaftlichen Dreiecksgeschäfts gemäß § 25b Abs. 1 UStG dargestellt werden. Anschließend wird darauf eingegangen, wie der Übergang der Steuerschuldnerschaft gemäß § 25b Abs. 2 UStG zu erfolgen hat. Um beide Themenkomplexe in klausurrelevanter und übersichtlicher Art darzustellen, wird nicht der theoretische Aufbau erläutert, sondern die Problematik am folgenden Beispielsfall gezeigt. Dieses Beispiel behandelt darüber hinaus auch ein innergemeinschaftliches Reihengeschäft und die Prüfung des innergemeinschaftlichen Erwerbs.

BEISPIEL

Mit Kaufvertrag vom 15.7.2024 kaufte eine deutsche OHG von dem in Polen ansässigen Großhändler Hubert Handel (H) eine erhebliche Menge Schutzausrüstung und Masken. Der Gesamtkaufpreis der Ware betrug 2.500.000 €. Da H aufgrund der großen Menge und der weltweit hohen Nachfrage die Ware nicht vorrätig hatte, bestellte er diese bei seiner Zulieferin Ingeborg Insel (I) aus Belgien für insgesamt 2.100.000 €. I wiederum bestellte die Ware direkt beim Hersteller Xio Xang (X) in China zum Preis von 1.900.000 €. Die Beteiligten trafen die Vereinbarung, dass I für den erforderlichen Transport der Ware aus China nach Hamburg sorgen sollte und zu diesem Zwecke sowohl die Gefahren als auch die Kosten tragen sollte. I wiederum vereinbarte mit X die Lieferklausel „Lieferung ab Werk China, unverzollt/unversteuert" (EXW) und mit H die Lieferklausel „Lieferung frei Haus Hamburg" (DDP). Aufgrund der unübersichtlichen Marktlage musste die Ware am 20.7.2024 von einem Mitarbeiter der I per Flugzeug aus China geholt und nach Hamburg überführt werden. Die Anmeldung zum umsatzsteuerrechtlich freien Verkehr erfolgte im Auftrag und im Namen der I in Belgien. Bereits am folgenden Tag erteilte der H der OHG eine Rechnung über die Lieferung ohne Umsatzsteuerausweis.

Beurteilung des Reihengeschäfts

Hinsichtlich der Lieferung der Schutzausrüstung handelt es sich um ein Reihengeschäft gemäß § 3 Abs. 6a Satz 1 UStG, da mehrere Unternehmer i. S. d. § 2 Abs. 1 Satz 1 und Satz 3 UStG, hier der X, die I, der H und die OHG über denselben Gegenstand, die Schutzausrüstung, Umsatzgeschäfte abschließen. Die Ausrüstung gelangt dabei unmittelbar vom ersten Unternehmer in der Kette, dem X zum letzten Abnehmer der Warenkette, der OHG. Gemäß § 3 Abs. 6a Satz 1 UStG ist zu beachten, dass im Rahmen eines Reihengeschäfts die bewegte Warenlieferung nur einer der Lieferungen zuzurechnen ist. Unter Beachtung von § 3 Abs. 6a Satz 4 UStG ist die Warenbewegung daher der Lieferung der I an den H zuzurechnen. Grund dafür ist, dass I als Zwischenhändlerin die Beförderung der Schutzausrüstung übernommen hat und aufgrund der vertraglich vereinbarten Lieferkonditionen als Lieferer auftritt, mithin den Nachweis als Lieferer erbringen kann (Abschnitt 3.14 Abs. 9 und 10 UStAE). Da der Gegenstand aus dem Drittland in das Gemeinschaftsgebiet gelangt, ist nach § 3 Abs. 6a Satz 7 UStG i. V. mit § 3 Abs. 6a Satz 4 UStG-E die Einfuhr in das Gemeinschaftsgebiet durch G ausreichend.

X führt als Hersteller der Schutzausrüstung im Rahmen seines Unternehmens eine entgeltliche Lieferung gemäß § 3 Abs. 1 UStG aus. Es handelt sich dabei um eine unbewegte Lieferung, die der bewegten Lieferung der I vorangeht. Damit bestimmt sich der Lieferort nach § 3 Abs. 7 Satz 2 Nr. 1 UStG und ist in China belegen (= Drittland, § 1 Abs. 2a Satz 3 UStG). Die Lieferung ist somit in Deutschland nicht steuerbar gemäß § 1 Abs. 1 Nr. 1 UStG.

I verwirklicht mit der durch sie erfolgten Anmeldung der Ware zum freien Verkehr in ihren Namen eine Einfuhr in das Inland, da die Ausrüstung vom Drittlandsgebiet in das Gemeinschaftsgebiet gelangt. Die Einfuhr gilt dabei in dem Mitgliedstaat als verwirklicht, in dem die Anmeldung zum freien Warenverkehr erfolgt, mithin in Belgien. Somit ist die Einfuhr nicht in Deutschland steuerbar gemäß § 1 Abs. 1 Nr. 4 UStG, da diese nicht ins Inland erfolgt. Die Einfuhr im Namen der I reicht als Erfordernis des § 3 Abs. 6a Satz 7 UStG aus.

Außerdem führt I im Rahmen ihres Unternehmens eine gemäß § 3 Abs. 1 UStG entgeltliche Lieferung aus. Es handelt sich um die bewegte Lieferung im Rahmen eines Reihengeschäfts, somit richtet sich der Lieferort im Grundsatz nach § 3 Abs. 6a Satz 4 i. V. m. Abs. 6 Satz 1 und Satz 2 UStG und ist dort, wo die Warenbewegung der Schutzausrüstung beginnt, mithin in China (= Drittland, § 1 Abs. 2a Satz 3 UStG). Es kommt jedoch aufgrund der Besonderheit des § 3 Abs. 8 UStG zu einer Verlagerung des Lieferortes. Die I ist nämlich als Lieferin der bewegten Warenlieferung die Schuldnerin der Einfuhrumsatzsteuer in Belgien, wodurch der Lieferort sich nach Großbritannien verlagert und die Lieferung in Belgien als ausgeführt gilt. Auch diese Lieferung ist somit in Deutschland mangels des Inlandserfordernisses nicht steuerbar gemäß § 1 Abs. 1 Nr. 1 UStG.

H ist der Leistungsempfänger der bewegten Lieferung und verwirklicht als Unternehmer somit einen innergemeinschaftlichen Erwerb gemäß § 1a Abs. 1 UStG. Grund dafür ist, dass die Schutzausrüstung von einem Mitgliedstaat, hier Belgien, in einen anderen Mitgliedstaat, hier Deutschland, gelangt, gemäß § 1a Abs. 1 Nr. 1 UStG. Weiterhin ist der Erwerber H Unternehmer und erwirbt die Schutzausrüstung auch für sein Unternehmen, um diese an die OHG zu verkaufen. Damit ist § 1a Abs. 1 Nr. 2 UStG erfüllt. Zudem liefert die I als Lieferin, wie oben genannt, im Rahmen ihres Unternehmens gegen Entgelt und ist keine Kleinunternehmerin gemäß § 19 UStG. Somit sind auch die Erfordernisse des § 1a Abs. 1 Nr. 3 UStG erfüllt. Der Ort des innergemeinschaftlichen Erwerbs richtet sich nach § 3d Satz 1 UStG und liegt im Inland, weil dort die Warenbewegung der Schutzausrüstung in Hamburg endet. Dieser Umsatz ist somit in Deutschland steuerbar gemäß § 1 Abs. 1 Nr. 5 UStG. Weiterhin gilt der Erwerb gemäß § 3d Satz 2 UStG auch in Polen als verwirklicht, weil H als Erwerber aus Polen seine polnische Umsatzsteuer-Identifikationsnummer verwendet. Es besteht keine Steuerbefreiung nach § 4b UStG für diesen innergemeinschaftlichen Erwerb. Grundsätzlich kommt für den H in Deutschland jedoch ein Vorsteuerabzug gemäß § 15 Abs. 1 Nr. 3 UStG in Betracht. Er hat die Schutzausrüstung für sein Unternehmen erworben und der Erwerb ist gemäß § 3d Satz 1 UStG in Deutschland bewirkt. Da der innergemeinschaftliche Erwerb des H gemäß § 25b Abs. 3 UStG als besteuert gelten könnte, wenn in diesem Fall ein innergemeinschaftliches Dreiecksgeschäft vorliegt, ist dieses zu prüfen.

Bevor das innergemeinschaftliche Dreiecksgeschäft geprüft wird, ist darauf hinzuweisen, dass der H im Rahmen seines Unternehmens eine entgeltliche Lieferung gemäß § 3 Abs. 1 UStG an die OHG ausführt. Als unbewegte Warenlieferung, welche der bewegten Lieferung der I folgt, hat diese Lieferung ihren Ort gemäß § 3 Abs. 7 Satz 2 Nr. 2 UStG am Ende der Warenbewegung, mithin in Hamburg (= Inland, § 1 Abs. 2 Satz 1 UStG). Diese Lieferung ist somit in Deutschland gemäß § 1 Abs. 1 Nr. 1 UStG steuerbar und mangels einer Steuerbefreiung nach § 4 UStG steuerpflichtig mit einem Steuersatz von 19 % gemäß § 12 Abs. 1 UStG. Jedoch könnte hier die Steuerschuld für diese Lieferung gemäß § 25b Abs. 2 UStG auf den Leistungsempfänger, die OHG, übergehen, wenn ein im Folgenden zu prüfendes innergemeinschaftliches Dreiecksgeschäft vorliegt.

Sofern kein innergemeinschaftliches Dreiecksgeschäft vorliegt, käme für die OHG ein Vorsteuerabzug nach § 15 Abs. 1 Nr. 1 UStG in Betracht, da diese von H eine Lieferung für ihr Unternehmen in Anspruch nimmt und die Umsatzsteuer als gesetzlich geschuldete Steuer anfällt. Die von H erteilte Rechnung weist jedoch keinen offenen Steuerausweis laut des Sachverhalts auf, woran der Vorsteuerabzug zunächst scheitert. Wenn es sich um das im Folgenden zu prüfende innergemeinschaftliches Dreiecksgeschäft handelt, könnte die OHG jedoch gemäß § 25b Abs. 5 UStG zum Vorsteuerabzug berechtigt sein.

Beurteilung des innergemeinschaftlichen Dreiecksgeschäfts

Zunächst gilt es bei der Prüfung des innergemeinschaftlichen Dreiecksgeschäfts zu beachten, dass dieses nach der Verwaltungsauffassung auch zwischen drei Unternehmern bei Reihengeschäften mit mehr als drei Beteiligten vorliegen kann, wenn die drei Unternehmer unmittelbar nacheinander liefern und am Ende des Reihengeschäfts stehen (Abschnitt 25b.1 Abs. 2 S. 2 UStAE). Da der in China ansässige X am Anfang steht, trifft diese Voraussetzung für die Unternehmer I, H und die OHG zu. Somit sind die Voraussetzungen des § 25b Abs. 1 Satz 1 UStG zu prüfen. § 25b Abs. 1 Satz 1 Nr. 1 UStG ist mithin erfüllt, da wie dargestellt ein Reihengeschäft vorliegt, an welchem die Unternehmer I, H und die OHG als letzte in der Lieferkette beteiligt sind. § 25b Abs. 1 Satz 1 Nr. 2 UStG ist ebenfalls erfüllt, da die 3 Unternehmer in jeweils verschiedenen Mitgliedstaaten für Zwecke der Umsatzsteuer erfasst. Die I ist in Belgien registriert, der H in Polen für Zwecke der Umsatzsteuer erfasst und die OHG in Deutschland umsatzsteuerlich registriert. Auch § 25b Abs. 1 Satz 1 Nr. 3 UStG ist erfüllt, da die Schutzausrüstung von Belgien nach Deutschland gelangt und somit von dem Gebiet eines Mitgliedsstaates in das Gebiet eines anderen Mitgliedsstaates. Zuletzt ist auch § 25b Abs. 1 Satz 1 Nr. 4 UStG erfüllt. Der Liefergegenstand wird nämlich durch die I als erste der drei Unternehmer in der Lieferkette befördert.

Es sind für das innergemeinschaftliche Dreiecksgeschäft in einem nächsten Schritt die Voraussetzungen des § 25b Abs. 2 UStG zu prüfen. § 25b Abs. 2 Nr. 1 UStG ist erfüllt, da der Lieferung des H an die OHG, wie oben genannt, ein innergemeinschaftlicher Erwerb durch den H im Inland vorausgegangen ist. Weiterhin ist auch § 25b Abs. 2 Nr. 2 UStG im vorliegenden Fall erfüllt. Der erste Abnehmer der Kette, der H, ist nicht in Deutschland ansässig. Somit ist er nicht dort ansässig, wo die Warenbewegung endet. Er ist mithin in Polen ansässig. Zudem verwendet der H gegenüber der I und der OHG laut der Bearbeitungshinweise seine polnische Umsatzsteuer-Identifikationsnummer. Laut Sachverhalt ist auch § 25b Abs. 2 Nr. 3 UStG erfüllt, da der H der OHG eine Rechnung ohne gesonderten Ausweis der Umsatzsteuer erteilt hat. Weiterhin ist mit Rücksicht auf die Bearbeitungshinweise eine ordnungsgemäße Rechnung mit Hinweis auf das innergemeinschaftliche Dreiecksgeschäft und die Steuerschuldnerschaft des Leistungsempfängers, der OHG, anzunehmen. § 25b Abs. 2 Nr. 4 UStG ist darüber hinaus auch erfüllt, da die OHG als letzter Abnehmer ihre deutsche Umsatzsteuer-Identifikationsnummer verwendet.

Somit liegt ein innergemeinschaftliches Dreiecksgeschäft vor. Daher schuldet die OHG als letzter Abnehmer für die von dem polnischen Unternehmer H in Deutschland verwirklichte Lieferung der Schutzausrüstung gemäß § 25b Abs. 2 UStG die Umsatzsteuer und nicht der H. Die Bemessungsgrundlage beträgt in diesem Fall gemäß § 25b Abs. 4 UStG 2.500.000 €. Daraus ergibt sich bei einem Steuersatz von 19 % gemäß § 12 Abs. 1 UStG eine Umsatzsteuer i. H. von 475.000 € (2.500.000 € • 19 %), welche gemäß § 13 Abs. 1 Nr. 1 Buchst. a Satz 1 UStG mit Ablauf des Voranmeldungszeitraums Juli 2024 entsteht. Weiterhin ergeben sich als Rechtsfolge, dass der von H in Deutschland und gemäß § 3d Satz 2 UStG auch in Polen verwirklichte innergemeinschaftliche Erwerb aufgrund des § 25b Abs. 3 UStG als besteuert gilt.

Als Folge des innergemeinschaftlichen Dreiecksgeschäfts entfällt der Vorsteuerabzug für die Erwerbsteuer in Deutschland. Jedoch hat die OHG gemäß § 25b Abs. 5 UStG unter Erfüllung der weiteren Voraussetzungen des § 15 UStG ein Recht auf Vorsteuerabzug für die nach § 25b Abs. 2 UStG geschuldete Steuer. Es sind im Sachverhalt keine Ausschlussgründe ersichtlich, daher kann die OHG mit Erteilung der Rechnung im Voranmeldungszeitraum Juli 2024 die Vorsteuer i. H. von 475.000 € gemäß § 15 Abs. 1 Satz 1 Nr. 1 UStG geltend machen.

V. Fallbearbeitung von Übungsklausuren

1. Klausurübung „Umsatzsteuerliche Fragen in der Rechtsberatung“

Die Klausurübung behandelt mehrere umsatzsteuerrechtliche Problemfelder und bietet mit einem hohen Schwierigkeitsgrad eine gute Grundlage zur Vorbereitung auf Prüfungssituationen. Der Fokus liegt auf der Beurteilung von Vorsteuerberichtigungen, Gesellschaftsvorgängen, einer Geschäftsveräußerung im Ganzen, verschiedenen sonstigen Leistungen, der Einfuhr sowie einer Vielzahl weiterer kleinerer Fragestellungen. Daneben werden klassische Problemfelder des Umsatzsteuerrechts zur Wiederholung angesprochen und vertieft. Für die Bearbeitung der Klausur sollten sechs Zeitstunden avisiert werden. Der Rechtsstand der Übungsklausur ist Januar 2024.

1.1 Sachverhalt

1.1.1 Vorbemerkungen

Artur Antwort (A), welcher mit seiner Familie in einer kleinen Gemeinde im Hamburger Umland wohnt, ist seit Jahren erfolgreich als Rechtsanwalt in Hamburg unternehmerisch tätig. Er betreibt eine kleine, aber exklusive Kanzlei in der Hamburger Innenstadt und interessiert sich seit geraumer Zeit auch sehr für die Digitalisierung der Rechtsberatung. Daher spielt er seit einigen Monaten mit der Idee, zusammen mit seinem guten Freund Hans Humor (H), welcher erfolgreicher Softwareunternehmer ist, in den Markt der digitalen Rechtsdienstleistungen einzusteigen.

1.1.2 Büroräumlichkeiten

Da seine Mandanten einem sehr exklusiven Kreis angehören, benötigt A eine entsprechend repräsentative Bürofläche. Problem seiner jetzigen Büroräumlichkeiten ist, dass aufgrund von erheblichen Bauarbeiten in der Nachbarschaft in den kommenden fünf Jahren mit sehr viel Dreck und Lärm zu rechnen ist. Vereinzelt haben sich schon Mandanten über die Verdreckung ihrer Autos bei Anwesenheit in seinen Räumen beschwert. Um der Thematik ein für alle Mal aus dem Weg zu gehen, erwarb A mit notariellem Kaufvertrag vom 25. Januar 2024 ein repräsentatives Anwesen mit freistehender Villa an der Elbchaussee in Hamburg. Das Objekt wurde durch A von einem befreundeten Ehepaar erworben, welches bisher dort wohnte. Gemäß Kaufvertrag sollte der Übergang von Nutzen und Lasten nach der Zahlung des Kaufpreises i. H. v. 10.000.000,00 € am 8. Februar 2024 erfolgen.

Neben der geplanten unternehmerischen Nutzung für seine Rechtsanwaltskanzlei möchte A die Villa um einen Anbau erweitern, um sich in diesem eine Wohnung für Übernachtungen in Hamburg unter der Woche einzurichten. Damit A diesen Anbau zu einem späteren Zeitpunkt, wenn er keine Wohnung in Hamburg mehr braucht, anderweitig nutzen kann, sind die bisherigen Räumlichkeiten und der großzügige neue Anbau durch separate Eingänge getrennt.

Auf Empfehlung eines alten Freundes aus Studienzeiten in Spanien beauftragte A das spanische Bauunternehmen „Casa Constructa“ (C-Unternehmen) mit Sitz in Barcelona mit der Erweiterung des Gebäudes. Bereits am 5. April 2024 begann das Bauunternehmen C-Unternehmen mit den Arbeiten, wobei sämtliche Baustoffe, die benötigt wurden, von C-Unternehmen geliefert wurden. Sehr kurze Zeit später, nämlich am 2. Mai 2024, erfolgte die zur vollsten Zufriedenheit des A vorgenommene Fertigstellung. Den angemessenen und mit ordnungsgemäßer Rechnung vom 1. Juni 2024 erteilten Gesamtrechnungsbetrag i. H. v. 2.000.000 € zahlte A sofort per Blitz-Überweisung.

Durch die schnellen Arbeiten des C-Unternehmens konnte A bereits ab dem 1. Juni 2024 die Villa mit seiner Kanzlei beziehen und als Büro nutzen sowie den Anbau als Zweitwohnung für unter der Woche verwenden.

1.1.3 Rechtsberatung

Aus seiner Tätigkeit als Rechtsanwalt erbrachte A im Jahr 2024 bisher bereits verschiedenste Dienstleistungen. Dabei handelt es sich unter anderem um die folgenden Dienstleistungen:

1.1.3.1 Mandatsniederlegung

Im Februar 2024 hat A die anwaltliche Vertretung eines großen Exportunternehmens (EUnternehmen) mit einzigem Sitz in Rom übernommen. Das E-Unternehmen musste sich in Hamburg in einem aufwendigen Prozesse gegen seines Erachtens völlig unberechtigte Schadensersatzansprüche zur Wehr setzen. Während A seines Erachtens einen sehr guten Vergleich für das E-Unternehmen verhandeln konnte, war dieses mit dem Ergebnis zur Überraschung von A nicht zufrieden. Nach einem heftigen Wortgefecht in einer Videokonferenz mit der Geschäftsführung in Rom legte A das Mandat nieder und berechnete für seine bisherigen Tätigkeiten mit Rechnung vom 24. Mai 2024 100.000,00 € zuzüglich Umsatzsteuer i. H. v. 19.000,00 €.

1.1.3.2 Nachlassberatung

Im August 2024 wird A von einem gut situierten Ehepaar mit der Betreuung ihrer Fragestellungen zur ordnungsgemäßen Abwicklung ihres Nachlasses mandatiert. Die beiden kennen A durch den Verkauf einer ihrer Immobilien in Hamburg Anfang 2024 und haben A sehr schätzen gelernt. Aufgrund der komplexen Vermögensstruktur des Ehepaares benötigt A für die Erstellung seiner eigenen Dienstleistung zumindest auch eine Einschätzung aus Sicht des panamaischen Rechts. Aufgrund seiner langjährigen Rechtskontakte nach Panama ist A, was dies angeht, jedoch hervorragend aufgestellt. In Abstimmung mit dem Ehepaar beauftragt A im eigenen Namen, aber für Rechnung des Ehepaars die Erstellung eines Gutachtens bei Panel Panama (P), einem panamaischen Rechtsanwalt. Da der Sachverhalt höchste Komplexität aufweist, kann P seine Stellungnahme erst im September 2024 vorlegen. Mit Rechnung vom gleichen Tag (15. September 2024) stellt P dem A die Kosten für das Gutachten i. H. v. umgerechnet 250.000,00 € in Rechnung. Nach Einarbeitung seiner rechtlichen Hinweise aus deutscher Sicht sendet A dem Ehepaar beide Gutachten und die erarbeiteten Empfehlungen noch im September 2024. Erst im Oktober stellt er mit Datum vom 5. Oktober 2024 die Rechnung, welche sich aus dem verauslagten Aufwand für die Arbeit des P i. H. v. 250.000,00 € und seine Tätigkeit sowie einen Aufschlag bzw. Provision für die Korrespondenz mit seinem Kollegen i. H. v. insgesamt zusätzlich 150.000,00 €. Die Gesamtrechnung wird unter zuzüglichem Ausweis von Umsatzsteuer übersendet und auch noch im Oktober vom mit dem Ergebnis sehr erfreuten Ehepaar beglichen.

1.1.3.3 Familienrecht

Über einen längeren Zeitraum bereits unterstützt A die französische Unternehmerin Ludmila Labuton (L) in einer komplexen familienrechtlichen Angelegenheit vor Gericht in Lüneburg. Unter anderem geht es um die Scheidung der L von ihrem Mann sowie damit verbundene sorgerechtliche Fragestellungen. Nunmehr steht der finale Gerichtsprozess an, bei welchem A die L in der Zeit vom 30. Juni bis 10. Juli 2024 vollumfänglich zur Verfügung steht. Über die in dieser Zeit angefallenen Stundenhonorare erteilt A der L noch im Juli 2024 eine Rechnung über 15.000,00 €. Neben seinen Honoraren stellt L auch die von ihm vorverauslagten Gerichtsgebühren i. H. v. 2.500,00 € in Rechnung. In der an L adressierten Rechnung weist A keine Umsatzsteuer gesondert aus.

1.1.3.4 Familiensache

Ab und an kommt A nicht umhin seine Familie in rechtlichen Angelegenheiten zu unterstützen. Besonders häufig trifft dies auf seine in Hamburg lebende Mutter Natalie (N) zu, welche diesmal mit ihrem Fahrrad auf einem Fußgängerweg gefahren ist und dabei mehrere am Rand stehende Autos schwer beschädigt hat. Durch das mit dem Gericht im August 2024 geführte und sodann bereits abgeschlossene Verfahren entstehen A unzweifelhafte Materialkosten i. H. v. netto 150,00 €. Außerdem würde A einem fremden Dritten seine Rechtsanwaltsstunden mit insgesamt

952,00 € in Rechnung stellen. Da es sich vorliegend jedoch um seine Mutter handelt und diese A zugesagt hat, dass dies das letzte Verfahren dieser Art werden wird, verzichtet A auf sein Honorar und die Materialkosten.

1.1.4 Digitale Rechtsberatung

Wie bereits in den Vorbemerkungen angedeutet, möchte A in das Geschäft mit digitaler Rechtsberatung einsteigen. Damit will er sowohl das Potenzial seiner Rechtsanwaltskanzlei sowie seinen Kundenkreis erweitern. Außerdem hat er gelesen, dass es sich hierbei um einen wachsenden Milliardenmarkt handelt, welchen er gerne mit erschließen möchte. Um auch in Digitalthemen die notwendige Kompetenz an Bord zu haben, gründete A am 1. Juli 2024 mit seinem in den Vorbemerkungen genannten Freund H, der bisher erfolgreicher Softwareunternehmer ist, die „LawLab Hamburg OHG“ (L-OHG) mit Sitz in Hamburg. Nach dem Gesellschaftsvertrag soll der Gesellschaftszweck der L-OHG die innovative digitale Rechtsberatung und die Erschaffung von digitaler Rechtsberatungssoftware sein. Daneben soll an die speziellen Erfordernisse der Rechtsberatung konfigurierte Hardware veräußert werden, um das Unternehmen mehrgleisig aufzuziehen.

An der L-OHG sind A und H zu jeweils 50 % beteiligt, wofür H eines seiner bisherigen Digitalunternehmen (Einzelunternehmen) mit dem erforderlichen Personal in die L-OHG einbrachte. Bei diesem Digitalunternehmen handelt es sich unzweifelhaft um einen in der Gliederung seines Unternehmens gesondert geführten Betrieb, dessen bisheriges Geschäft fortgeführt werden und um neue Geschäftsbereiche der digitalen Rechtsberatung ausgebaut werden soll. Der Wert dieser unternehmerischen Tätigkeit wird von einem unabhängigen externen Gutachter nach Durchsicht aller relevanten Unterlagen des Unternehmens auf 1.500.000,00 € festgesetzt. Dieser Wert ist unzweifelhaft und wird von A und H für die Einlage des H in die OHG akzeptiert.

Ein im Wertgutachten nicht mit bewerteter Gegenstand des Digitalunternehmens ist eine Immobilie in Hamburg. Dieses Gebäude möchte H behalten, um weiterhin allein von den Wertsteigerungen in dieser Lage zu profitieren. Damit die neugegründete L-OHG sich nicht sofort neue Räumlichkeiten im schwierigen Immobilienmarkt von Hamburg suchen muss und ohne Unterbrechung die Tätigkeit weiterführen kann, wird vereinbart, dass die bisherigen Räumlichkeiten fortan an die L-OHG vermietet werden. Es wird dafür ein auf zunächst zehn Jahre befristeter Mietvertrag mit zwei Verlängerungsoptionen über jeweils weitere zehn Jahre geschlossen. Die monatlichen Mietaufwendungen der L-OHG sollen angemessene 50.000,00 € zuzüglich gesetzlich geschuldeter Umsatzsteuer betragen. Der Beginn des Mietverhältnisses erfolgt direkt zum 1. Juli 2024.

A leistet indes aus seinem Privatvermögen eine Bareinlage i. H. v. 1.500.000,00 €, um seine Beteiligung an der L-OHG zu erwerben.

Daneben verständigen sich die beiden Mitunternehmer darauf, dass H für seine Tätigkeit als Geschäftsführer vergütet werden soll, da er die hauptsächlichen Geschäftsführungstätigkeiten übernimmt, während A mit seiner erfolgreichen Kanzlei beschäftigt ist. Daher wird gesellschaftsvertraglich festgelegt, dass H für seine nicht weisungsgebundene Geschäftsführertätigkeit eine angemessene Vergütung in Höhe von 15.000,00 € zuzüglich der gesetzlich geschuldeten Umsatzsteuer monatlich erhält. Die von A aus formellen Gründen gewünschte, aber voraussichtlich nur in geringem Umfang wahrgenommene eigene Geschäftsführertätigkeit soll durch seine Beteiligung am Gewinn der L-OHG vollumfänglich abgegolten sein.

1.1.5 Wachstum

Sowohl A als auch H gingen sehr positiv an die Gründung der L-OHG. Dennoch überraschte auch sie der wahnsinnige Erfolg in der digitalen Rechtsberatung. Bereits kurze Zeit nach Gründung sind die Geschäftsaussichten so vielversprechend, dass einem dynamischen Wachstum nichts im Wege steht. Daher werden absehbar sehr schnell die bestehenden Räumlichkeiten deutlich zu klein sein, sodass neue Räumlichkeiten in Hamburg gesucht werden, um das Geschäft auch insoweit ausbauen zu können. Die bisherigen Räumlichkeiten sollen im Übrigen beibehalten werden, um den erforderlichen Platzbedarf gänzlich zu decken.

Bereits zum 1. August 2024 findet die L-OHG passende Räumlichkeiten zur Ergänzung der unternehmerischen Tätigkeit. Diese Räumlichkeiten, welche sich ideal anbieten, befinden sich in einem Nachbargebäude der derzeitigen Büroräumlichkeiten. Die ersten vier Etagen (Erdgeschoss sowie 1. bis 3. Obergeschoss) wurden bisher von einem Brautmodengeschäft (B-Laden) als Büro und Lager genutzt. Diesem Unternehmen gehört das Gebäude auch seit 1. April 2020. Da der B-Laden sich nun räumlich verkleinern möchte, ist geplant, in kleinere Büros zu ziehen. Der Umzug ist bereits zum 1. September 2024 vorgesehen.

Das 4. Obergeschoss wird hingegen schon lange von einer Ärztin genutzt, welche dafür eine angemessene monatliche Miete in Höhe von insgesamt 1.000,00 € an den B-Laden zahlt. Aus Altersgründen hat die Ärztin ihre Räumlichkeiten zum 1. September 2024 gekündigt. Die Grundflächen der einzelnen Geschosse betragen jeweils 150 m².

Dieses Objekt möchte die L-OHG gerne erwerben, daher nimmt H sofort Kontakt mit dem BLaden auf, um alles schnellstmöglich in die Wege zu leiten. Der B-Laden hatte seinerzeit einen Kaufpreis i. H. v. 2.000.000,00 € für die Immobilie gezahlt. Die damals im Notarvertrag wirksam ausgeübte Option, mit der zu 80 %, für die durch den B-Laden zu nutzenden Flächen auf etwaige Umsatzsteuerbefreiungen verzichtet wurde, hatte diesem einen Vorsteuerabzug in Höhe von 304.000,00 € (380.000,00 € • 80 %) ermöglicht. Der Vorsteuerabzug war unzweifelhaft rechtmäßig. Der B-Laden hat seit Erwerb stets das übernommene Mietverhältnisse mit der Ärztin unverändert fortgesetzt.

Da die Luftfilteranlage der Immobilie Ende 2023 mehrmals ohne Vorwarnung und ersichtlichen Grund versagte, musste der B-Laden diese reparieren lassen. Die Luftfilteranlage ist über alle Etagen verteilt und wird von allen Parteien des Objektes gleichermaßen genutzt. Die Reparaturarbeiten wurden durch den polnischen Luftfilteranlagen-Dienstleister Willibert Water (W) durchgeführt. W plante die Arbeiten für Anfang 2024 ein. Bereits im April 2024 kam W nach Hamburg, brachte die notwendigen Materialen vollumfänglich selbst bei und begann die Arbeiten am 2. April 2024. Am 4. April 2024 konnten alle Arbeiten vollumfänglich abgeschlossen werden. Für seine Leistungen stellte der W dem B-Laden insgesamt 5.500,00 € in Rechnung, die dieser umgehend beglich. Die Rechnung des W datierte vom 29. April 2024.

Da das Angebot der L-OHG den B-Laden sehr zufriedenstellte und das Angebot sich auch durch ein Wertgutachten der Immobilie bestätigen ließ, entschied sich der B-Laden, die Immobilie an die L-OHG zu verkaufen. H als Geschäftsführer der L-OHG und die Geschäftsführung des BLaden konnten sich auch hinsichtlich letzter Details der Verträge schnell einigen, sodass L-OHG bereits zum 1. September 2024, mit Übergang von Nutzen und Lasten mit Ablauf des 31. August 2024, die Immobilie übernehmen konnte. Die Vereinbarung erfolgte mit notariellem Kaufvertrag vom 16. August 2024 und unter ausdrücklichem und vollumfänglichem Verzicht auf etwaige Steuerbefreiungen zwischen dem B-Laden und der L-OHG zu einem Gesamtkaufpreis von 3.600.000,00 €.

1.1.6 Büromöbel

Um die neuen Büros auch angemessen auszustatten, kümmerte sich die L-OHG im August 2024 intensiv um den Erwerb neuer Möbel. Zu diesem Zweck wurde am 15. August 2024 eine große Bestellung bei der chinesischen Büromöbelmanufaktur „ChenYen Furniture“ (C) in Auftrag gegeben, welche von ihr produzierte Möbel im Direktvertrieb verkauft. Die Bestellung enthielt unter anderem Schreibtische, Bürostühle und Schränke und lautete über insgesamt 75.500,00 €. Die L-OHG vereinbarte für die Lieferung mit der C die Lieferkondition „Free on Board“ (FOB), wonach der Käufer die Ware zum zoll- und steuerrechtlich freien Verkehr einzuführen hat. Die L-OHG meldete die Einfuhr mit dem Wert von 75.500,00 € am Tag der Ankunft im Hamburger Hafen (1. September 2024) beim Zoll an, ohne Zahlungsaufschub. Dabei hatte die L-OHG jedoch vergessen die Transportkosten i. H. v. 4.500,00 € in der Zollanmeldung anzugeben. Wie sich aus den Unterlagen der L-OHG ergibt, wurde die Rechnung der C bereits am 16. August 2024 beglichen. Hinsichtlich der konkreten Warenbewegung ist aufgezeichnet, dass die niederländische Reederei „Rasmus“ (R) den

Transport aus China in den Hafen Hamburg ausführte. Dazu sandte die L-OHG den Auftrag zum Transport an die Hamburger Zweigniederlassung der R, welche wiederum den Transport vom Hauptsitz der Reederei in Amsterdam ausführte. Die letzten Kilometer aus dem Hafen wurde die Ware durch einen Mitarbeiter der L-OHG in einem angemieteten LKW zum neuen Büro gebracht. Die Reederei R stellte am 5. September 2024 eine Rechnung über insgesamt 4.500,00 € (inkl. Umsatzsteuer), welche von der L-OHG noch im September 2024 beglichen wurde.

1.1.7 Software

Ende 2024 genießt die L-OHG auch international einen ausgezeichneten Ruf und hat bereits Mitarbeiter an Bord, welche auch digitale Rechtsdienstleistungen und Software für das Ausland entwickeln können. So konnte die L-OHG am 22. Dezember 2024 einen wichtigen Vertrag abschließen. Sie vereinbarte mit einem international bedeutsamen Dienstleister (Dienstleister D) aus Hamburg einen Vertrag, nach dem die L-OHG ihren Kunden im eigenen Namen jedoch für Rechnung des Dienstleisters D Individualsoftware (speziell an die Bedürfnisse der Kunden angepasst) verkauft. Dienstleister D wollte sich damit den Einstieg in die von der L-OHG besetzten Felder am Rechtssoftwaremarkt ermöglichen, während die L-OHG auf größere Aufträge und höheres Umsatzvolumen hofft.

Der erste Abschluss aufgrund des Deals folgte schnell. Am 28. Dezember 2024 verkaufte die L-OHG eine Individualsoftware des Dienstleisters D an die Rechtsanwältin Klara Klage (K) mit Sitz in Köln. Hierfür berechnete die L-OHG der K insgesamt 1.190,00 €, welche mit Rechnung vom 30. Dezember 2024 abgerechnet wurden. Der Betrag wurde von K noch am selben Tag an die L-OHG gezahlt. K verpflichtete sich, die gekaufte Individualsoftware nur innerhalb der eigenen Rechtsanwaltskanzlei zu nutzen und nicht zu vervielfältigen oder zu verbreiten. Daneben waren sich die Parteien einig, dass keine Urheberrechte übertragen werden.

Die L-OHG rechnete ebenfalls am selben Tag gegenüber dem Dienstleister D mit einer Gutschrift ab. Demnach behielt die L-OHG einen Umsatzanteil von 20 % und überwies die verbleibenden 80 % sofort, wie in der Gutschrift ausgewiesen, am 30. Dezember 2024 i. H. v. 952,00 € auf das Konto des Dienstleisters D.

Außerdem konnte die L-OHG im Dezember 2024 eines ihrer Produkte, eine neue innovative und standardisierte Vertragserstellungssoftware, an einen in Frankreich ansässigen Rechtsanwaltsdienstleister (Dienstleister F) verkaufen. Es handelt sich ausweislich der Produktangaben bei der Software um eine sog. Standardsoftware. Diese zeichnet sich dadurch aus, dass weder Kundenbetreuung durch die L-OHG angeboten werden noch regelmäßige Updates erfolgen. Dienstleister F möchte die Software jedoch nicht für die Nutzung in seinem eigenen Unternehmen erwerben. Vielmehr wird die L-OHG gebeten, die Software direkt an den Kunden des Dienstleisters F, eine schweizerische Rechtsanwaltsgesellschaft (Anwalt CH), zu senden. Dazu verständigte die L-OHG sich mit dem Dienstleister F auf das Folgende: Die L-OHG lud die Vertragserstellungssoftware auf einen USB-Stick und übersendete diesen am 20. Dezember 2024 an Anwalt CH nach Zürich. Der Transport wurde durch die Deutsche Post übernommen, zu welcher die L-OHG das Paket in eine Hamburger Filiale brachte. Am 23. Dezember 2024 erteilte die L-OHG eine ordnungsgemäße Rechnung über insgesamt 2.380,00 € an Dienstleister F. Darin enthalten sind auch 15,00 € Versandkosten.

1.1.8 Sicherheitsinfrastruktur

Um fortan noch bessere juristische Software programmieren zu können, aber auch den hohen Sicherheitsanforderungen in diesem Markt gerecht zu werden, kaufte die L-OHG mit Kaufvertrag vom 1. Dezember 2024 von einem in Athen (Griechenland) ansässigen Händler (Händler A) einen neuen Server mit einer ausgeklügelten Sicherheitsarchitektur. Der Gesamtkaufpreis des neu erworbenen Servers betrug 100.000,00 €. Da Händler A das Gerät aufgrund einer Vielzahl von speziellen Komponenten, die die L-OHG in dem Server benötigt, nicht vorrätig hatte, bestellte er den von der L-OHG gewünschten Server bei seiner Großhändlerin (Händlerin B) aus Valletta (Malta) für insgesamt 85.000,00 €. Händlerin B wiederum macht sich gar nicht die Mühe das Standardgerät anzupassen, sondern bestellt direkt beim Hersteller in Südkorea zum Preis von 75.000,00 € den geforderten Server. Vereinbarungsgemäß ist vorgesehen, dass Händlerin B für den erforderlichen Transport des neuen Servers aus Südkorea nach Hamburg sorgen sollte und zu diesem Zwecke sowohl die Gefahren als auch die Kosten tragen sollte. Händlerin B wiederum vereinbarte mit dem Hersteller die Lieferklausel „Lieferung ab Werk Südkorea, unverzollt/unversteuert" (EXW) und mit Händler A die Lieferklausel „Lieferung frei Haus Hamburg" (DDP). Am 15. Dezember 2024 wurde der Server von Händlerin B aus Südkorea nach Hamburg überführt. Vereinbarungsgemäß erfolgt die Anmeldung zum zoll- und steuerrechtlich freien Verkehr im Auftrag und im Namen der Händlerin B in Valletta. Kurze Zeit später im Dezember 2024 erteilte der Händler A der L-OHG eine Rechnung über die Lieferung ohne Umsatzsteuerausweis.

1.2 Aufgabe

Beurteilen Sie die oben angeführten Vorfälle bezüglich ihrer umsatzsteuerlichen Auswirkung auf A, H, P, C-Unternehmen, L-OHG, B-Laden, W, Händler A, Händlerin B und Hersteller für den Besteuerungszeitraum 2024. Hierbei ist insbesondere auf das jeweilige Unternehmen und seinen Umfang, die Art des Umsatzes, die Steuerpflicht, die Bemessungsgrundlage für steuerpflichtige Umsätze und auf den Vorsteuerabzug einzugehen. Die Umsatzsteuer für steuerpflichtige Umsätze ist zu ermitteln. Zudem ist anzugeben, in welchem Voranmeldungszeitraum die Steuer entsteht bzw. zu berichtigen ist und die Vorsteuer abgezogen werden kann. Bei steuerfreien Umsätzen sind der Voranmeldungszeitraum und der Betrag anzugeben, mit dem der steuerbefreite Vorgang in den Voranmeldungen zu erfassen ist. Begründen Sie Ihre Entscheidungen unter Angabe der gesetzlichen Bestimmungen.

1.3 Bearbeitungshinweise

Soweit aus dem Sachverhalt nichts Gegenteiliges hervorgeht, sind die erforderlichen Belege, Nachweise sowie Aufzeichnungen vorhanden und ordnungsgemäß, und die Rechnungen enthalten die nach §§ 14, 14a UStG bzw. §§ 33, 34 UStDV erforderlichen Angaben. § 19 UStG findet keine Anwendung. A, H, P, C-Unternehmen, L-OHG, B-Laden, W, Händler A, Händlerin B und Hersteller streben das umsatzsteuerrechtlich günstigste Ergebnis an und nutzen Wahlrechte entsprechend voll aus. Eine Option nach § 9 UStG ist unbeachtlich der steuerlichen Folgen zwingend gewünscht, sofern möglich. Voranmeldungszeitraum ist der Kalendermonat; es erfolgt die Regelbesteuerung nach Soll. Alle Datumsangaben sind fiktiv, ohne Sonn- oder Feiertage und Schaltjahre. § 4 Nr. 3 UStG findet keine Anwendung. Es wird, sofern nichts anderes genannt ist, jeweils die Umsatzsteuer-Identifikationsnummer des Staates verwendet, in dem der jeweilige Unternehmer ansässig ist.

Die nachfolgende Lösung der Klausur ist sehr detailliert und geht hinsichtlich der Begründung wesentlich tiefer, als dies für die Klausurlösung erforderlich ist. Damit soll der Leserschaft die Möglichkeit gegeben werden, die Begründung und Entwicklung zu Zwecken der Vorbereitung intensiver zu bearbeiten und ein erhöhtes Verständnis zu entwickeln. Insbesondere wenn Sonderthemen erstmalig in der Lösung angesprochen werden, werden einleitende Worte vorgeschaltet. Die entsprechenden Absätze wurden daher auch nicht mit zu verteilenden Punkten versehen.

1.4 Lösungshinweise

1.4.1 Vorbemerkungen

A ist Unternehmer i. S. d. § 2 Abs. 1 Satz 1 und 3 UStG, da er eine gewerbliche oder berufliche Tätigkeit nachhaltig und selbständig mit Einnahmeerzielungsabsicht ausübt.[1] Der Rahmen seines Unternehmens umfasst seine Rechtsanwaltskanzlei. Zu beachten ist, dass Gesellschafter A durch das bloße Erwerben, Halten und Veräußern seiner Beteiligung an der OHG keine Unter-

1 Abschnitt 2.2 Abs. 5 Satz 1 UStAE.

nehmerstellung i. S. d. § 2 Abs. 1 Satz 1 und 3 UStG begründet.[2] Auch seine Geschäftsführertätigkeit für die OHG begründet keine Unternehmerstellung, da kein Sonderentgelt vereinbart und die Tätigkeit durch die Beteiligung am Gewinn und Verlust der Gesellschaft abgegolten ist.[3] Siehe im Einzelnen auch die Ausführungen zum entsprechenden Einzelsachverhalt. A ist zur Regelbesteuerung nach §§ 16, 18 UStG verpflichtet und hat monatliche Voranmeldungen abzugeben.[4] Die persönlichen Voraussetzungen zum Vorsteuerabzug und zur Rechnungserstellung i. S. d. §§ 14, 15 UStG sind erfüllt.

H ist Unternehmer (§ 2 Abs. 1 Satz 1 und 3 UStG) mit seinem nicht näher benannten Digitalunternehmen und bis zum Ablauf des 30. Juni 2024 mit dem Digitalunternehmen, das er in die L-OHG einbringt. Ab dem 1. Juli 2024 kommt die Vermietung der Immobilie in Hamburg und seine Geschäftsführertätigkeit für die L-OHG hinzu. Seine Selbständigkeit diesbezüglich resultiert daraus, dass seine Tätigkeit nicht ausschließlich aus der Beteiligung am Gewinn oder Verlust der Gesellschaft abgegolten ist, sondern darüber hinaus ein Sonderentgelt[5] gewährt wird.[6] Der Rahmen des Unternehmens umfasst ab dem 1. Juli 2024 seine Geschäftsführertätigkeit nach § 2 Abs. 1 Satz 2 UStG; siehe im Einzelnen auch die Ausführungen zum entsprechenden Einzelsachverhalt. Wie A ist H zur Regelbesteuerung nach §§ 16, 18 UStG verpflichtet und hat monatliche Voranmeldungen abzugeben.[7] Die persönlichen Voraussetzungen zum Vorsteuerabzug und zur Rechnungserstellung i. S. d. §§ 14, 15 UStG sind erfüllt.

Die L-OHG ist Unternehmerin i. S. d. § 2 Abs. 1 Satz 1 und 3 UStG. Die Unternehmertätigkeit beginnt mit dem ersten nach Außen erkennbaren Handeln der L-OHG, mithin am 1. Juli 2024.[8] Das Unternehmen umfasst die digitale Rechtsberatung und Erschaffung von digitaler Rechtsberatungssoftware sowie den Verkauf der Hardware nach § 2 Abs. 1 Satz 2 UStG. Die L-OHG ist zur Regelbesteuerung nach §§ 16, 18 UStG verpflichtet und hat monatliche Voranmeldungen abzugeben.[9] Die persönlichen Voraussetzungen zum Vorsteuerabzug und zur Rechnungserstellung i. S. d. §§ 14, 15 UStG sind erfüllt. [3]

Auch P, C-Unternehmen, B-Laden, W, Händler A, Händlerin B und Hersteller sind Unternehmer i. S. d. § 2 Abs. 1 Satz 1 und 3 UStG. Sie üben jeweils eine gewerbliche oder berufliche Tätigkeit nachhaltig und selbständig mit Einnahmeerzielungsabsicht aus. Die Unternehmertätigkeit ist für die Unternehmer im gesamten Besteuerungszeitraum 2024 gegeben. Der Rahmen des Unternehmens umfasst nach § 2 Abs. 1 Satz 2 UStG:

- Bei P die Rechtsanwaltstätigkeit,
- Bei C-Unternehmen die Tätigkeit als Bauunternehmen,
- Bei B-Laden den Bekleidungshandel und bis zum Ende der Vermietung diese an die Ärztin,
- Bei W den Bau und die Reparatur von Luftfilteranlagen,
- Bei Händler A der Handel mit Servern,
- Bei Händlerin B der Großhandel mit Servern und
- Bei Hersteller die Herstellung von Servern.

Die Unternehmer sind, soweit sie in Deutschland umsatzsteuerliche Pflichten haben, zur Regelbesteuerung nach §§ 16, 18 UStG verpflichtet und haben monatliche Voranmeldungen abzugeben. Die persönlichen Voraussetzungen zum Vorsteuerabzug und zur Rechnungserstellung i. S. d. §§ 14, 15 UStG sind erfüllt. [2]

2 EuGH, Urteile v. 14.11.2000 - Rs. C-142/99 „Floridienne und Berginvest“ E4WAAAB-72578 1, v. 27.9.2001 - Rs. C-16/00 „Cibo Participations“ E4DAAAB-04883 1 und v. 29.4.2004 - Rs. C-77/01 „EDM“ E4HAAAB-72865 1, sowie Abschnitt 2.3 Abs. 2 Satz 1 UStAE.

3 Abschnitt 1.6 Abs. 3 Satz 5 UStAE.

4 Laut Bearbeitungshinweis vorgegeben; im Neugründungsfall erforderlich nach § 18 Abs. 2 Satz 4 UStG.

5 Abschnitt 1.6 Abs. 4 Satz 1 UStAE.

6 Abschnitt 1.6 Abs. 3 Satz 2 UStAE.

7 Laut Bearbeitungshinweis vorgegeben.

8 Abschnitt 2.6 Abs. 1 Satz 1 UStAE.

9 Laut Bearbeitungshinweis vorgegeben; im Neugründungsfall erforderlich nach § 18 Abs. 2 Satz 4 UStG.

Im Folgenden werden je Einzelsachverhalt der Übungsklausur zunächst die Ausgangsumsätze geprüft. Erst danach werden die Eingangsumsätze je Einzelsachverhalt der Übungsklausur sowie anschließend etwaige Vorsteuerberichtigungen des Einzelsachverhalts geprüft.

HINWEIS

Es ergibt Sinn, sich auch an die genannte Reihenfolge zu halten. Dennoch wird zur besseren Übersicht, da die Klausur sachverhaltsseitig nicht unterteilt ist, jeder herausgearbeitete Einzelsachverhalt erst vollständig abgebildet.

1.4.2 Büroräumlichkeiten

Mit der Erweiterung der Villa um einen Anbau erbringt das C-Unternehmen eine sog. Werklieferung gemäß § 3 Abs. 4 UStG. Zwischen A und dem C-Unternehmen wurde ein Werkvertrag geschlossen, welcher beinhaltet, dass das C-Unternehmen das fertige Werk in Form des Anbaus schuldet. Gemäß Sachverhalt beschafft das C-Unternehmen als Leistender sämtliche Hauptstoffe. Somit befindet sich der Ort der Werklieferung nach § 3 Abs. 7 Satz 1 UStG in Hamburg (= Inland gemäß § 1 Abs. 2 Satz 1 UStG). Als entgeltliche Leistung im Rahmen des Unternehmens des C-Unternehmens ist die Werklieferung in Deutschland steuerbar gem. § 1 Abs. 1 Nr. 1 UStG und mangels Steuerbefreiung des § 4 UStG mit dem Regelsteuersatz nach § 12 Abs. 1 UStG von 19 % steuerpflichtig.

[2,5] Das C-Unternehmen ist ein Unternehmer mit Sitz in Barcelona (= Spanien ist übriges Gemeinschaftsgebiet gem. § 1 Abs. 2a Satz 1 UStG), womit es sich um ein im Ausland ansässiges Unternehmen nach § 13b Abs. 7 Satz 1 UStG handelt. Es erbringt eine steuerpflichtige Werklieferung an A als anderen Unternehmer. Gemäß § 13b Abs. 5 Satz 6 UStG ist es dabei unerheblich, ob A die Leistung für sein Unternehmen bezieht. Daher tritt die Steuerschuldnerschaft des Leistungsempfängers A gemäß § 13b Abs. 2 Nr. 1 i. V. m. Abs. 5 Satz 1 UStG ein. Das C-Unternehmen muss gemäß § 14 Abs. 7 i. V. m. § 14a Abs. 5 UStG eine Nettorechnung erstellen. Bemessungsgrundlage gemäß § 10 Abs. 1 Satz 1 und Satz 2 UStG sind 2.000.000,00 € Entgelt für den Anbau, womit eine Umsatzsteuer in Höhe von 380.000,00 € entsteht. Die Steuer entsteht gemäß § 13b Abs. 2 UStG mit Ausstellung der Rechnung, mithin mit Ablauf des Voranmeldungszeitraums Juni 2024.

Hinsichtlich des Vorsteuerabzugs des A ist auf den Zweck der Leistung, die A bezieht zu blicken. Das C-Unternehmen ist, wie oben dargestellt, unzweifelhaft Unternehmer. Die Bauleistung ermöglicht A gem. § 15 Abs. 1 Nr. 4 UStG den Vorsteuerabzug, soweit die Leistung für sein Unternehmen bezogen wird. Da es sich bei der Leistung als Anbau an das Bestandsobjekt um nachträgliche Anschaffungs- bzw. Herstellungskosten i. S. d. Ertragsteuerrechts handelt, liegt ein eigenständiges Betrachtungsobjekt für umsatzsteuerliche Zwecke vor.[10] Es handelt sich bei dem Anbau um eine eigenständig nutzbare Anpassung/Erweiterung der Villa. Der Anbau soll ausschließlich privat und mithin für unternehmensfremde Zwecke des A genutzt werden. Daher kann die Leistung nicht dem Unternehmen zugeordnet werden, § 15 Abs. 1 Satz 2 UStG.[11] Als Folge scheidet ein Vorsteuerabzug für A aus.

[1,5] Weiterhin soll kurz auf einen etwaigen Vorsteuerabzug aus dem Erwerb der Immobilie von dem Ehepaar geschaut werden. Aus diesem Erwerb kann A ebenfalls keinen Vorsteuerabzug geltend machen, da das Ehepaar zwar grundsätzlich mit anderen unternehmerischen Aktivitäten Unternehmer sein könnte, jedoch die Villa bisher als private Wohnräume nutzte. Die Voraussetzungen des § 15 Abs. 1 Nr. 1 UStG sind nicht erfüllt. Eine Option zur Umsatzsteuer und damit ein etwaiger Vorsteuerabzug scheiden somit aus.

10 § 15a Abs. 6 UStG; Abschnitt 15.17 Abs. 7 Satz 11 ff. UStAE.

11 Abschnitt 15.2c Abs. 1 Satz 1 Nr. 2 Buchst. b Satz 3 UStAE.

1.4.3 Rechtsberatung

1.4.3.1 Mandatsniederlegung

Mit seiner Anwaltstätigkeit erbringt A eine sonstige Leistung i. S. d. § 3 Abs. 9 UStG an einen anderen Unternehmer, hier das E-Unternehmen. Bei der Rechtsanwaltsleistung an das italienische Unternehmen handelt es sich um einen Business-to-Business-Umsatz (B2B-Umsatz), dessen Ort nach § 3a Abs. 2 UStG bestimmt wird. Somit erfolgt die Leistungserbringung an dem Ort, an dem der Leistungsempfänger sein Unternehmen betreibt, hier also Rom. Rom ist jedoch nicht Inland i. S. d. § 1 Abs. 2 UStG, sodass der Umsatz des A nicht steuerbar i. S. d. § 1 Abs. 1 Nr. 1 UStG ist. Dennoch hat A die Umsatzsteuer für den Umsatz ausgewiesen, sodass es sich hierbei um einen unrichtigen Steuerausweis gemäß § 14c Abs. 1 UStG handelt. Die Steuer muss daher in Höhe des unrichtigen Steuerausweises dennoch gezahlt werden. Die Steuerentstehung richtet sich nach § 13 Abs. 1 Nr. 3 UStG und damit nach dem Zeitpunkt der Rechnungslegung. Da die Rechnung durch A im Mai 2024 gestellt wird, entsteht die Umsatzsteuer i. H. v. 19.000,00 € mit Ablauf des Voranmeldungszeitraums Mai 2024. Die Steuerschuldnerschaft wird hierbei nach § 13a Abs. 1 Nr. 1 UStG bestimmt. Somit ist bei dieser Steuerschuld des § 14c Abs. 1 UStG der Rechtsanwalt A der Steuerschuldner. [2]

1.4.3.2 Nachlassberatung

Vorliegend sind zwei Umsätze zu würdigen. Zunächst soll daher der Umsatz des P an den A gewürdigt werde. Dieser erbringt eine sonstige Leistung gemäß § 3 Abs. 9 UStG an den A. Hinsichtlich der Ortsbestimmung handelt es sich vorliegend um einen B2B-Umsatz, dessen Ort nach § 3a Abs. 2 UStG zu bestimmen ist, mithin in Hamburg als Inland nach § 1 Abs. 2 UStG. Der Umsatz ist somit im Inland steuerbar nach § 1 Abs. 1 Nr. 1 UStG. Besonderheit ist hier jedoch, dass es sich um einen Reverse-Charge-Sachverhalt handelt, da P nach § 13b Abs. 7 Satz 1 UStG ein im Ausland ansässiger Unternehmer ist, welcher eine nicht unter § 13b Abs. 1 UStG fallende sonstige Leistung erbringt (§ 13b Abs. 2 Nr. 1 UStG). Mangels Steuerbefreiung nach § 4 UStG ist der Umsatz steuerpflichtig und mit dem Regelsteuersatz des § 12 Abs. 1 UStG von 19 % zu besteuern. Als Umsatz im Rahmen des Reverse-Charge Verfahrens ist der Gesamtrechnungsbetrag des P i. H. v. 250.000,00 € die Bemessungsgrundlage nach § 10 Abs. 1 UStG.[12] Mithin beträgt die Umsatzsteuer 47.500,00 € (250.000,00 € • 19 %). Für die Steuerentstehung ist § 13b Abs. 2 Nr. 1 UStG maßgebend. Die Umsatzsteuer entsteht mit Ausstellung der Rechnung, spätestens mit Ablauf des der Ausführung der Leistung folgenden Kalendermonats. Da vorliegend sowohl Leistungsausführung als auch Rechnungslegung in den September fallen, entsteht die Umsatzsteuer mit Ablauf des Voranmeldungszeitraums September 2024. Steuerschuldner ist nach § 13b Abs. 5 Satz 1 UStG A als Leistungsempfänger. [2]

Dadurch dass A nicht nur selbst einige Anmerkungen zu der Stellungnahme des P hinzugefügt hat, sondern auch in die Erbringung der sonstigen Leistung des P eingeschaltet wurde, handelt es sich vorliegend in Bezug auf die Weiterleitung des Gutachtens des P um eine Besorgungsleistung des A für das Ehepaar. Die Beurteilung der Besorgungsleistung erfolgt nach § 3 Abs. 11 i. V. m. Abs. 9 UStG und stellt auf die Fiktion zweier inhaltlich gleicher Leistungen ab, welche getrennt beurteilt werden. Das eigene Gutachten des A ist eine weitere sonstige Leistung des A nach § 3 Abs. 9 UStG. In beiden Fällen erfolgt die Ortsbestimmung nach § 3a Abs. 1 UStG als B2C-Umsatz mit Ort in Hamburg (= Inland nach § 1 Abs. 2 UStG). Der Umsatz ist steuerbar nach § 1 Abs. 1 Nr. 1 UStG und mangels Steuerbefreiung des § 4 UStG auch steuerpflichtig. Der Steuersatz ergibt sich nach § 12 Abs. 1 UStG mit 19 %. Bemessungsgrundlage sind sowohl die verauslagten Kosten aus der Rechnung des P als auch die eigenen Aufwendungen bzw. die Provision des A. Die Bemessungsgrundlage bestimmt sich dabei nach § 10 Abs. 1 UStG mit 400.000,00 €. Die Umsatzsteuer darauf beträgt 76.000,00 € (400.000,00 € • 19 %). Gemäß § 13 Abs. 1 Nr. 1 Buchst. a Satz 1 UStG entsteht die Umsatzsteuer mit Ablauf des Voranmeldungszeitraums September 2024, da in diesem Monat die Leistung ausgeführt wird. Steuerschuldner ist mithin nach § 13a Abs. 1 Nr. 1 UStG A als Unternehmer. [2]

---

12 Siehe diesbezüglich § 14a Abs. 5 UStG zum Erfordernis der Rechnung.

[1] Aus der Leistung des P hat A einen Vorsteuerabzug, da er diese Leistung für sein Unternehmen bezieht. Der Vorsteuerabzug richtet sich nach § 15 Abs. 1 Nr. 4 UStG und ist ebenfalls für den Voranmeldungszeitraum September 2024 möglich. Die Vorsteuer kann i. H. v. 47.500,00 € abgezogen werden, da keine Ausschlusstatbestände des § 15 Abs. 1a ff. UStG ersichtlich sind.

1.4.3.3 Familienrecht

[2] Zwar erbringt A vorliegend eine Rechtsanwaltsleistung an die Unternehmerin L aus Frankreich, jedoch handelt es sich um eine familienrechtliche Angelegenheit, sodass L bei dem Umsatz als Privatperson den A beauftragt hat und auch insoweit durch ihn beraten wird. Es handelt sich bei der Beratung und Vertretung um eine sonstige Leistung gem. § 3 Abs. 9 UStG, welche als B2C-Umsatz qualifiziert. Die Ortbestimmung erfolgt daher nach § 3a Abs. 1 UStG mit Ort dort, wo A sein Unternehmen betreibt, mithin Hamburg. Die Ortsbestimmung des § 3a Abs. 4 Satz 1 und 2 Nr. 3 UStG kommt vorliegend nicht zum Tragen, da L nicht aus dem Drittland, sondern Frankreich, mithin dem übrigen Gemeinschaftsgebiet (§ 1 Abs. 2a UStG), kommt. Der Umsatz ist aufgrund der Ortsbestimmung im Inland steuerbar gemäß § 1 Abs. 1 Nr. 1 UStG. Mangels Steuerbefreiung nach § 4 UStG ist der Umsatz steuerpflichtig. Die Umsatzsteuer beträgt nach dem Regelsteuersatz des § 12 Abs. 1 UStG 19 %. Bemessungsgrundlage des Umsatzes ist nach § 10 Abs. 1 UStG das Entgelt, mithin die Gegenleistung der L an den A. Dabei ist zu beachten, dass Gerichtsgebühren nach § 10 Abs. 1 Satz 5 UStG als durchlaufende Posten nicht zur Bemessungsgrundlage gehören und damit nicht in die Bemessungsgrundlage einzubeziehen sind.[13] Mithin sind die Bemessungsgrundlage somit 12.605,04 € (15.000,00 € / 1,19), da die Umsatzsteuer aus den der L in Rechnung gestellten 15.000,00 € hinauszurechnen ist. Die Steuerentstehung richtet sich sodann nach § 13 Abs. 1 Nr. 1 Buchst. a Satz 1 UStG und erfolgt mit Leistungsausführung, mithin im Voranmeldungszeitraum Juli 2024. Als Unternehmer ist A nach § 13a Abs. 1 Nr. 1 UStG der Steuerschuldner.

1.4.3.4 Familiensache

[2] Auch an seine Mutter N erbringt der A eine Rechtsanwaltsleistung. Bei dem Umsatz handelt es sich um eine sog. unentgeltliche sonstige Leistung gemäß § 3 Abs. 9a Nr. 2 UStG. Dies ist deshalb gegeben, da die Erbringung an N außerhalb des Unternehmens des A liegt. Mithin erbringt er die Leistung, für die ihm nahestehende N und es kann sich vorliegend auch nicht um eine Aufmerksamkeit handeln. Der Ort für diesen Umsatz bestimmt sich nach § 3a Abs. 1 UStG als Business-to-Consumer-Umsatz (B2C-Umsatz) und hat somit seinen Ort in Hamburg, mithin im Inland nach § 1 Abs. 2 Satz 1 UStG. Somit ist der Umsatz nach § 1 Abs. 1 Nr. 1 UStG steuerbar und mangels Steuerbefreiungsvorschrift des § 4 UStG auch steuerpflichtig. Der Steuersatz beträgt 19 % nach § 12 Abs. 1 UStG. Für die Bemessungsgrundlage ist vorliegend zu beachten, dass die Sonderregelung des § 10 Abs. 4 UStG heranzuziehen ist. Hier handelt es sich um einen Umsatz nach § 3 Abs. 9a Nr. 2 UStG, sodass § 10 Abs. 4 Satz 1 Nr. 3 UStG einschlägig ist und nur die entstandenen Ausgaben bei der Bemessungsgrundlage Berücksichtigung finden. Die Aufwendungen betragen vorliegend netto 150,00 € für die Materialaufwendungen, auf die der Steuersatz berechnet wird. Mithin beträgt die Umsatzsteuer 28,50 €. Für die Steuerentstehung ist die Leistungsausführung relevant, § 13 Abs. 1 Nr. 2 UStG. Somit entsteht die Steuer mit Ablauf des Voranmeldungszeitraums August 2024. Steuerschuldner ist der A als Unternehmer nach § 13a Abs. 1 Nr. 1 UStG.

1.4.4 Digitale Rechtsberatung

[1] In der Gewährung der Gesellschaftsanteile an der L-OHG an A und H liegt kein steuerbarer Vorgang der L-OHG.[14] Durch das bloße Halten der gesellschaftsrechtlichen Beteiligung ist A als Gesellschafter grundsätzlich kein Unternehmer i. S. d. § 2 Abs. 1 Satz 1 und Satz 3 UStG.[15] Dies ändert nichts an den weiteren unternehmerischen Tätigkeiten des A als u. a. Rechtsanwalt. Ebenfalls ist H als Gesellschafter durch das bloße Halten der gesellschaftsrechtlichen Beteiligung grund-

13 Siehe auch Abschnitt 10.4 Abs. 2 UStAE.

14 Vgl. Abschnitt 1.6 Abs. 2 Satz 1 UStAE

15 Vgl. Abschnitt 2.3 Abs. 2 Satz 1 UStAE.

sätzlich kein Unternehmer i. S. d. § 2 Abs. 1 Satz 1 und Satz 3 UStG.[16] Hier können in diesem Zusammenhang jedoch weitere Leistungen von Bedeutung sein, wie nachfolgend dargestellt.

1.4.4.1 Einlagen des A und H

A leistet eine Bareinlage für die erhaltenen Gesellschaftsrechte. Dieser Vorgang ist ohne umsatzsteuerliche Folgen.[17] Es handelt sich um eine bloße Entgeltentrichtung des A, welche zwar eine Leistung im Rechtssinne, nicht jedoch im wirtschaftlichen Sinn ist. [1]

Die Sacheinlage des H ist differenzierter zu betrachten. H bringt einen Teil seiner unternehmerischen Aktivitäten in die L-OHG ein, worin eine nicht steuerbare Geschäftsveräußerung im Ganzen gem. § 1 Abs. 1a UStG liegen könnte. Für eine Geschäftsveräußerung im Ganzen gem. § 1 Abs. 1a UStG ist erforderlich, dass die wesentlichen Grundlagen eines Unternehmens oder eines gesondert geführten Betriebs an einen anderen Unternehmer für dessen Unternehmen übertragen werden. Es ist entscheidend, dass die übertragenen Vermögensgegenstände ein hinreichendes Ganzes bilden, welches es dem Erwerber ermöglicht, die bisherige unternehmerische Tätigkeit des Veräußerers fortzusetzen. Zudem ist es zwingend erforderlich, dass der Erwerber dies auch tatsächlich tut.[18] Beides ist im Rahmen einer Gesamtwürdigung nach der Art der übertragenen Vermögensgegenstände und des Grades der Übereinstimmung oder Ähnlichkeit zwischen der Tätigkeit, welche vor und welche nach der Übertragung ausgeübt wird, zu prüfen.[19] Diese Prüfung kann vorliegend als bestanden betrachtet werden, da die L-OHG die gesamte unternehmerische Tätigkeit des einzubringenden Digitalunternehmens des H samt Personal übernimmt. Die Übertragung an die L-OHG ist unentgeltlich, was der Anwendung des § 1 Abs. 1a UStG nicht entgegensteht und bezieht sich entsprechend des Sachverhalts auf einen in der Gliederung seines Unternehmens gesondert geführten Betrieb. [3]

Weiterhin erscheint fraglich, ob der Zurückbehalt einzelner Wirtschaftsgüter der nichtsteuerbaren Geschäftsveräußerung im Ganzen entgegenstehen kann. Wobei zu beachten ist, dass eine nichtsteuerbare Geschäftsveräußerung im Ganzen auch anzunehmen ist, wenn bei der entgeltlichen oder unentgeltlichen Übereignung eines Unternehmens im Ganzen einzelne unwesentliche Wirtschaftsgüter von dieser Übereignung ausgenommen werden.[20] Jedoch handelt es sich bei einem Grundstück nicht um eine unwesentliche Betriebsgrundlage. Dennoch liegt eine nichtsteuerbare Geschäftsveräußerung im Ganzen vor, wenn einzelne wesentliche Wirtschaftsgüter, wie beispielsweise die dem Unternehmen dienenden Grundstücke, nicht mit dinglicher Wirkung übertragen werden. Dies steht jedoch unter dem Vorbehalt, dass sie dem Erwerber vermietet oder verpachtet werden und somit eine dauerhafte Fortführung des Unternehmens durch den Erwerber sichergestellt ist.[21] In diesem Zusammenhang hat die Rechtsprechung entwickelt, dass eine langfristige Vermietung oder Verpachtung für z. B. acht Jahre[22] ebenso ausreichend ist wie eine Vermietung oder Verpachtung auf unbestimmte Zeit.[23] Da L-OHG mit H einen Mietvertrag über zehn Jahre mit zwei jeweils zehnjährigen Verlängerungsoptionen geschlossen hat, ist dies für die Geschäftsveräußerung im Ganzen ausreichend. Somit steht der Zurückbehalt der Immobilie durch H der Geschäftsveräußerung im Ganzen nicht entgegen.

Damit tritt die L-OHG in die umsatzsteuerrechtliche Stellung des H ein, § 1 Abs. 1a Satz 2 UStG, und der gesamte Vorgang ist nach § 1 Abs. 1a UStG nicht steuerbar. Als Folge verändert sich ab dem 1. Juli 2024 der Umfang des Unternehmens des H insoweit gemäß § 2 Abs. 1 Satz 1 und Satz 3 UStG.[24] Dies berührt jedoch nicht seine weiteren unternehmerischen Aktivitäten und sei- [3]

16 Abschnitt 2.3 Abs. 2 Satz 1 UStAE.
17 Abschnitt 1.1 Abs. 3 Satz 2 und Satz 3 UStAE, Abschnitt 2.3 Abs. 1 Satz 4 UStAE.
18 BFH-Urteil vom 18.9.2008 - V R 21/07, BStBl 2009 II S. 254.
19 BFH-Urteil vom 23.8.2007 - V R 14/05, BStBl 2008 II S. 165.
20 BFH-Urteil vom 1.8.2002 - V R 17/01, BStBl 2004 II S. 626.
21 BFH-Urteile vom 15.10.1998, V R 69/97, BStBl 1999 II S. 41, und vom 4.7.2002, V R 10/01, BStBl 2004 II S. 662.
22 BFH-Urteil vom 23.8.2007 - V R 14/05, BStBl 2008 II S 165
23 EuGH-Urteil vom 10.11.2011 - C-444/10, Schriever, BStBl 2012 II S. 848, und BFH-Urteil vom 18.1.2012, XI R 27/08, BStBl II S. 842
24 Abschnitt 2.6 Abs. 4 Satz 1 UStAE.

ne Unternehmereigenschaft als solche, wenn er – wie laut Sachverhalt ersichtlich – noch in anderer Art Unternehmer ist.

1.4.4.2 Vermietung des H

[1] Mit der Vermietung der Immobilie an die L-OHG erbringt H eine sonstige Leistung nach § 3 Abs. 9 UStG. Grundsätzlich ergibt sich die Ortbestimmung hier nach § 3a Abs. 2 UStG als B2B-Umsatz. Jedoch ist für den Vermietungsumsatz die Ortsvorschrift des § 3a Abs. 3 Nr. 1 Satz 1 und 2 Buchst. a UStG einschlägig. Ausgeführt werden die sonstigen Leistungen somit an dem Ort, an dem die Immobilie belegen ist, mithin in Hamburg (= Inland gemäß § 1 Abs. 2 Satz 1 UStG). Die Umsätze sind nach § 1 Abs. 1 Nr. 1 UStG steuerbar, aber grundsätzlich steuerfrei (§ 4 Nr. 12 Buchst. a UStG).

[2] Die Räumlichkeiten sind an die L-OHG vermietet, welche die angemieteten Räumlichkeiten für ihr Unternehmen nutzt. Die Voraussetzungen des § 9 Abs. 1 UStG sind somit erfüllt. Aus der unternehmerischen Tätigkeit als Digitalunternehmen erzielt die L-OHG grundsätzlich nur Ausgangsumsätze, die zum Vorsteuerabzug berechtigen (§ 15 Abs. 1 UStG). Auch die Voraussetzungen des § 9 Abs. 2 UStG sind mithin erfüllt. Für die Vermietung an die L-OHG kann H somit wirksam zur Steuerpflicht optieren, womit die Vermietung steuerpflichtig wird. Dass die Option von beiden Vertragspartnern gewünscht ist, wird durch den Passus „zuzüglich gesetzlich geschuldeter Umsatzsteuer" im Mietvertrag dokumentiert. Aufgrund der monatlichen Mietzahlungen wird die Vermietungsleistung in monatlichen Teilleistungen gemäß § 13 Abs. 1 Nr. 1 Buchst. a Satz 2 und 3 UStG erbracht. Gemäß § 10 Abs. 1 Satz 1 und 2 UStG beträgt die Bemessungsgrundlage als Entgelt monatlich somit 50.000,00 €. Die Umsatzsteuer beträgt bei einem Steuersatz von 19 % als Regelsteuersatz nach § 12 Abs. 1 UStG 9.500,00 €. Die Steuer entsteht gemäß § 13 Abs. 1 Nr. 1 Buchst. a Satz 2 und 3 UStG mit Ablauf des jeweiligen Voranmeldungszeitraums, in dem die entsprechende Teilleistung erbracht wird, also mit Ablauf der Voranmeldungszeiträume Juli bis Dezember 2024. Steuerschuldner ist gemäß § 13a Abs. 1 Nr. 1 UStG der leistende Unternehmer H.

[1] Aus der an sie ausgeführten Vermietung der Immobilie hat die L-OHG einen Vorsteuerabzug, da sie Unternehmerin i. S. d. § 2 Abs. 1 Satz 1 und 3 UStG ist und die Voraussetzung des § 15 Abs. 1 Satz 1 UStG erfüllt sind. Es handelt sich nämlich um eine gesetzlich geschuldete Steuer, die bei der sonstigen Leistung des H an die L-OHG gezahlt wird (§ 15 Abs. 1 Satz 1 Nr. 1 UStG). Mithin hat die L-OHG in den Voranmeldungszeiträumen Juli bis Dezember 2024 jeweils einen Vorsteuerabzug in Höhe von 9.500,00 €; Ausschlussgründe nach § 15 Abs. 2 UStG bestehen nicht.

1.4.4.3 Geschäftsführung des H

Die Tätigkeit des A für die L-OHG wird als Gesellschafterbeitrag durch die Beteiligung am Ergebnis abgegolten, da A keine Sondervergütung erhält.[25] Insoweit liegt kein steuerbarer Umsatz nach § 1 Abs. 1 Nr. 1 UStG vor.

[2] Anders indes bei H, welcher durch seine Tätigkeit als Geschäftsführer eine sonstige Leistung i. S. d. § 3 Abs. 9 UStG an die OHG erbringt. Der Ort dieser sonstigen Leistung bestimmt sich nach § 3a Abs. 2 UStG als B2B-Umsatz danach, wo der Leistungsempfänger sein Unternehmen betreibt, mithin in Hamburg (= Inland gem. § 1 Abs. 2 Satz 1 UStG). Eine Sondervorschrift bezüglich der Ortsbestimmung gem. § 3a Abs. 3 ff. UStG greift nicht. Die Leistung des H an die Gesellschaft erfolgt gegen ein Sonderentgelt im Rahmen eines Leistungsaustauschs zwischen H und der L-OHG. Es liegt somit ein steuerbarer Umsatz nach § 1 Abs. 1 Nr. 1 UStG vor, der mangels Steuerbefreiung des § 4 UStG steuerpflichtig ist. Der anzuwendende Regelsteuersatz beträgt 19 % gemäß § 12 Abs. 1 UStG. Bemessungsgrundlage ist nach § 10 Abs. 1 Satz 1 und 2 UStG das Entgelt, mithin alles, was der Leistungsempfänger aufwendet, abzüglich der gesetzlich geschuldeten Umsatzsteuer. Das Entgelt beträgt laut Sachverhalt 15.000,00 € monatlich, die Umsatzsteuer hierauf 2.850,00 € (15.000,00 € • 19 %).

25 Vgl. Abschnitt 1.6 Abs. 3 Satz 1 und Satz 2 UStAE.

Es liegt eine Teilleistung nach § 13 Abs. 1 Nr. 1 Buchst. a Satz 2 und 3 UStG vor. Diese Leistung ist [1] gegeben, da eine nach der wirtschaftlichen Betrachtungsweise sinnvoll teilbare Leistung nicht als Ganzes, sondern jeweils in einzelnen Teilen geschuldet und bewirkt wird.[26] Damit eine Leistung in Teilen geschuldet wird, muss für bestimmte Teile dieser Leistung das jeweilige Entgelt gesondert vereinbart werden gemäß § 13 Abs. 1 Nr. 1 Buchstabe a Satz 3 UStG. Auch in diesen Fällen ist das Entgelt nach den Grundsätzen des § 10 Abs. 1 UStG zu ermitteln. Für die jeweils monatliche Abrechnung der Geschäftsführervergütung ist dies mithin gegeben. Die Steuerentstehung erfolgt nach § 13 Abs. 1 Nr. 1 Buchst. a Satz 2 und 3 UStG als wirtschaftlich sinnvoll teilbare Teilleistung mit Ablauf des jeweiligen Voranmeldungszeitraums Juli bis Dezember 2024. Steuerschuldner ist H als Unternehmer (§ 13a Abs. 1 Nr. 1 UStG).

Aus der für die L-OHG ausgeführten Tätigkeit hat diese einen Vorsteuerabzug, da sie Unterneh- [1] merin i. S. d. § 2 Abs. 1 Satz 1 und 3 UStG ist und die Voraussetzung des § 15 Abs. 1 Satz 1 UStG erfüllt ist. Es handelt sich nämlich um eine gesetzlich geschuldete Steuer, die bei der sonstigen Leistung des H an die L-OHG gezahlt wird (§ 15 Abs. 1 Satz 1 Nr. 1 UStG). Mithin hat die L-OHG in den Voranmeldungszeiträumen Juli bis Dezember 2024 jeweils einen Vorsteuerabzug in Höhe von 2.850,00 €; Ausschlussgründe nach § 15 Abs. 2 UStG bestehen nicht.

1.4.5 Wachstum

1.4.5.1 Immobilienvermietung

Mit der Vermietung der Immobilie an die Ärztin erbringt der B-Laden eine sonstige Leistungen [1] nach § 3 Abs. 9 UStG. Auch wenn ausschließlich an eine Unternehmerin (B2B-Umsatz) vermietet wird, bestimmt sich der Ort der Vermietungsleistung nach § 3a Abs. 3 Nr. 1 Satz 1 und 2 Buchst. a UStG. Ausgeführt werden die sonstigen Leistungen somit an dem Ort, an dem die Immobilie belegen ist, mithin in Hamburg (= Inland gemäß § 1 Abs. 2 Satz 1 UStG). Die Umsätze sind nach § 1 Abs. 1 Nr. 1 UStG steuerpflichtig und grundsätzlich steuerfrei (§ 4 Nr. 12 Buchst. a UStG). Aufgrund der monatlichen Mietzahlungen wird die Vermietung in monatlichen Teilleistungen gemäß § 13 Abs. 1 Nr. 1 Buchst. a Satz 2 und 3 UStG erbracht.

Das 4. Obergeschoss ist an die Ärztin vermietet. Diese ist unzweifelhaft Unternehmerin und nutzt [1] die Räume für ihr Unternehmen. Damit sind die Voraussetzungen des § 9 Abs. 1 UStG erfüllt. Mit ihrer Tätigkeit als Ärztin führt die Mieterin jedoch steuerfreie Ausgangsumsätze i. S. d. § 4 Nr. 14 Buchst. a UStG aus. Die Voraussetzung zur Option nach § 9 Abs. 2 UStG scheitert, weil die Ausgangsumsätze der Mieterin nach § 15 Abs. 2 Nr. 1 UStG den Vorsteuerabzug ausschließen. Somit ist eine Option zur Steuerpflicht nicht möglich und die Vermietungen sind zwingend steuerfrei. Mithin bleiben die Umsätze steuerfrei mit einer Bemessungsgrundlage nach § 10 Abs. 1 Satz 1 und Satz 2 UStG von 1.000,00 €. Die Umsätze sind analog § 13 Abs. 1 Satz 1 Nr. 1 Buchst. a Satz 2 und 3 UStG in den monatlichen Voranmeldungszeiträumen Januar bis August 2024 als steuerbefreite Umsätze zu erklären.

Bei Teilleistungen ist jeweils auf eine wirtschaftlich sinnvolle Teilbarkeit abzustellen. HINWEIS

1.4.5.2 Grundstücksveräußerung

Mit Übergang von Nutzen und Lasten mit Ablauf des 31. August 2024 veräußert der B-Laden seine Immobilie in Hamburg an die L-OHG. Eine Geschäftsveräußerung im Ganzen (§ 1 Abs. 1a UStG) ist in der Veräußerung des B-Laden an die L-OHG nicht zu sehen. Zwar bestand die unternehmerische Tätigkeit des B-Laden teilweise auch in der Vermietung der Immobilie, jedoch beabsichtigt die L-OHG als Erwerberin, diese Vermietung nicht fortzusetzen. Die LOHG möchte auch den bisher fremdvermieteten Gebäudeteil für eigene unternehmerische Zwecke als Bürofläche nutzen. Bei Übernahme der Immobilie ist bereits der entsprechende Mietvertrag gekündigt und die Mieterin ausgezogen.

26 Abschnitt 13.4 Satz 1 ff. UStAE mit entsprechenden Beispielen.

[2] Somit erbringt der B-Laden mit der Veräußerung der Immobilie eine Lieferung gem. § 3 Abs. 1 UStG. Der Ort dieser ruhenden Lieferung ist gem. § 3 Abs. 7 Satz 1 UStG in Hamburg (= Inland gemäß § 1 Abs. 2 Satz 1 UStG). Somit ist die Lieferung in Deutschland steuerbar gem. § 1 Abs. 1 Nr. 1 UStG. Sie ist mit Übergang von Nutzen und Lasten mit Ablauf des 31. August 2024 ausgeführt. Es handelt sich um einen Umsatz, der unter das Grunderwerbsteuergesetz fällt. Daher ist auf die Lieferung die Vorschrift zur steuerbefreiten Grundstückslieferung nach § 4 Nr. 9 Buchst. a UStG anzuwenden.

[2] Vorliegend konnte jedoch wirksam auf die Steuerbefreiung verzichtet und zur Umsatzsteuerpflicht optiert werden. Die L-OHG als Unternehmerin ist Erwerberin und erwirbt die Immobilie für ihr Unternehmen, den Betrieb der digitalen Rechtsberatung. Die nach § 9 Abs. 1 UStG notwendigen Voraussetzungen sind erfüllt. Zudem ist der Verzicht auf die Steuerbefreiung laut Sachverhalt gem. § 9 Abs. 3 Satz 2 UStG ausdrücklich im Notarvertrag erfolgt. Die ruhende Lieferung ist somit steuerpflichtig, wobei die Bemessungsgrundlage nach § 10 Abs. 1 Satz 1 und 2 UStG 3.600.000,00 € beträgt. Bei dem im Notarvertrag vereinbarten Gesamtkaufpreis handelt es sich um einen Betrag ohne Umsatzsteuer gemäß § 14a Abs. 5 Satz 2 UStG. Die Umsatzsteuer ist auf den Nettobetrag zu berechnen und beträgt bei dem Steuersatz von 19 % nach § 12 Abs. 1 UStG 684.000,00 € (3.600.000,00 € • 19 %).

[2] Steuerschuldner ist nicht der B-Laden, sondern die L-OHG, da es sich um einen Fall des § 13b Abs. 2 Nr. 3 UStG handelt. Es ist ein umsatzsteuerpflichtiger Umsatz gegeben, der unter das Grunderwerbsteuergesetz fällt. Damit bleibt der B-Laden von den umsatzsteuerlichen Folgen aus der Veräußerung befreit. Gem. § 13b Abs. 2 UStG entsteht die Umsatzsteuer mit Ausstellung der Rechnung, hier mit Abschluss des Notarvertrag, welcher eine ordnungsgemäße Rechnung i. S. d. Umsatzsteuerrechts darstellt,[27] am 16. August 2024, mithin im Voranmeldungszeitraum August 2024. Die Steuerschuldnerschaft geht gem. § 13b Abs. 5 Satz 1 i. V. m. Abs. 2 Nr. 3 UStG auf die Leistungsempfängerin, die L-OHG als Unternehmerin, über.

[1] Für den steuerbaren und steuerpflichtigen Erwerb der Immobilie nach § 13b Abs. 2 Nr. 3 UStG kann die L-OHG gemäß § 15 Abs. 1 Nr. 4 UStG im selben Voranmeldungszeitraum, in welchem der Umsatz anzumelden ist, einen Vorsteuerabzug geltend machen. Es handelt sich um eine Leistung, welche die L-OHG für ihr Unternehmen bezogen hat. Hinsichtlich der beim Kauf der Immobilie beabsichtigten Nutzung für eigene unternehmerische Zwecke reicht die Verwendungsabsicht der L-OHG für die Geltendmachung des Vorsteuerabzugs nach der Verwaltungsanweisung aus.[28] Die Vorsteuer ist komplett abziehbar gemäß § 15 Abs. 1 Nr. 4 UStG, mithin in Höhe von 684.000,00 €.

1.4.5.3 Luftfilteranlage

[3] W ist Unternehmer i. S. d. § 2 Abs. 1 Satz 1 und Satz 3 UStG. Mit der Instandsetzung der Luftfilteranlage erbringt er eine Leistung, welche gemäß § 3 Abs. 4 UStG als Werklieferung zu qualifizieren ist und auf welche daher die Grundsätze für Lieferungen Anwendung finden. Der W bringt nämlich sämtliche Hauptstoffe selbst bei.[29] Es gelten zur Ortsbestimmung somit die Regeln für Lieferungen. Da die Luftfilteranlage sich im Gebäude des B-Ladens befindet, handelt es sich um eine unbewegte Lieferung gemäß § 3 Abs. 7 Satz 1 UStG. Der Ort ist somit in Hamburg, wodurch ein steuerbarer Umsatz des W vorliegt (§ 1 Abs. 1 Nr. 1 UStG), welcher mangels Steuerbefreiung nach § 4 UStG steuerpflichtig ist. Die Bemessungsgrundlage ist alles, was der Leistungsempfänger aufwendet, abzüglich der Umsatzsteuer, mithin das Entgelt gemäß § 10 Abs. 1 Satz 1 und Satz 2 UStG. Der Steuersatz beträgt gemäß § 12 Abs. 1 UStG 19 %. Hierbei ist zu beachten, dass es sich um einen Fall des § 13b Abs. 2 Nr. 1 UStG handelt. W erbringt an den B-Laden eine Werklieferung und ist weiterhin gemäß § 13b Abs. 7 Satz 1 UStG im Ausland ansässig, nämlich in Polen. Es kommt somit zur Steuerschuldnerschaft des Leistungsempfängers B-Laden nach § 13b Abs. 5 Satz 1 UStG und die Steuer entsteht mit Ausstellung der Rechnung, spätestens mit Ablauf des

27 Abschnitt 14.1 Abs. 2 Satz 1 UStAE sowie Herleitung aus BFH-Urteil vom 11.10.2007 - V R 27/05, BStBl 2008 II S. 438.

28 BFH-Urteil vom 22.3.2001 - V R 46/00, BStBl. 2003 II S. 433; Abschnitt 15.12 Abs. 1 Satz 5 bis 8 UStAE.

29 Zur Differenzierung von Werklieferung und Werkleistung Abschnitt 3.8 UStAE.

der Ausführung der Leistung folgenden Kalendermonats gem. § 13b Abs. 2 UStG. Somit entsteht die Steuer in Höhe von 1.045,00 € (5.500,00 € • 19 %) mit Ablauf des Voranmeldungszeitraums April 2024, da in diesem die Rechnung ausgestellt wurde.

Aufgrund der Steuerschuldnerschaft des Leistungsempfängers ergibt sich der Anspruch auf Vorsteuerabzug für den B-Laden somit im Voranmeldungszeitraum April 2024 gem. § 15 Abs. 1 Nr. 4 UStG. Auf die Höhe der tatsächlich abziehbaren Vorsteuer hat jedoch die Vermietung des 4. Obergeschosses Auswirkung. Da dieses steuerfrei vermietet war, bestand nach § 15 Abs. 2 Nr. 1 i. V. m. § 4 Nr. 12 UStG ein Ausschlussgrund. Die Vorsteuer muss gemäß § 15 Abs. 4 UStG aufgeteilt werden. Es ist als Aufteilungsmaßstab die vermietete Grundfläche des Gebäudes heranzuziehen.[30] Damit sind 80 % der Vorsteuer abziehbar (800 qm von 1.000 qm = 80 % sind steuerpflichtig vermietet und 200 qm von 1.000 qm = 20 % sind steuerfrei vermietet).

Abziehbar als Vorsteuer ist somit ein Betrag in Höhe von 836,00 € (1.045,00 € • 80 %). Dieser Betrag ist im Monat der Rechnungserteilung, mithin im Voranmeldungszeitraum April 2024, durch den B-Laden abziehbar. [2]

1.4.5.4 Vorsteuerberichtigungen

1.4.5.4.1 Immobilienveräußerung

Gemäß § 15 UStG entsteht das Recht zum Vorsteuerabzug im Zeitpunkt des Leistungsbezugs oder im Falle der sog. Vorauszahlung bzw. Anzahlung im Zahlungszeitpunkt. Wenn sich bei einem der in § 15a UStG genannten Berichtigungsobjekte die für den ursprünglichen Vorsteuerabzug maßgebenden Verhältnisse ändern, ist der maßgebliche Vorsteuerabzug zu berichtigen. Erforderlich ist, dass die Grenzen des § 44 UStDV überschritten sind. Damit verfolgt § 15a UStG das Ziel, dass der Vorsteuerabzug so berichtigt wird, dass dieser den tatsächlichen wirtschaftlichen und umsatzsteuerlichen Verhältnissen bei der Verwendung des fraglichen Wirtschaftsguts oder der entsprechenden sonstigen Leistung angepasst wird. Als Wirtschaftsgüter für Zwecke des § 15a UStG kommen Gegenstände infrage, an denen nach § 3 Abs. 1 UStG die Verfügungsmacht verschafft werden kann. Dabei muss das Wirtschaftsgut aus der Sicht des Durchschnittsverbrauchers selbständig verkehrsfähig und bewertbar sein.[31] Sofern das Wirtschaftsgut bzw. die sonstige Leistung dabei nicht nur einmalig zur Ausführung von Umsätzen verwendet wird, ist auf die tatsächliche Verwendung und die maßgeblichen Verhältnisse während des gesamten Berichtigungszeitraums abzustellen. Verfahrenstechnisch ist der Ausgleich des Vorsteuerabzugs grundsätzlich bei der Steuerfestsetzung für den Voranmeldungszeitraum vorzunehmen, in welchem sich die Verhältnisse gegenüber den für den ursprünglichen Vorsteuerabzug maßgebenden Verhältnissen geändert haben.[32]

Der maßgebliche Berichtigungszeitraum, für den eine Anpassung des Vorsteuerabzugs durchzuführen ist, beträgt in der Regel volle fünf Jahre ab dem Beginn der erstmaligen tatsächlichen Verwendung des entsprechenden Wirtschaftsgutes. Bei Grundstücken einschließlich ihrer wesentlichen Bestandteile, bei Berechtigungen, für die die Vorschriften des bürgerlichen Rechts über Grundstücke gelten, und bei Gebäuden auf fremdem Grund und Boden verlängert sich der Berichtigungszeitraum auf volle zehn Jahre nach § 15a Abs. 1 Satz 2 UStG. Dieser Berichtigungszeitraum von zehn Jahren gilt auch für Betriebsvorrichtungen, die als wesentliche Bestandteile auf Dauer in ein Gebäude eingebaut werden.[33] Sofern Wirtschaftsgüter eine kürzere tatsächliche Verwendungsdauer haben, ist der entsprechend kürzere Berichtigungszeitraum anzusetzen, § 15a Abs. 5 Satz 2 UStG. Für die Prüfung, ob von einer kürzeren Verwendungsdauer auszugehen ist, ist auf die betriebsgewöhnliche Nutzungsdauer, die nach ertragsteuerlichen Grundsätzen für das Wirtschaftsgut anzusetzen ist, abzustellen. Es ist zu beachten, dass § 45 UStDV für die Ermittlung des Beginns des Berichtigungszeitraums analog anzuwenden ist.[34]

30 BFH-Urteil 12.3.1992 - V R 70/87, BStBl. II S. 755; Abschnitt 15.17 Abs. 7 Satz 4 UStAE.
31 BFH-Urteil vom 3.11.2011 - V R 32/10, BStBl 2012 II S. 525.
32 Vgl. für diese Einleitung zu Vorsteuerberichtigungen Abschnitt 15a.1 Abs. 1 UStAE.
33 BFH-Urteil vom 14.7.2010 - XI R 9/09, BStBl II S. 1086.
34 Vgl. für diese Einleitung zu Vorsteuerberichtigungen Abschnitt 15a.3 Abs. 1 UStAE.

[2] Aufgrund der Veräußerung der Immobilie wird eine Vorsteuerberichtigung (§ 15a UStG) ausgelöst. Grund dafür ist, dass dem B-Laden bei Erwerb für den steuerpflichtig eigengenutzten Teil, das Erdgeschoss und das 1. bis 3. Obergeschoss, nach § 15 Abs. 1 Nr. 4 UStG der volle Vorsteuerabzug zustand, für den steuerfrei vermieteten Teil im 4. Obergeschoss dagegen nicht. Durch die nunmehr vollständig steuerpflichtige Veräußerung der gesamten Immobilie im August 2024 auf den Beginn September 2024 haben sich die für den ursprünglichen Vorsteuerabzug maßgeblichen Verhältnisse, bezogen auf das 4. Obergeschoss geändert. Die damit einhergehende Änderung der Nutzungsverhältnisse nach § 15a Abs. 8 und Abs. 9 UStG lässt die Vorsteuerberichtigung zu. Der B-Laden hat ein nicht nur einmalig verwendbares Wirtschaftsgut, welches noch verwendungsfähig ist, vor Ablauf des nachfolgend aufgezeigten maßgeblichen Berichtigungszeitraums veräußert. Diese Veräußerung ist anders zu beurteilen als die für den ursprünglichen Vorsteuerabzug maßgeblichen Verhältnisse.

[1] Die Immobilie ist ein Wirtschaftsgut, das nicht nur einmalig zur Ausführung von Umsätzen verwendet wird. Daher beträgt der Berichtigungszeitraum nach § 15a Abs. 1 Satz 1 und Satz 2 UStG zehn Jahre. Er beginnt im Grundsatz mit erstmaliger Verwendung am 1. April 2020 und endet mithin zehn Jahre später am 31. März 2030. Die Vereinfachungsregelung des § 45 Satz 1 UStDV, wonach der Berichtigungszeitraum in den Fällen, in denen dieser vor dem 16. eines Kalendermonats endet, ohne Berücksichtigung dieses Monats ermittelt wird, führt zu keiner Änderung. Eine Vereinfachung nach § 44 Abs. 1 UStDV entfällt, da die auf die Anschaffungskosten entfallende Vorsteuer die Grenze von 1.000,00 € überstieg.

HINWEIS

Zur Vermeidung von Fehlern sollte im Rahmen des § 45 UStDV immer vom ermittelten Enddatum des Berichtigungszeitraums ausgegangen werden (und nicht vom Beginn).

Ermittlung des Berichtigungsbetrags für 2024:

- Beabsichtigte vorsteuerunschädliche Nutzung 2024: 12 Monate • 80 % = 960 % / 12 Monate = 80 %.
- Tatsächliche vorsteuerunschädliche Nutzung 2024:
  - 8 Monate • 80 % = 640 %
  - 4 Monate • 100 % = 400 %
  - = 1.040 % / 12 Monate = 86,67 %
- Bisher in Abzug gebrachte Vorsteuer für 2024: 380.000,00 € • 1/10 • 80 % = 30.400,00 €.
- Nunmehr in Abzug zu bringende Vorsteuer für 2024: 380.000,00 € • 1/10 • 86,67 % = 32.934,60 €.

HINWEIS

Die Darstellung des § 15a UStG bzw. der Berechnung kann auch anders erfolgen, wichtig ist, dass neben dem Ergebnis auch die Berechnung nachvollzogen werden kann.

[2] Die Differenz in Höhe von 2.534,60 € wurde 2024 bisher zu wenig an Vorsteuer berücksichtigt und ist zugunsten des B-Laden zu berichtigen, sofern keine Vereinfachung nach § 44 Abs. 2 UStDV greift. Da es sich bei der Berichtigung um einen Betrag unter 10 % Nutzungsänderung handelt, entfällt nach § 44 Abs. 2 Satz 1 UStDV die Berichtigung. Gemäß der Vereinfachung nach § 44 Abs. 2 Satz 2 UStDV kommt die Berichtigung jedoch wieder zur Anwendung, da der Berichtigungsbetrag insgesamt 1.000 € übersteigt.

Da es sich hier um einen Fall des § 15a Abs. 8 UStG handelt, sind § 15a Abs. 9 UStG und § 44 Abs. 3 Satz 2 UStDV einschlägig. Die Berichtigung ist demnach so vorzunehmen, als wenn die Immobilie bis zum Ende des Berichtigungszeitraums für das Unternehmen verwendet worden wäre. Dabei ist die Berechnung für das Jahr der Lieferung und die folgenden Kalenderjahre bereits in dem Voranmeldungszeitraum vorzunehmen, in dem die Lieferung stattgefunden hat. Mithin ist für August 2024 (Übergang Nutzen und Lasten) die gesamte Berichtigung anzumelden.

Ermittlung des Berichtigungsbetrags für 2025 bis 2029:

- Beabsichtigte vorsteuerunschädliche Nutzung 2025 bis 2029 jeweils: 12 Monate • 80 % = 960 %.
- Tatsächliche vorsteuerunschädliche Nutzung 2025 bis 2029 jeweils: 12 Monate • 100 % = 1.200 %.

Die Differenz in Höhe von (240 % / 12 Monate =) 20 % ist zusätzlich zugunsten des B-Laden als Vorsteuer in Abzug zu bringen: 380.000,00 € • 1/10 • 20 % = 7.600 €; für die fünf Jahre: 7.600,00 € • 5 = 38.000,00 €.

Ermittlung des Berichtigungsbetrags für 2030:

- Beabsichtigte vorsteuerunschädliche Nutzung 2030: 3 Monate • 80 % = 240 % / 3 Monate = 80 %.
- Tatsächliche vorsteuerunschädliche Nutzung 2030: 3 Monate • 100 % = 300 % / 3 Monate = 100 %.

Die Differenz in Höhe von 60 % / 3 Monate = 20 % ist zusätzlich zugunsten des L als Vorsteuer zum Abzug zu bringen: 380.000,00 € • 1/10 • 3/12 • 20 % = 1.900,00 €.

Ermittlung des im August 2024 zusätzlich zum Abzug zu bringenden Gesamtbetrags aus der [3]
Vorsteuerberichtigung für den B-Laden:

2024:	2.534,60 €
2025–2029:	38.000,00 €
2030:	1.900,00 €
Gesamt	**42.434,60 €**

HINWEIS

Die Korrektur macht rechnerisch auch im Umkehrschluss Sinn. Es handelt sich hier um einen Zeitraum von 53 Monaten, in dem ein 80 %-iger Vorsteuerabzug korrekt ist. Auf diese 53 Monate entfallen nach nebenstehender Rechnung für die 20 % (380.000,00 € • 53/120 • 20 % =) 33.566,67 €. Addiert man 33.566,67 € mit den 42.434,60 € resultiert hieraus ein Betrag von 76.001,27 € (Rundungsdifferenz 1,27 €), der bisher nicht in Abzug gebracht wurde.

1.4.5.4.2 Luftfilteranlage

Mit dem Verkauf der Immobilie geht für den B-Laden eine weitere Vorsteuerberichtigung einher. Die steuerpflichtige Veräußerung der Immobilie an die L-OHG führt zu einer Änderung der ursprünglichen Nutzungsabsicht, womit der Tatbestand des § 15a Abs. 3 UStG erfüllt wird. Dies ermöglicht i. V. m. § 15a Abs. 8 UStG die Vorsteuerberichtigung, sofern die weiteren Voraussetzungen erfüllt sind. Die Änderung der Nutzungsabsicht lässt den Ausschlussgrund vom Vorsteuerabzug für die Instandsetzung der Luftfilteranlage im Nachhinein entfallen (§ 15 Abs. 2 Nr. 1 UStG i. V. m. § 4 Nr. 12 Buchst. a UStG) und ermöglicht die Vorsteuerberichtigung. Die Instandsetzung der Luftfilteranlage ist als eigenständiges Berichtigungsobjekt[35] zu beurteilen und unterliegt analog der Immobilie einem Berichtigungszeitraum von zehn Jahren nach § 15a Abs. 1 Satz 2 UStG. Eingetreten ist die Änderung der Nutzungsverhältnisse durch die Veräußerung der Immobilie, § 15a Abs. 8 UStG.

Der Berichtigungszeitraum beginnt im Grundsatz mit erstmaliger Verwendung am 4. April 2024 [2]
und endet mithin zehn Jahre später am 3. April 2034. Hier greift sodann allerdings § 45 Satz 1 UStDV, wonach der Berichtigungszeitraum in den Fällen, in denen dieser vor dem 16. eines Kalendermonats endet, ohne Berücksichtigung dieses Monats ermittelt wird. Berichtigungszeit-

35 Abschnitt 15a.6 Abs. 5 Satz 1 und 2 UStAE.

raum ist daher der 1. April 2024 bis zum 31. März 2034. Die Veräußerung der Immobilie erfolgte zum 1. September 2024, mithin innerhalb des Berichtigungszeitraums. Eine Vereinfachung nach § 44 Abs. 1 UStDV entfällt, da die auf die Anschaffungskosten entfallende Vorsteuer die Grenze von 1.000,00 € übersteigt.

Ermittlung des Berichtigungsbetrags für 2024:

- Beabsichtigte vorsteuerunschädliche Nutzung 2024: 9 Monate • 80 % = 720 % / 9 Monate = 80 %.
- Tatsächliche vorsteuerunschädliche Nutzung 2024:
  - 5 Monate • 80 % = 400 %
  - 4 Monate • 100 % = 400 %
  - = 800 % / 9 Monate = 88,89 %
- Bisher in Abzug gebrachte Vorsteuer für 2024: 1.045,00 € • 1/10 • 9/12 • 80 % = 62,70 €.
- Nunmehr in Abzug zu bringende Vorsteuer für 2024: 1.045,00 € • 1/10 • 9/12 • 88,89 % = 69,67 €.

[2] Die Differenz in Höhe von 6,97 € wurde 2024 bisher zu wenig an Vorsteuer berücksichtigt und ist zugunsten des B-Ladens zu berichtigen, sofern keine Vereinfachung nach § 44 Abs. 2 UStDV greift. Da es sich bei der Berichtigung um einen Betrag unter 10 % Nutzungsänderung handelt, entfällt nach § 44 Abs. 2 Satz 1 UStDV die Berichtigung. Gemäß der Vereinfachung nach § 44 Abs. 2 Satz 2 UStDV kommt die Berichtigung ebenfalls nicht zur Anwendung, da der Berichtigungsbetrag die Grenze von 1.000 € nicht übersteigt. Damit ist die Berichtigung in Höhe von 6,97 € für 2024 aufgrund der Bagatellregelung nicht durchzuführen.

HINWEIS

Aufgrund der nachfolgenden Ausführungen erfolgt auch für die Folgejahre sogleich die Berichtigung in 2024. Daher ist es auch vertretbar zu argumentieren, dass § 15a Abs. 9 UStG den § 44 Abs. 2 UStDV für 2024 verdrängt, weil nicht das einzelne Jahr 2024 zu betrachten ist, sondern der gesamte restliche Berichtigungszeitraum, der die 10 %-Grenze überschreitet. In der Folge wären die 6,97 € ebenfalls zu korrigieren.

Da es sich hier jedoch um einen Fall des § 15a Abs. 8 UStG handelt, sind § 15a Abs. 9 UStG und § 44 Abs. 3 Satz 2 UStDV einschlägig. Die Berichtigung ist demnach so vorzunehmen, als wenn das Wirtschaftsgut bis zum Ende des Berichtigungszeitraums für das Unternehmen verwendet worden wäre. Dabei ist die Berechnung für das Jahr der Lieferung und die folgenden Kalenderjahre bereits in dem Voranmeldungszeitraum vorzunehmen, in dem die Lieferung stattgefunden hat. Mithin ist für August 2024 die gesamte Berichtigung anzumelden.

Ermittlung des Berichtigungsbetrags für 2025 bis 2033:

- Beabsichtigte vorsteuerunschädliche Nutzung 2025bis 2033 jeweils: 12 Monate • 80 % = 960 %.
- Tatsächliche vorsteuerunschädliche Nutzung 2025 bis 2033 jeweils: 12 Monate • 100 % = 1.200 %.

Die Differenz in Höhe von (240 % / 12 Monate =) 20 % ist zusätzlich zugunsten des B-Ladens als Vorsteuer in Abzug zu bringen: 1.045,00 € • 1/10 • 20 % = 20,90 €; für die neun Jahre: 20,90 € • 9 = 188,10 €. Damit übersteigt die Änderung der Verhältnisse die Bagatellgrenze von 10 % (§ 44 Abs. 2 Satz 1 UStDV).

Ermittlung des Berichtigungsbetrags für 2034:

- Beabsichtigte vorsteuerunschädliche Nutzung 2034: 3 Monate • 80 % = 240 % / 3 Monate = 80 %.
- Tatsächliche vorsteuerunschädliche Nutzung 2034: 3 Monate • 100 % = 300 % / 3 Monate = 100 %.

Die Differenz in Höhe von 60 % / 3 Monate = 20 % ist zusätzlich zugunsten des B-Ladens als Vorsteuer zum Abzug zu bringen: 1.045,00 € • 1/10 • 3/12 • 20 % = 5,23 €.

Ermittlung des im August 2024 zusätzlich zum Abzug zu bringenden Gesamtbetrags aus der Vorsteuerberichtigung für den B-Laden: [3]

2024:	0,00 €
2025–2033:	188,10 €
2034:	5,23 €
Gesamt	**193,33 €**

HINWEIS

Die Korrektur macht rechnerisch auch im Umkehrschluss Sinn. Es handelt sich hier um einen Zeitraum von fünf Monaten, in dem ein 80 %iger Vorsteuerabzug korrekt ist. Auf diese fünf Monate entfallen nach nebenstehender Rechnung für die 20 % (1.045,00 € • 5/120 • 20 % =) 8,71 €. Addiert man 8,71 € mit den 193,33 €, die berichtigt werden dürfen, und den 6,97 €, die nicht berichtigt werden dürfen, resultiert hieraus ein Betrag von 209,01 € (Rundungsdifferenz 0,01 €), der bisher nicht in Abzug gebracht wurde.

1.4.6 Büromöbel

Mit dem Kauf der Büromöbel aus China tätigt die L-OHG eine Einfuhr, da die Möbel aus dem Drittlandsgebiet (China = Drittland gem. § 1 Abs. 2a Satz 3 UStG) in das Gemeinschaftsgebiet gelangen. Durch die Anmeldung durch die L-OHG beim Zoll in Hamburg erfolgt dort die Überführung in den zoll- und steuerrechtlich freien Verkehr, mithin also im Inland. Somit ist der Umsatz steuerbar gemäß § 1 Abs. 1 Nr. 4 UStG und mangels Steuerbefreiungsvorschrift des § 5 UStG steuerpflichtig mit dem Regelsteuersatz von 19 % nach § 12 Abs. 1 UStG. Die Bemessungsgrundlage für die Einfuhr bestimmt sich nach § 11 Abs. 1 UStG durch den Zollwert i. H. v. 75.500,00 €. Zwar wären insoweit eigentlich auch die Transportkosten einzubeziehen, da diese aber bei der Anmeldung beim Zoll vergessen wurden, sind sie auch nicht im Zollwert angegeben, mithin auch nicht für Zwecke der Einfuhrumsatzsteuer zu berücksichtigen. Die Umsatzsteuer beträgt somit 14.345,00 € (75.500,00 € • 19 %). Gem. § 13 Abs. 2 i. V. m. § 21 UStG entsteht die Einfuhrumsatzsteuer im Voranmeldungszeitraum der Anmeldung, somit im September 2024. Der Steuerschuldner ist gem. § 13a Abs. 2 i. V. m. § 21 UStG die L-OHG als diejenige, die die Waren beim Zoll angemeldet hat. Aus der Einfuhr der Büromöbel hat die L-OHG einen Vorsteuerabzug nach § 15 Abs. 1 Nr. 2 UStG im gleichen Voranmeldungszeitraum, in dem die Anmeldung erfolgt, und in Höhe der Umsatzsteuer von 14.345,00 €, da sie die Waren für ihr Unternehmen einführt und im Zeitpunkt der Einfuhr bereits die Verfügungsmacht über die Büromöbel inne hat. Etwaige Ausschlussgründe gemäß § 15 Abs. 2 Nr. 1 UStG sind nicht ersichtlich. [3]

Weiterhin ist zu beachten, dass die L-OHG Steuerschuldnerin der Transportleistung der Reederei R ist. Dies ist darauf zurückzuführen, dass R eine sonstige Leistung gemäß § 3 Abs. 9 UStG an die L-OHG erbringt, deren Leistungsort als B2B-Umsatz gemäß § 3a Abs. 2 UStG sich am Sitzort der Leistungsempfängerin in Hamburg befindet. Somit liegt ein im Inland (gem. § 1 Abs. 2 Satz 1 UStG) steuerbarer Umsatz nach § 1 Abs. 1 Nr. 1 UStG vor. Die Leistung ist steuerpflichtig, da keine Steuerbefreiung zur Anwendung erlangt. Die Steuerbefreiung des § 4 Nr. 3 Buchst. a Doppelbuchst. bb UStG kann nicht angewendet werden, da die Beförderungskosten nicht in der Bemessungsgrundlage der Einfuhr enthalten sind.

Letztlich liegt ein Sachverhalt für die Anwendung des Reverse-Charge-Verfahrens nach § 13b Abs. 1 UStG vor, da R eine steuerpflichtige sonstige Leistung, welche nach § 3a Abs. 2 UStG im Inland ausgeführt wurde, als im übrigen Gemeinschaftsgebiet nach § 13b Abs. 7 Satz 3 UStG ansässiger Unternehmer ausführt. Zwar handelt es sich bei der Zweigniederlassung der R um eine Betriebsstätte im Inland. Laut Sacherhalt führt jedoch nicht diese den Umsatz aus. Vielmehr wird der Umsatz vom niederländischen Hauptsitz des Unternehmens tatsächlich ausgeführt. Die Steuerschuldnerschaft geht nach § 13b Abs. 5 Satz 1 UStG auf die L-OHG als unternehmerisch tätige Leistungsempfängerin über. Der Steuersatz beträgt 19 % nach § 12 Abs. 1 UStG auf eine Bemessungsgrundlage nach § 10 Abs. 1 UStG i. H. v. 4.500,00 €. Die Umsatzsteuer darauf beträgt [4]

855,00 €. Steuerentstehung ist für die Umsatzsteuer gemäß § 13b Abs. 1 UStG mit Ausführung der Leistung, somit für den Voranmeldungszeitraum September 2024. In demselben Voranmeldungszeitraum hat die L-OHG in derselben Höhe einen Vorsteuerabzug gemäß § 15 Abs. 1 Nr. 4 UStG, welcher nicht ausgeschlossen wird. Aus der Rechnung der Reederei R hat die L-OHG indes keinen Vorsteuerabzug, da diese Umsatzsteuer gemäß § 14c Abs. 1 UStG unrichtig ausgewiesen wurde.

1.4.7 Software

1.4.7.1 Individualsoftware

Der Verkauf der sog. Individualsoftware erfolgt im eigenen Namen der L-OHG, jedoch für fremde Rechnung, hier für Rechnung des Dienstleisters D. Entgegen der Lieferung der Standardsoftware handelt es sich bei dem Verkauf der Individualsoftware um eine sonstige Leistung gemäß § 3 Abs. 9 UStG, da die Software individuell gemäß den Anforderungen der K programmiert wurde.[36] Damit ist die L-OHG in die Erbringung dieser sonstigen Leistung eingeschaltet, womit eine sog. Dienstleistungskommission gem. § 3 Abs. 11 UStG vorliegt. Damit erbringt die L-OHG dieselbe Leistung, die der Dienstleister D an die L-OHG erbringt, auch an K im Rahmen einer Leistungsverkaufskommission.[37] Die zivilrechtliche Geschäftsbesorgungsleistung ist umsatzsteuerlich unbeachtlich. Die Ortsbestimmung erfolgt für diesen sog. B2B-Umsatz grundsätzlich gemäß § 3a Abs. 2 UStG, da K Unternehmerin ist und die Software für ihr Unternehmen bezieht. Eine abweichende Ortsbestimmungsvorschrift findet keine Anwendung. Damit ist der Sitz der K als Leistungsempfängerin maßgebend. Der Ort der sonstigen Leistung ist somit in Köln, was gemäß § 1 Abs. 2 Satz 1 UStG zum Inland gehört. Der Umsatz ist steuerbar, da dieser gegen Entgelt im Rahmen des Unternehmens der LOHG erbracht wird, § 1 Abs. 1 Nr. 1 UStG. Mangels Steuerbefreiungsvorschrift des § 4 UStG ist der Umsatz steuerpflichtig.

Die Besteuerung erfolgt mit dem Regelsteuersatz i. H. v. 19 % gem. § 12 Abs. 1 UStG. Eine etwaige Ermäßigung des Steuersatzes gem. § 12 Abs. 2 Nr. 7 Buchst. c UStG kommt nicht zur Anwendung. Der Leistungsempfängerin K werden nämlich keine Urheberrechte übertragen.[38] Somit bestimmt sich die Bemessungsgrundlage nach § 10 Abs. 1 Satz 1 und 2 UStG mit dem Entgelt. Entgelt ist alles, was der Leistungsempfänger aufwendet, jedoch abzüglich der gesetzlich geschuldeten Umsatzsteuer, mithin 1.190,00 € • 100/119 = 1.000,00 €

[3] Somit entsteht eine Umsatzsteuer i. H. v. 190,00 € gemäß § 13 Abs. 1 Nr. 1 Buchst. a Satz 1 UStG mit Ablauf des monatlichen Voranmeldungszeitraums der Leistungsausführung. Damit ist die Steuerentstehung hier mit Ablauf des Voranmeldungszeitraums Dezember 2024 und die L-OHG ist Steuerschuldnerin als leistende Unternehmerin, § 13a Abs. 1 Nr. 1 UStG.

[2] Der L-OHG steht ein Vorsteuerabzug gem. § 15 Abs. 1 Nr. 1 UStG aus der von Dienstleister D bezogenen Leistung zu. Als Unternehmerin erfüllt sie die persönliche Voraussetzung für den Vorsteuerabzug, § 15 Abs. 1 Satz 1 UStG. Da die L-OHG eine steuerpflichtige sonstige Leistung von einem anderen Unternehmer, dem Dienstleister D als Unternehmer gem. § 2 Abs. 1 Satz 1 und 3 UStG, für ihr Unternehmen bezogen hat und darüber eine ordnungsgemäße Rechnung besteht. Auch eine Gutschrift stellt eine ordnungsgemäße Rechnung dar. Dafür muss dies zuvor vereinbart sein und der Dienstleister D darf der Gutschrift nicht widersprechen, § 14 Abs. 2 Satz 2 UStG. Der Vorsteuerabzug der L-OHG ist in Höhe der gesetzlich geschuldeten Umsatzsteuer i. H. v. 152,00 € (952,00 € • 19/119) möglich. Ausschlussgründe gemäß § 15 Abs. 2 UStG liegen nicht vor, womit der Vorsteuerabzug im Voranmeldungszeitraum Dezember 2024 vorzunehmen ist. In diesem ist die Leistungsausführung und eine Rechnung liegt vor.

36 Abschnitt 3.5 Abs. 3 Nr. 8 UStAE.

37 Abschnitt 3.15 Abs. 1 Satz 6 UStAE.

38 Abschnitt 12.7 Abs. 1 Satz 7 ff. UStAE.

1.4.7.2 Standardsoftware

Durch den Verkauf der sog. Standardsoftware erbringt die L-OHG eine Lieferung gem. § 3 Abs. 1 [2] UStG, da die Standardsoftware auf einem Datenträger (USB-Stick) verkauft wird.[39] Bei der Lieferung handelt es sich um ein Reihengeschäft gemäß § 3 Abs. 6a Satz 1 UStG. Mehrere Unternehmer, hier die L-OHG, Dienstleister F und Anwalt CH, schließen Umsatzgeschäfte über denselben Liefergegenstand, eine sog. Standardsoftware. Diese gelangt unmittelbar vom ersten Lieferer in der Reihe, der L-OHG, an den letzten Abnehmer, Anwalt CH. Für das Reihengeschäft ist die Warenbewegung nur einer der Lieferungen zuzuordnen. Da die L-OHG als erster Lieferer die Lieferung durch Versendung übernimmt, ist die Warenbewegung der Lieferung der L-OHG an Dienstleister F zuzuordnen.[40] Ein innergemeinschaftliches Dreiecksgeschäft scheidet aus, da einer der drei beteiligten Unternehmer in einem Drittstaat (Schweiz) ansässig ist und somit die Voraussetzung des § 25b Abs. 1 Nr. 2 UStG nicht erfüllt werden kann. [|2]

Somit erbringt die L-OHG eine sog. Versendungslieferung gem. § 3 Abs. 6 Satz 3 UStG. Ein fremder und selbständiger Dritter, die Deutsche Post, übernimmt den Transport für die LOHG. Ort für diese Lieferung ist gemäß § 3 Abs. 6 Satz 1 und Satz 4 UStG der Beginn der Versendung, somit die Übergabe an die Deutsche Post in Hamburg (= Inland gemäß § 1 Abs. 2 Satz 1 UStG). Die Lieferung ist gemäß § 1 Abs. 1 Nr. 1 UStG steuerbar, da diese im Rahmen des Unternehmens der L-OHG gegen Entgelt erbracht wird.

Die Lieferung könnte als Ausfuhrlieferung gem. § 4 Nr. 1 Buchst. a i. V. m. § 6 Abs. 1 UStG steuerfrei sein. Dies ist gegeben, da der Lieferer L-OHG die Versendung von Hamburg nach Zürich übernommen hat und Zürich gem. § 1 Abs. 2a Satz 3 UStG zum Drittland gehört. Eine Ausfuhrlieferung liegt somit gem. § 6 Abs. 1 Nr. 1 UStG vor. Wie den Bearbeitungshinweisen zu entnehmen ist, liegt der erforderliche Beleg- bzw. Buchnachweis ordnungsgemäß nach § 6 Abs. 4 UStG vor. Die Versandkosten teilen bei dieser Lieferung als unselbständige Nebenleistung das Schicksal der Hauptleistung.[41]

Als Folge ist die steuerfreie Ausfuhrlieferung mit der Bemessungsgrundlage von 2.380,00 € ge- [2] mäß § 10 Abs. 1 Satz 1 und Satz 2 UStG in der Voranmeldung des Voranmeldungszeitraums Dezember 2024 zu erklären. Dies erfolgt in analoger Anwendung des § 13 Abs. 1 Nr. 1 Buchst. a Satz 1 UStG.

1.4.8 Sicherheitsinfrastruktur

1.4.8.1 Reihengeschäft

Hinsichtlich der Lieferung des Servers handelt es sich um ein Reihengeschäft gemäß § 3 Abs. 6a [2] UStG, da mehrere Unternehmer, hier der Hersteller, die Händlerin B, der Händler A und die L-OHG, über denselben Gegenstand, den Server, mehrere Umsatzgeschäfte (drei Lieferungen) abschließen. Der Server gelangt dabei unmittelbar vom ersten Unternehmer in der Kette, dem Hersteller, zur letzten Abnehmerin in der Warenkette, der L-OHG. Gemäß § 3 Abs. 6a Satz 1 UStG ist zu beachten, dass im Rahmen eines Reihengeschäfts die bewegte Warenlieferung nur einer der Lieferungen zuzurechnen ist. Unter Beachtung von § 3 Abs. 6a Satz 4 Halbsatz 2 UStG ist die Warenbewegung daher der Lieferung der Händlerin B an den Händler A zuzurechnen. Grund dafür ist, dass Händlerin B als sogenannte Zwischenhändlerin die Beförderung des Hochleistungsrechners übernommen hat und aufgrund der vertraglich vereinbarten Lieferkonditionen als Lieferin auftritt.[42] Zudem führt Händlerin B den Gegenstand im eigenen Namen und auf eigene Rechnung in das Gemeinschaftsgebiet ein, § 3 Abs. 6a Satz 7 UStG.

39 Abschnitt 3.5 Abs. 2 Nr. 1 UStAE.
40 § 3 Abs. 6a Satz 2 UStG; Abschnitt 3.14 Abs. 8 UStAE.
41 Abschnitt 3.10 Abs. 5 UStAE.
42 Abschnitt 3.14 Abs. 9 und 10 UStAE.

Der Hersteller führt im Rahmen seines Unternehmens eine entgeltliche Lieferung gem. § 3 Abs. 1 UStG aus. Es handelt sich dabei um eine unbewegte Lieferung, die der bewegten Lieferung der Händlerin B vorangeht. Damit bestimmt sich der Lieferort nach § 3 Abs. 7 Satz 2 Nr. 1 UStG und ist in Südkorea belegen (= Drittland gem. § 1 Abs. 2a Satz 3 UStG). Die Lieferung ist somit in Deutschland nicht steuerbar gem. § 1 Abs. 1 Nr. 1 UStG.

Wie erwähnt, verwirklicht Händlerin B mit der durch sie erfolgten Anmeldung des Servers zum freien Verkehr in ihrem Namen und auf ihre Rechnung eine Einfuhr in das Gemeinschaftsgebiet, da der Hochleistungsrechner als Gegenstand vom Drittlandsgebiet in das Gemeinschaftsgebiet gelangt. Die Einfuhr gilt dabei in dem Mitgliedstaat als verwirklicht, in dem die Anmeldung zum freien Warenverkehr erfolgt, mithin in Malta. Somit ist die Einfuhr nicht in Deutschland steuerbar gem. § 1 Abs. 1 Nr. 4 UStG.

[3] Außerdem führt Händlerin B im Rahmen ihres Unternehmens eine gem. § 3 Abs. 1 UStG entgeltliche Lieferung aus. Es handelt sich um die bewegte Lieferung im Rahmen eines Reihengeschäfts, somit richtet sich der Lieferort im Grundsatz nach § 3 Abs. 6 Satz 1 und 2 UStG und ist dort, wo die Warenbewegung des Server beginnt, mithin in den Südkorea. Es kommt jedoch aufgrund der Besonderheit des § 3 Abs. 8 UStG zu einer Verlagerung des Lieferortes. Die Händlerin B ist nämlich als Lieferin der bewegten Warenlieferung Schuldnerin der Einfuhrumsatzsteuer in Malta, wodurch der Lieferort sich nach Malta verlagert und die Lieferung als in Malta ausgeführt gilt. Auch diese Lieferung ist somit in Deutschland mangels des Inlandserfordernisses nicht steuerbar gemäß § 1 Abs. 1 Nr. 1 UStG.

[1] Händler A ist der Leistungsempfänger der bewegten Lieferung und verwirklicht als Unternehmer somit einen innergemeinschaftlichen Erwerb gemäß § 1a Abs. 1 UStG, da der Server von einem Mitgliedstaat, hier Malta, in einen anderen Mitgliedstaat, hier Deutschland, gelangt, gem. § 1a Abs. 1 Nr. 1 UStG. Weiterhin ist der Erwerber, Händler A, Unternehmer und erwirbt den Hochleistungsrechner auch für sein Unternehmen, um ihn an die L-OHG zu verkaufen. Damit ist § 1a Abs. 1 Nr. 2 UStG erfüllt. Zudem liefert die Händlerin B als Lieferin, wie oben genannt, im Rahmen ihres Unternehmens gegen Entgelt und ist keine Kleinunternehmerin gem. § 19 UStG. Somit sind auch die Erfordernisse des § 1a Abs. 1 Nr. 3 UStG erfüllt. Der Ort des innergemeinschaftlichen Erwerbs richtet sich daher nach § 3d Satz 1 UStG und liegt im Inland, weil dort die Warenbewegung des Servers endet, in Hamburg. Dieser Umsatz ist somit in Deutschland steuerbar gem. § 1 Abs. 1 Nr. 5 UStG. Weiterhin gilt der Erwerb gem. § 3d Satz 2 UStG auch in Griechenland als verwirklicht, weil Händler A als Erwerber aus Griechenland laut den Bearbeitungshinweisen seine griechische Umsatzsteuer-Identifikationsnummer verwendet.

[1] Es besteht keine Steuerbefreiung nach § 4b UStG für diesen innergemeinschaftlichen Erwerb. Grundsätzlich kommt für den Händler A in Deutschland jedoch ein Vorsteuerabzug gem. § 15 Abs. 1 Nr. 3 UStG in Betracht. Er hat den Server für sein Unternehmen erworben und der Erwerb ist gem. § 3d Satz 1 UStG in Deutschland bewirkt. Da der innergemeinschaftliche Erwerb des Händlers A gem. § 25b Abs. 3 UStG als besteuert gelten könnte, ist das innergemeinschaftliche Dreiecksgeschäft zu prüfen, sofern es in diesem Fall vorliegt.

Bevor das etwaige innergemeinschaftliche Dreiecksgeschäft geprüft wird, ist darauf hinzuweisen, dass der Händler A im Rahmen seines Unternehmens eine entgeltliche Lieferung gem. § 3 Abs. 1 UStG an die L-OHG ausführt. Als unbewegte Warenlieferung, welche der bewegten Lieferung der Händlerin B folgt, hat diese Lieferung ihren Ort gem. § 3 Abs. 7 Satz 2 Nr. 2 UStG am Ende der Warenbewegung, mithin in Hamburg (= Inland gem. § 1 Abs. 2 Satz 1 UStG). Diese Lieferung ist somit in Deutschland gemäß § 1 Abs. 1 Nr. 1 UStG steuerbar und mangels einer Steuerbefreiung nach § 4 UStG steuerpflichtig mit einem Steuersatz von 19 % gem. § 12 Abs. 1 UStG. Jedoch könnte hier die Steuerschuld für diese Lieferung gemäß § 25b Abs. 2 UStG auf die Leistungsempfängerin L-OHG übergehen, wenn ein im Folgenden zu prüfendes innergemeinschaftliches Dreiecksgeschäft vorliegt.

[3] Sofern kein innergemeinschaftliches Dreiecksgeschäft vorliegt, käme für die L-OHG ein Vorsteuerabzug nach § 15 Abs. 1 Nr. 1 UStG in Betracht, da sie von Händler A eine Lieferung für ihr Unter-

nehmen in Anspruch nimmt und die Umsatzsteuer als gesetzlich geschuldete Steuer anfällt. Die von Händler A erteilte Rechnung weist jedoch keinen offenen Steuerausweis laut Sachverhalt auf, woran der Vorsteuerabzug zunächst scheitert. Wenn es sich um das im Folgenden zu prüfende innergemeinschaftliches Dreiecksgeschäft handelt, könnte die L-OHG jedoch gemäß § 25b Abs. 5 UStG zum Vorsteuerabzug berechtigt sein.

1.4.8.2 Innergemeinschaftliches Dreiecksgeschäft

Die Norm des § 25b UStG enthält eine Vereinfachungsregelung für die Besteuerung von innergemeinschaftlichen Dreiecksgeschäften innerhalb der europäischen Mitgliedsstaaten. Die Vereinfachung besteht im Wesentlichen darin, dass eine steuerliche Registrierung des mittleren der drei beteiligten Unternehmer im Bestimmungsland vermieden werden kann. Ausgangspunkt ist, dass bei einem innergemeinschaftlichen Dreiecksgeschäft unter Berücksichtigung der allgemeinen Regelungen für Reihengeschäfte nach § 3 Abs. 6a und Abs. 7 UStG grundsätzlich vier Umsätze ausgeführt werden. Dabei handelt es sich zunächst um eine innergemeinschaftliche Lieferung des ersten am Dreiecksgeschäft beteiligten Unternehmers in dem Mitgliedstaat, in dem die Beförderung oder Versendung des Gegenstands beginnt. Weiterhin liegt ein innergemeinschaftlicher Erwerb des mittleren am Dreiecksgeschäft beteiligten Unternehmers in dem Mitgliedstaat vor, in dem die Beförderung oder Versendung des Gegenstands endet. Ein weiterer innergemeinschaftlicher Erwerb liegt durch den ersten Abnehmer in dem Mitgliedstaat vor, der dem ersten Abnehmer die von ihm verwendete Umsatzsteueridentifikationsnummer erteilt hat. Dies folgt aus § 3d Satz 2 UStG. Zudem erfolgt eine Inlandslieferung des ersten Abnehmers in dem Mitgliedstaat, in dem die Beförderung oder Versendung des Gegenstands endet, nach den Grundsätzen des § 3 Abs. 7 Satz 2 Nr. 2 UStG. Sofern diese Voraussetzungen erfüllt sind, liegt ein innergemeinschaftliches Dreiecksgeschäft vor und die Steuerschuld für die Inlandslieferung wird unter den Voraussetzungen des § 25b Abs. 2 UStG von dem ersten auf den letzten jeweils am Dreiecksgeschäft beteiligten Abnehmer übertragen. Im Falle der Übertragung der Steuerschuld fingiert das Gesetz, dass zugleich auch der innergemeinschaftliche Erwerb des ersten Abnehmers als besteuert gilt, § 25b Abs. 3 UStG.[43]

Zunächst gilt es bei der Prüfung des innergemeinschaftlichen Dreiecksgeschäfts zu beachten, dass dieses nach der Verwaltungsauffassung auch zwischen drei Unternehmern bei Reihengeschäften mit mehr als drei Beteiligten vorliegen kann, wenn die drei Unternehmer unmittelbar nacheinander liefern und am Ende des Reihengeschäfts stehen.[44] Da der in Südkorea ansässige Hersteller am Anfang steht, trifft diese Voraussetzung für die Unternehmer Händlerin B, Händler A und L-OHG zu.

Somit sind die Voraussetzungen des § 25b Abs. 1 Satz 1 UStG zu prüfen: [4]

1. § 25b Abs. 1 Satz 1 Nr. 1 UStG ist mithin erfüllt, da, wie dargestellt, ein Reihengeschäft vorliegt, an welchem die Unternehmer Händlerin B, Händler A und die L-OHG als letzte in der Lieferkette beteiligt sind.
2. § 25b Abs. 1 Satz 1 Nr. 2 UStG ist ebenfalls erfüllt, da die drei Unternehmer in jeweils verschiedenen Mitgliedstaaten für Zwecke der Umsatzsteuer erfasst sind. Händlerin B ist in Malta registriert, Händler A in Griechenland und die L-OHG in Deutschland.
3. § 25b Abs. 1 Satz 1 Nr. 3 UStG ist erfüllt, da der Hochleistungsrechner von Malta nach Deutschland gelangt und somit von dem Gebiet eines Mitgliedsstaats in das Gebiet eines anderen Mitgliedsstaats.
4. § 25b Abs. 1 Satz 1 Nr. 4 UStG ist letztlich auch erfüllt. Der Liefergegenstand wird nämlich durch Händlerin B als erste der drei Unternehmer in der Lieferkette befördert.

43 Vgl. für diese Einleitung zu Vorsteuerberichtigungen Abschnitt 15a.3 Abs. 1 UStAE.
44 Abschnitt 25b.1 Abs. 2 Satz 2 UStAE.

[3] Es sind für das innergemeinschaftliche Reihengeschäft daher in einem nächsten Schritt die Voraussetzungen des § 25b Abs. 2 UStG zu prüfen:

1. § 25b Abs. 2 Nr. 1 UStG ist erfüllt, da der Lieferung des Händlers A an die L-OHG, wie oben genannt, ein innergemeinschaftlicher Erwerb durch den Händler A im Inland vorausgegangen ist.
2. § 25b Abs. 2 Nr. 2 UStG ist im vorliegenden Fall erfüllt. Der erste Abnehmer der Kette, Händler A, ist nämlich nicht in Deutschland ansässig. Somit ist er nicht dort ansässig, wo die Warenbewegung endet. Er ist in Griechenland ansässig. Zudem verwendet Händler A gegenüber der Händlerin B und der L-OHG laut den Bearbeitungshinweisen seine griechische Umsatzsteuer-Identifikationsnummer.
3. § 25b Abs. 2 Nr. 3 UStG ist gemäß der Bearbeitungshinweise ebenfalls erfüllt, da Händler A der L-OHG eine Rechnung ohne gesonderten Ausweis der Umsatzsteuer erteilt hat. Weiterhin ist mit Rücksicht auf die Bearbeitungshinweise eine ordnungsgemäße Rechnung mit Hinweis auf das innergemeinschaftliche Dreiecksgeschäft und die Steuerschuldnerschaft der Leistungsempfängerin L-OHG anzunehmen.
4. § 25b Abs. 2 Nr. 4 UStG ist darüber hinaus auch erfüllt, da die letzte Abnehmerin, die LOHG, ihre deutsche Umsatzsteuer-Identifikationsnummer verwendet.

[1] Es liegt ein innergemeinschaftliches Dreiecksgeschäft vor. Daher schuldet die letzte Abnehmerin L-OHG für die von dem griechischen Unternehmer Händler A in Deutschland verwirklichte Lieferung des Severs gem. § 25b Abs. 2 UStG die Umsatzsteuer und nicht der Händler A. Die Bemessungsgrundlage beträgt in diesem Fall gem. § 25b Abs. 4 UStG 100.000,00 €. Daraus ergibt sich bei einem Steuersatz von 19 % gem. § 12 Abs. 1 UStG eine Umsatzsteuer in Höhe von 19.000,00 € (100.000,00 € • 19 %), welche gem. § 13 Abs. 1 Nr. 1 Buchst. a Satz 1 UStG mit Ablauf des Voranmeldungszeitraums Dezember 2024 entsteht. Weiterhin ergeben sich als Rechtsfolge, dass der von Händler A in Deutschland und gem. § 3d Satz 2 UStG auch in Griechenland verwirklichte innergemeinschaftliche Erwerb aufgrund des § 25b Abs. 3 UStG als besteuert gelten.

[1] Als Folge des Vorgenannten entfällt der Vorsteuerabzug für die Erwerbssteuer in Deutschland. Jedoch hat die L-OHG gem. § 25b Abs. 5 UStG unter Erfüllung der weiteren Voraussetzungen des § 15 UStG ein Recht auf Vorsteuerabzug für die nach § 25b Abs. 2 UStG geschuldete Steuer. Es sind im Sachverhalt keine Ausschlussgründe ersichtlich, daher kann die L-OHG mit Erteilung der Rechnung im Voranmeldungszeitraum Dezember 2024 die Vorsteuer in Höhe von 19.000,00 € gemäß § 15 Abs. 1 Satz 1 Nr. 1 UStG geltend machen.

1.5 Punkteschlüssel

[100] Summe der Punkte

Von	Bis	Note
0	19,5	6,0
20	29,5	5,5
30	39,5	5,0
40	49,5	4,5
50	58,5	4,0
59	66,5	3,5
67	73,5	3,0
74	80,5	2,5
81	87,5	2,0
88	94,5	1,5
95	100	1,0

2. Klausurübung „Geschäftlich neue Wege gehen“

Die Klausurübung behandelt mehrere umsatzsteuerrechtliche Problemfelder in einem komplexen und verschachtelten Sachverhalt und bietet mit einem hohen Schwierigkeitsgrad eine gute Grundlage zur Vorbereitung auf Prüfungssituationen. Der Fokus liegt dabei auf der Beurteilung von Vorsteuerberichtigungen in verschiedenen Fallkonstellationen, unentgeltlicher Wertabgaben, Gesellschaftsvorgänge, Geschäftsveräußerungen im Ganzen sowie einer Vielzahl klassischer Probleme des Umsatzsteuerrechts zur Wiederholung. Für die Bearbeitung der Klausur sollten sechs Zeitstunden avisiert werden, wobei der Umfang der Klausur deutlich am oberen Rand angelegt ist. Der Rechtsstand der Übungsklausur ist Januar 2024.

2.1 Sachverhalt

Am 11.1.2024 beschließen der bisher als Patentanwalt tätige Alexander Anonym (A) und der erfahrene Einzelunternehmer Berthold Bekannt (B), die A & B Porzellan-OHG (OHG) in Hamburg zu gründen, und führen die Gründung sodann sofort aus. Die OHG beabsichtigt, Porzellantassen zu kaufen und parallel Kaffee- und Teespezialitäten anzubieten, die aus diesen konsumiert werden können. Die Waren sollen über alle erdenklichen Vertriebswege an Privatkunden und Unternehmer verkauft werden. Da der Hamburger Hafen als idealer Ort für den Bezug dieser Waren für A und B sehr geeignet erscheint, sehen sie in dem stetig wachsenden Markt eine einträgliche und interessante Gelegenheit sich beruflich noch einmal völlig neu zu orientieren.

A hat nämlich kein Interesse mehr daran als Patentanwalt tätig zu sein, da er es leid ist, bei jedem Anlass darauf hingewiesen zu werden, was für ein trockener, langweiliger und eintöniger Job dies doch sein müsste. Er veräußert daher seine florierende Kanzlei als Patentanwalt an den Patentanwalt Jonathan Jungspund (J). Er veräußert insoweit sämtliche Gegenstände seiner Kanzlei sowie die gesamte Büroausstattung an J. Auch die zwei Mitarbeiter des A, Chantal Charmant und Kordula Klever, führen fortan ihre Tätigkeit bei J fort. Insbesondere ist für J aber wichtig, dass er auch den gesamten Mandantenstamm des A erwirbt und dieser ihm den Gefallen tut, vor seinem Ausscheiden alle Mandanten über den bevorstehenden Wechsel und die hervorragenden fachlichen Kompetenzen des J zu informieren. Von einem Ausstattungsgegenstand seiner Kanzlei, ein 200 Jahre alles Fachbuch über die Grundlagen des erfolgreichen Wirtschaftens in Krisensituationen, kann A sich jedoch nicht trennen und besteht explizit im Kaufvertrag darauf, dass dieses Buch nicht auf J übergeht, sondern vom A für seine künftigen unternehmerischen Tätigkeiten genutzt werden kann. Einen Wert hat dieses bereits zerfledderte und veraltet Buch jedoch unzweifelhaft nicht mehr, sodass das Zurückbehalten durch A für J in Ordnung ist.

Jedoch möchte A auch das Gebäude in Hamburg, nahe der Hamburgischen Bürgerschaft, in welchem die Kanzlei betrieben wird, behalten, da er dieses vor vielen Jahren von seinem zu früh verstorbenen Bruder geerbt hat und aus sentimentalen Gründen noch nicht davon lassen kann. Gleichsam sind die aktuellen Wertsteigerungen in dieser Lage so immens, dass es auch aus wirtschaftlichen Gründen nicht sinnvoll wäre, die Immobilie bereits jetzt zu veräußern. Damit J sich jedoch keine neuen Räumlichkeiten im ohnehin schon schwierigen Immobilienmarkt von Hamburg suchen muss und ohne Unterbrechung die Tätigkeit der Kanzlei weiterführen kann, vereinbaren die beiden Herren, dass die Räumlichkeiten fortan an den J vermietet werden. Es wird dafür ein auf erst einmal zehn Jahre befristeter Mietvertrag mit zwei Verlängerungsoptionen über jeweils fünf Jahre abgeschlossen. Die monatlichen Mietaufwendungen des J sollen 2.500,00 € zuzüglich der gesetzlich geschuldeten Umsatzsteuer betragen.

Der Beginn des Mietverhältnisses sowie der Verkauf der Praxis sollen mit Wirkung zum 1.1.2024 erfolgen. Dennoch möchte J die Kanzlei vor der Weiterführung der Tätigkeit erst modernisieren und wird deshalb erst nach der unverzüglichen Modernisierung am 5.1.2024 die Türen der Kanzlei für die Mandanten öffnen. Für die Kanzlei zahlt der J dem A einen einmaligen Betrag in Höhe von 500.000,00 €. Da er kurze Zeit zuvor bei der spanischen Megalotterie El Gordo einen Milliardenbetrag gewonnen hatte, konnte er die Summe „aus der Portokasse“ zahlen.

Daneben vermietet A ein größeres Portfolio an Mietwohnungen in Hamburg an ausschließlich Privatpersonen. Die entsprechenden Umsätze sind im Weiteren nicht gesondert zu prüfen.

B hingegen war bisher Händler von Kaffee- und Teespezialitäten und angesehener Fachmann für die Kaffeedegustation in Hamburg tätig. Er hat nun jedoch kein Interesse mehr daran an den mit der Degustation verbundenen Reisen rund um die Welt und sieht eine hervorragende Möglichkeit mit seinen angestammten Kontakten in die Hamburger Fine-Dining Szene einen teilweisen beruflichen Neustart zu vollziehen und seinen Horizont zu erweitern. Da er jedoch als „Lebe-Mensch" bisher nicht sonderlich viel gespart hat, kann er seinen Beitrag zur Gründung der OHG nicht durch eine Bareinlage leisten.

Daher hat er sich mit dem A verständigt, dass er sein bisheriges Einzelunternehmen mit Kaffee- und Teespezialitäten in die OHG einbringt. Dieses bietet nicht nur ein geeignetes Büro in der Hamburger Innenstadt – direkt in der historischen Speicherstadt –, sondern auch alle möglichen relevanten Büromaterialien und zudem einen ausgezeichneten Mitarbeiterstamm. Zudem sind die Kontakte, die B durch sein Unternehmen gesammelt hat und somit mit einbringen kann für die angestrebte Tätigkeit nicht zu unterschätzen. Der Wert dieses Einzelunternehmens wird von einem unabhängigen externen Gutachter nach Durchsicht aller relevanten Unterlagen des Unternehmens auf 499.000,00 € taxiert. Dieser Wert ist insoweit unzweifelhaft und wird auch sowohl von A als auch von B für die Einlage des B in die OHG akzeptiert.

Da die beiden Gründer ihre OHG gerne mit einem „glatten Betrag" eröffnen wollen, der B jedoch über sein Einzelunternehmen hinaus nicht liquide ist, erklärt sich der A bereit neben den 500.000,00 €, welche er für seine Kanzlei erhalten hat, noch weitere 1.000,00 € aus seinem Privatvermögen in die OHG einzulegen. Zur Gründung der OHG bringt A mithin 501.000,00 € aus seinem Privatvermögen auf. B hingegen legt sein Einzelunternehmen mit dem unzweifelhaft Wert von 499.000,00 € in die OHG als Gesellschaftereinlage ein. Trotz der mehrheitlichen Beteiligung des A übernehmen beide Mitunternehmer die Geschäftsführung der OHG. Es wird für die Geschäftsführung entsprechend der jeweiligen Profession der beiden Mitunternehmer der folgende Aufgabenbereich festgelegt:

- A als erfahrener Patentanwalt und in finanziellen Angelegenheiten versierter Fachmann übernimmt sämtliche finanziellen und steuerlichen Aspekte der OHG in seiner Funktion als Geschäftsführer.
- B, welcher sich für finanzielle Angelegenheiten sowieso nicht interessiert und nur für das Kaufen und Verkaufen wahre Begeisterung erfährt, kümmert sich um die kaufmännische Geschäftsführung der OHG.

Daneben verständigen sich die beiden Mitunternehmer darauf, dass A für seine Tätigkeit als Geschäftsführer vergütet werden soll. Daher wird gesellschaftsvertraglich festgelegt, dass A für seine nicht weisungsgebundene Geschäftsführertätigkeit eine angemessene Vergütung in Höhe von 2.500,00 € zzgl. Umsatzsteuer monatlich erhält. Die Geschäftsführertätigkeit des B soll hingegen durch seine Beteiligung am Gewinn der OHG abgegolten sein. Die Gesellschafter sind im Übrigen im Verhältnis ihrer Einlage an der Gesellschaft beteiligt und erhalten auch in dieser Höhe einen Anteil am Gewinn.

Durch die neuen Herausforderungen im Einzelhandel entdeckt A sein geschäftliches Gespür sowie auch sein unentwegt wachsendes Interesse daran, seine geschäftlichen Tätigkeiten zu erweitern. Zwar arbeitet er dabei gerne mit B zusammen, dennoch möchte er gerne etwas Eigenes „aufziehen". Dafür sucht er Räumlichkeiten in Hamburg, um einen Modehandel mit nachhaltigen Produkten für den modernen Großstädter zu fairen Preisen zu starten. Am 1.5.2024 findet er diese Räumlichkeiten. Er findet nach einer längeren Suche im Internet Büroräumlichkeiten, welche sich in einem fünfstöckigen Gebäude im Zentrum von Hamburg befinden. Erdgeschoss (EG) sowie das 1. bis 3. Obergeschoss (1. bis 3. OG) der Immobilie wurden bisher von einem Einzelhandel für Bürobedarf genutzt, welcher jedoch aufgrund von Zahlungsschwierigkeiten zum 1.6.2024 aus der Immobilie ausziehen wollte. Bis dahin zahlte dieser stets und pünktlich insgesamt 80.000,00 € (brutto) im Monat. Das 4. Obergeschoss (4. OG) wird hingegen von einem erfolgreichen und als Unternehmer tätigen Sommelier genutzt, welcher blind ist und daher seine Nase und seinen Geschmack so trainiert hat, dass er für Verkostungen jeder Art horrende Honorare aufrufen kann. Er beschäftigt als Unterstützung eine Mitarbeiterin, welche den Schriftverkehr regelt. Dieser zahlt dafür eine angemessene monatliche Miete in Höhe von insgesamt 17.000,00 € an den bisherigen Eigentümer zahlt. Die Grundfläche der einzelnen Geschosse beträgt jeweils 200 m^2.

Dieses Objekt möchte der A gerne haben, dessen ist er sich sicher. Daher nimmt er sofort Kontakt mit dem bisherigen Eigentümer aus, um alles schnellstmöglich in die Wege zu leiten.

Eigentümer war bisher der Privatier und Immobilienvermieter Paulus Pontevico (P) aus Portugal. Dieser vermietet neben der Immobilie in Hamburg noch zahlreiche weitere Immobilien in Portugal. P hatte die Immobilie am 1.4.2020 zu einem Kaufpreis von 2.000.000,00 € erworben. Die damals im Notarvertrag wirksam ausgeübte Option, mit der zu 80 %, für die schon damals an den Bürobedarfshandel vermieteten Gebäudeteile, auf etwaige Umsatzsteuerbefreiungen verzichtet wurde, hatte ihm einen Vorsteuerabzug in Höhe von 304.000 € (380.000,00 € • 80 %) ermöglicht. Der Vorsteuerabzug war unzweifelhaft rechtmäßig. Während der gesamten Zeit als Eigentümer der Immobilie hatte P nie eine Änderung seiner Nutzungsabsichten hinsichtlich der Vermietungen vorgenommen. Er hatte immer die von ihm bereits beim Erwerb der Immobilie übernommenen Mietverhältnisse unverändert fortgesetzt.

Aufgrund der Angst der Mieter vor immer häufiger werdenden Einbrüchen drängten diese den P dazu, die seit einiger Zeit nicht vollständig funktionierende Alarmanlage der Immobilie reparieren zu lassen. Um Geld zu sparen, bat P seinen Freund Ralf Ruf (R), welcher ebenfalls in Portugal einen Reparaturdienstleistungsbetrieb für Alarmanlagen unterhält, die Alarmanlage zu reparieren. Dies bat sich auch unter dem Aspekt an, dass R zurzeit sowieso in Hamburg anwesend ist, da dort eine wichtige Sicherheitsmesse abgehalten wird. Die notwendigen Materialen brachte R vollumfänglich selbst bei. R ist dafür bekannt innerhalb kürzester Zeit beste Arbeit zu leisten. Die Arbeiten wurden am 2.4.2024 begonnen und am 4.4.2024 abgeschlossen. Hierfür wurden dem P insgesamt 5.500,00 € in Rechnung gestellt, die er umgehend beglich. Die Rechnung des R datierte vom 29.4.2024.

Da P die Vermietung der Immobilie in Deutschland belastete, es in Hamburg sowieso viel zu viel regnet und er nach dem Auszug des Bürobedarfsladens keine Lust hatte, neue Mieter zu suchen, kam dem P das Kaufangebot des A gerade recht. P bot A die Immobilie zum Kauf an, die beiden Herren konnten sich schnell einigen und auch die Abwicklung war innerhalb kürzester Zeit vollzogen, sodass der A fließend zum 1.6.2024 die Immobilie übernehmen konnte und zu diesem Zeitpunkt auch Nutzen und Lasten übergingen. Die Vereinbarung erfolgte mit notariellem Kaufvertrag vom 16.5.2024 unter ausdrücklichem und vollumfänglichem Verzicht auf etwaige Steuerbefreiungen zwischen P und A zu einem Gesamtkaufpreis von 3.000.000,00 €.

Ab 1.6.2024 sollte A grundsätzlich als neuer Vermieter in die Mietverträge für die Einheit im obersten Stockwerk eintreten. Beim Kauf der Immobilie beabsichtigte A jedoch die Vermietung des 4. OG so schnell wie möglich zu beenden. Er hoffte auf positive unternehmerische Entwicklungen und wollte es nicht klein angehen. Dafür benötigte er sämtliche Räumlichkeiten für eigene unternehmerische Zwecke und wollte auch nicht darauf verzichten, sein Büro im oberen Bereich des Gebäudes einzurichten.

Da A dem blinden Sommelier ein sehr verlockendes Angebot machte, zog dieser auch bereits zum 1.6.2024 aus der Immobilie aus. A gab ihm dafür eine zehnjährige Garantie über die Versorgung mit hochwertigem Kaffee und Teespezialitäten jährlich, welche einmal jährlich, erstmals ein Jahr nach Auszug, geliefert werden sollten. Der jährliche Nettowert der Lieferung beträgt unzweifelhaft 1.200,00 €, was auch dem Wert des Verzichts des Sommeliers auf die Räumlichkeiten entspricht. Dazu konnte der Sommelier nicht nein sagen und räumte Ende Mai 2024 fristgerecht seine Räumlichkeiten. Nach einer erforderlichen Renovierung nutzt A sie ab Anfang Juni 2024 als eigenes Büro. Dem Sommelier ließ er fortan jährlich die versprochene Lieferung mit Kaffee und Teespezialitäten, erstmals Ende Mai 2025, zukommen und freute sich bei der Aussicht aus seinem Büro über den in seinen Augen so hervorragenden Deal.

Bereits kurze Zeit später, am 2.7.2024 erwarb A im Rahmen seines Unternehmens von einem gewerblichen Autohändler in Kiel die neueste Mercedes Benz Maybach Limousine zum Kaufpreis von 200.000,00 € zzgl. Umsatzsteuer, den er sofort und in bar bezahlte; die auf ihn ausgestellte Rechnung nahm er mit. Insoweit liegt unzweifelhaft kein Luxusobjekt i. S. d. § 4 Abs. 5 Satz 1 Nr. 7 EStG vor. Der Pkw wurde auf A zugelassen und soll fortan zu 100 % dem Unternehmen von A zugeordnet werden, und zwar zu 50 % für unternehmerische Zwecke im Rahmen des Modehandels und der Vermietung der Immobilie an den J und zu 50 % für Zwecke der Vermietung von Immobilien an Privatpersonen durch den A. Die Aufteilung ist unzweifelhaft korrekt erfolgt und nicht zu beanstanden. Zum 1.8.2024 entscheidet A aus unzweifelhaft unternehmensfremden Gründen, den Mercedes zu 50 % unentgeltlich der OHG zur Nutzung zu überlassen. Daneben wird der Pkw weiterhin zu 50 % für die Vermietung von Immobilien an Privatpersonen durch den A genutzt. Bei der OHG wird der Mercedes ausschließlich von B verwendet, der ihn nur für betriebliche Fahrten nutzt. Eine private Nutzung hat A dem B vertraglich untersagt. Er kann dieses Verbot durch die Mehrheitsbeteiligung durchsetzen; zudem erfolgt eine Privatnutzung nachweislich nicht und da A den Pkw sowieso die Hälfte der Zeit für die Vermietungsumsätze nutzt, hat er auch immer ein Auge auf diesen.

Jedoch erlitten die Frontscheinwerfer bei einer betrieblichen Fahrt am 20.8.2024 bereits einen schweren Schaden durch einen Steinschlag bei schneller Fahrt über die Autobahn. Sie werden zwei Tage später in der Kfz-Werkstatt des Carsten Glas (C) in Hamburg ersetzt Maßnahme nachfolgend als „Frontscheinwerfer" bezeichnet. A wählte diese Werkstatt, da C besonders preiswert ist. Dies liegt daran, dass C bereits vor Jahren ein Vermögen geerbt hatte und mit seiner Tätigkeit keinen Gewinn erzielen muss bzw. möchte. Er betreibt die Werkstatt nur, da ihm diese Tätigkeit sehr viel Freude bringt und beabsichtigt lediglich die Deckung seiner Kosten. Die Frontscheinwerfer werden dem A am Tag der Reparatur mit 1.500,00 € zzgl. Umsatzsteuer in Rechnung gestellt.

Kurze Zeit später, am 13.9.2024, wird B auf einer betrieblichen Fahrt von einem Opel Corsa gerammt. Die Versicherung ist nicht bereit, den Schaden an dem PKW zu zahlen, da das Verschulden unzweifelhaft bei B liegt, welcher während der Fahrt versuchte, mit seinem Handy begehrte Karten für das Taylor Swift Konzert im kommenden Jahr zu erwerben, und vollkommen abgelenkt war. Daher lässt A den Schaden am 14.9.2024 provisorisch wieder in der Werkstatt des C reparieren (Maßnahme nachfolgend als „Unfall" bezeichnet). Dieser Reparatur kommt eine gewisse Werthaltigkeit über den Zeitpunkt des Leistungsbezugs hinaus zu, und sie ist nicht bei Bezug verbraucht. Für die Reparatur stellt C am selben Tag 18.000,00 € inkl. Umsatzsteuer in Rechnung. Zudem wird bei dieser Gelegenheit aus unternehmerischen Gründen ein hochwertiges Diebstahlvermeidungssystem für 23.800,00 € inkl. Umsatzsteuer in das Fahrzeug eingebaut. Dieses ist erforderlich, da B der Wagen nach Auffassung von A gewisse Begehrlichkeiten wecken könnte. Bei dem Einbau verliert das Diebstahlvermeidungssystem durch die für den Anschluss erforderliche Komplexität des Einbaus ihre körperliche und wirtschaftliche Eigenart. Die Rechnung, die an A ausgestellt wird, enthält beide Arbeiten und weist somit einen Betrag von 41.800,00 € inkl. Umsatzsteuer aus. Die Zahlung auf das Konto des C erfolgt durch A am 15.10.2024 unter Berücksichtigung einer Verspätungsgebühr von 25,00 €; diese war über die AGB auf der Rückseite der Rechnung wirksam vereinbart worden.

Am 29.10.2024 wollte B den Pkw gerade A bringen, damit dieser eine Fahrt im Rahmen seiner Vermietungstätigkeit unternehmen kann. Auf dem Weg kommt es allerdings zu einem erneuten Auffahrunfall, da B wieder das Handy am Steuer in der Hand hielt um bei einem erneuten Versuch nun endlich die begehrten Tickets zu erhalten, dies tatsächlich gelang und er voller Freude noch mehr als zuvor abgelenkt war. Auch diesmal zahlt die Versicherung nicht, da die Schuld vollumfänglich B zugerechnet werden kann. Den Schaden lässt A von C am 30.10.2024 in dessen Werkstatt für 14.000,00 € zzgl. 980,00 € Umsatzsteuer reparieren Maßnahme nachfolgend als „Auffahrunfall" bezeichnet. Dieser Reparatur kommt wiederum eine gewisse Werthaltigkeit über den Zeitpunkt des Leistungsbezugs hinaus zu, und sie ist nicht bei Bezug verbraucht. Im Zuge dieser Reparaturarbeiten werden auch Schäden des ersten Unfalls, die bisher nur provisorisch repariert worden waren, abschließend beseitigt. Die Rechnung wird noch am selben Tag ausgestellt und bezahlt.

Da A Angst vor weiteren Schäden am PKW hat und sein Vertrauen in die Fahrkünste des B langsam nachlässt, entschließt er sich dazu, diesen am 1.11.2024 zu verkaufen. Der Verkauf für 150.000,00 € zzgl. Umsatzsteuer erfolgt noch am selben Tag an den Autohändler, von dem er den Pkw ursprünglich erworben hatte.

Die tatsächlichen Aufwendungen für den PKW betragen zwischen Erwerb und Verkauf 8.000,00 € (= 2.400,00 € ohne Umsatzsteuer und 5.600,00 € zzgl. Umsatzsteuer). Sie verteilen sich dabei gleichmäßig auf die vier Monate der Nutzung (jeweils 2.000,00 €) und sind durch ein ordnungsgemäßes Fahrtenbuch und hinreichende Belege nachgewiesen.

Da A sehr gut mit C befreundet ist, überließ ihn dieser ein sehr altes Auslieferungsfahrzeug, welches C eigentlich der Verschrottung zuführen wollte. A berichtete dem C jedoch, dass er das Lieferfahrzeug gut für seinen neuen Modehandel gebrauchen könnte, um innerhalb Hamburgs die Ware auszuliefern, und es daher gerne nehmen würde. Auf eine Zahlung wurde verzichtet, da das Lieferfahrzeug nach Ansicht von C unstrittig wertlos war und A diese Ansicht unstrittig teilte.

Jedoch bot sich A eine überraschende Chance, als sich im Rahmen seiner Tätigkeit ein Kunde, eine Privatperson aus Belgien, bei ihm meldete welche den Wagen auf einer Onlinewerbung sah. Dieser fragte danach, ob er das Auslieferungsfahrzeug erwerben dürfe. Der Belgier war der Ansicht, dass es sich bei dem Lieferfahrzeug um ein wertvolles Sammlerstück handelt und daher ein Preis von 150.000,00 € angemessen sei. Dieses Angebot nahm A sofort an. Der Transport wurde über eine Spedition veranlasst, die vom Abnehmer beauftragt wurde. Diese holte das Lieferfahrzeug am 12.12.2024 in Hamburg ab, zahlte im Namen und für Rechnung des Abnehmers die Rechnung des A in bar und nahm das Lieferfahrzeug mit nach Belgien. A händigte dem Spediteur eine an den Abnehmer gerichtete und ordnungsgemäße Rechnung aus, in welcher die Berechnung wie folgt erfolgte:

Lieferfahrzeug	123.966,94 €
Belgische Umsatzsteuer 21 % (§ 3c UStG)	26.033,06 €
Gesamtbetrag in bar entrichtet	150.000,00 €.

Jedoch brauchte A nun ein neues, zumindest kleines Lieferfahrzeug. Daher kaufte er mit Kaufvertrag vom 15.12.2024 von dem in Paris ansässigen Händler Douglas Davis (D) einen neuen Elektro-Transporter, welcher ihn diese Art des Lastfahrzeugs aufgrund der Bedürfnisse des A schmackhaft machte. Der Gesamtkaufpreis des neu erworbenen Transporters betrug 100.000,00 €. Da D aufgrund diverser Sonderausstattungswünsche den Transporter nicht vorrätig hatte, bestellte er den von A gewünschten Transporter bei seiner Zulieferin Erna Elektrokar (E) aus Lissabon für insgesamt 80.000,00 €. E wiederum bestellte den Transporter direkt beim Hersteller des Transporters Hubert Hubraum (H) in Brasilien zum Preis von 50.000,00 €. Die Beteiligten trafen die Vereinbarung, dass E für den erforderlichen Transport des neuen Transporters aus Brasilien nach Hamburg sorgen sollte und zu diesem Zwecke sowohl die Gefahren als auch die Kosten tragen sollte. E wiederum vereinbarte mit H die Lieferklausel „Lieferung ab Werk Brasilien, unverzollt/unversteuert“ (EXW) und mit D die Lieferklausel „Lieferung frei Haus Hamburg“ (DDP). Am 23.12.2024 wurde der Transporter von einem Mitarbeiter der E aus Brasilien geholt und nach Hamburg überführt. Die Anmeldung zum umsatzsteuerrechtlich freien Verkehr erfolgte im Auftrag und im Namen E in Lissabon. Bereits drei Tage später erteilte der D dem A eine Rechnung über die Lieferung ohne Umsatzsteuerausweis.

2.2 Aufgabenstellung

Beurteilen Sie die oben angeführten Vorfälle bzgl. ihrer umsatzsteuerlichen Auswirkung auf A, B, A & B-OHG, C, P, R, H, E und D für den Besteuerungszeitraum 2024. Hierbei ist insbesondere auf das jeweilige Unternehmen und seinen Umfang, die Art des Umsatzes, die Steuerpflicht, die Bemessungsgrundlage für steuerpflichtige Umsätze und auf den Vorsteuerabzug einzugehen. Die Umsatzsteuer für steuerpflichtige Umsätze ist zu ermitteln. Zudem ist anzugeben, in welchem Voranmeldungszeitraum die Steuer entsteht bzw. zu berichtigen ist und die Vorsteuer abgezogen werden kann. Bei steuerfreien Umsätzen sind der Voranmeldungszeitraum und der Betrag anzugeben, mit dem der steuerbefreite Vorgang in den Voranmeldungen zu erfassen ist. Begründen Sie Ihre Entscheidungen unter Angabe der gesetzlichen Bestimmungen.

2.3 Bearbeitungshinweise

Soweit aus dem Sachverhalt nichts Gegenteiliges hervorgeht, sind die erforderlichen Belege, Nachweise sowie Aufzeichnungen vorhanden und ordnungsgemäß, und die Rechnungen enthalten die nach §§ 14, 14a UStG bzw. §§ 33, 34 UStDV erforderlichen Angaben. § 19 UStG findet keine Anwendung. A, B, A & B-OHG, C, P, R, H, E und D streben das umsatzsteuerrechtlich günstigste Ergebnis an und nutzen Wahlrechte entsprechend voll aus. Eine Option nach § 9 UStG ist unbeachtlich der steuerlichen Folgen zwingend gewünscht, sofern möglich. Voranmeldungszeitraum ist der Kalendermonat; es erfolgt die Regelbesteuerung nach Soll. Alle Datumsangaben sind fiktiv, ohne Sonn- oder Feiertage und Schaltjahre. § 4 Nr. 3 UStG findet keine Anwendung. Es wird, sofern nichts anderes genannt ist, jeweils die Umsatzsteuer-Identifikationsnummer des Staates verwendet, in dem der jeweilige Unternehmer ansässig ist.

Die nachfolgende Lösung der Klausur ist sehr detailliert und geht hinsichtlich der Begründung wesentlich tiefer, als dies für die Klausurlösung erforderlich ist. Damit soll den Kandidatinnen und Kandidaten die Möglichkeit gegeben werden, die Begründung und Entwicklung zu Zwecken der Vorbereitung intensiver zu bearbeiten und ein erhöhtes Verständnis zu entwickeln. Insbesondere wenn Sonderthemen erstmalig in der Lösung angesprochen werden, werden einleitende Worte vorgeschaltet. Die entsprechenden Absätze wurden daher auch nicht mit zu verteilenden Punkten versehen.

2.4 Lösungshinweise

2.4.1 Unternehmereigenschaft der beteiligten Unternehmer und Umfang ihrer Unternehmen

Die OHG ist Unternehmerin i. S. des § 2 Abs. 1 Satz 1 und 3 UStG, da sie eine gewerbliche oder berufliche Tätigkeit nachhaltig und selbstständig mit Einnahmeerzielungsabsicht ausübt.[45] Die Unternehmertätigkeit beginnt mit dem ersten nach außen erkennbaren Handeln der OHG, mithin am 11.1.2024.[46] Das Unternehmen umfasst den Handel mit Porzellan und Kaffee- und Teespezialitäten nach § 2 Abs. 1 Satz 2 UStG. Die OHG ist zur Regelbesteuerung nach §§ 16, 18 UStG verpflichtet und hat monatliche Voranmeldungen abzugeben.[47] Die persönlichen Voraussetzungen zum Vorsteuerabzug und zur Rechnungserstellung i. S. der §§ 14, 15 UStG sind erfüllt.

Gesellschafter A begründet durch das bloße Erwerben, Halten und Veräußern seiner Beteiligung an der OHG keine Unternehmerstellung i. S. des § 2 Abs. 1 Satz 1 und 3 UStG.[48] Mit der Bareinlage in Höhe von 501.000,00 € erbringt A keine steuerbare Leistung an die OHG;[49] gleichwohl ist durch die Ausgabe der Anteile der OHG an A keine steuerbare Leistung gegeben.[50] Der gesamte Vorgang ist damit nicht steuerbar i. S. des § 1 Abs. 1 Nr. 1 UStG, da es an einem umsatzsteuerlich erforderlichen Leistungsaustausch zwischen A und der OHG fehlt.

[1,5] A ist jedoch (ab dem 1.1.2024) weiterhin Unternehmer i. S. des § 2 Abs. 1 Satz 1 und 3 UStG (vorher war er durch seine Kanzlei als Patentanwalt und die Immobilienvermietung Unternehmer, die Tätigkeit als Patentanwalt endet zwar, wird jedoch durch seine neuen Tätigkeiten ersetzt), da er mit der Vermietung der Immobilie an den J und die übrigen Mieter eine gewerbliche oder

45 Abschnitt 2.2 Abs. 5 Satz 1 UStAE.

46 Abschnitt 2.6 Abs. 1 Satz 1 UStAE.

47 Laut Bearbeitungshinweis vorgegeben; im Neugründungsfall erforderlich nach § 18 Abs. 2 Satz 4 UStG.

48 EuGH, Urteile v. 14.11.2000 - Rs. C-142/99 „Floridienne und Berginvest" WAAAB-72578, v. 27.9.2001 - Rs. C-16/00 „Cibo Participations" DAAAB-04883 und v. 29.4.2004 - Rs. C-77/01 „EDM" HAAAB-72865, sowie Abschnitt 2.3 Abs. 2 Satz 1 UStAE.

49 BFH, Urteile v. 23.7.1959 - V 6/58 U, BStBl 1959 III S. 379 JAAAB-46927 und v. 5.12.2007 - V R 60/05, BStBl 2009 II S. 486 OAAAC-76535, sowie Abschnitt 1.6 Abs. 1 Satz 3 UStAE.

50 BFH, Urteil v. 1.7.2004 - V R 32/00, BStBl 2004 II S. 1022 BAAAB-25316, sowie Abschnitt 1.6 Abs. 2 Satz 1 UStAE.

berufliche Tätigkeit nachhaltig, selbständig und mit Einnahmeerzielungsabsicht ausübt. Daneben kommt ab dem 11.1.2024 seine Geschäftsführertätigkeit für die OHG hinzu. Seine Selbstständigkeit diesbezüglich resultiert daraus, dass seine Tätigkeit nicht ausschließlich aus der Beteiligung am Gewinn oder Verlust der Gesellschaft abgegolten ist, sondern darüber hinaus ein Sonderentgelt[51] gewährt wird.[52] Der Rahmen des Unternehmens umfasst ab dem 11.1.2024 seine Geschäftsführertätigkeit nach § 2 Abs. 1 Satz 2 UStG; vorher ab dem 1.1.2024 jedoch bereits die Vermietung der Immobilie an J und die weitere Vermietung von Immobilien an Privatpersonen. Ab Mitte 2024 kommt ein weiterer Teil zu seiner Unternehmertätigkeit hinzu, da er einen Handel jeglicher Art beginnt. A ist zur Regelbesteuerung nach §§ 16, 18 UStG verpflichtet und hat monatliche Voranmeldungen abzugeben.[53] Die persönlichen Voraussetzungen zum Vorsteuerabzug und zur Rechnungserstellung i. S. der §§ 14, 15 UStG sind erfüllt.

Gesellschafter B ist bis zum Ablauf des 10.1.2024 Unternehmer mit seinem Handel mit Kaffee- und Teespezialitäten, da er eine gewerbliche oder berufliche Tätigkeit nachhaltig und selbstständig mit Einnahmeerzielungsabsicht i. S. des § 2 Abs. 1 Satz 1 und Satz 3 UStG durch sein Einzelunternehmen ausübt. Durch den Übergang seines Einzelunternehmens zum 11.1.2024 auf die OHG endet seine unternehmerische Tätigkeit.[54] Das bloße Erwerben, Halten und Veräußern der Beteiligung begründet für ihn keine unternehmerische Tätigkeit.[55] Anders als bei A begründet auch seine Geschäftsführertätigkeit keine Unternehmerstellung, da kein Sonderentgelt vereinbart und die Tätigkeit durch die Beteiligung am Gewinn und Verlust der Gesellschaft abgegolten ist.[56]

B leistet als Gesellschafterbeitrag eine Sacheinlage durch Einbringung seines Einzelunternehmens in die Gesellschaft. Dieser Vorgang ist umsatzsteuerlich als nicht steuerbare Geschäftsveräußerung im Ganzen nach § 1 Abs. 1a UStG zu beurteilen. B bringt sein gesamtes Unternehmen inkl. aller wesentlichen Betriebsgrundlagen[57] in einem Vorgang, mithin im Ganzen, in die Gesellschaft ein. Die Tätigkeit des Einzelunternehmens kann von der OHG ohne großen finanziellen Aufwand fortgeführt werden, da die OHG ebenfalls im Kaffee- und Teespezialitätenhandel tätig ist. Zudem wird die Tätigkeit auch tatsächlich fortgeführt. Die OHG tritt nach § 1 Abs. 1a Satz 3 UStG an die Stelle des B. Mithin ist die Ausgabe der Anteile an der OHG an den B nicht steuerbar nach § 1 Abs. 1 Nr. 1 UStG.[58] Die Unternehmertätigkeit des B endet mangels weiterer Angaben im Sachverhalt und Tatbestände mit Ablauf des 10.1.2024. [1,5]

C ist Unternehmer i. S. des § 2 Abs. 1 Satz 1 und 3 UStG, da er mit seiner Kfz-Werkstatt eine gewerbliche oder berufliche Tätigkeit nachhaltig und selbstständig mit Einnahmeerzielungsabsicht ausübt. Der Rahmen des Unternehmens des C i. S. des § 2 Abs. 1 Satz 2 UStG ist die Kfz-Werkstatt. Die fehlende Gewinnerzielungsabsicht des C ist umsatzsteuerrechtlich irrelevant, da insoweit ausschließlich auf die unzweifelhaft vorhandene Einnahmeerzielungsabsicht abzustellen ist.[59] Es gelten weiterhin die allgemeinen Aspekte zur Bestimmung der Unternehmertätigkeit. Zu etwaigen Steuererklärungspflichten und Voranmeldungszeiträumen gilt laut Bearbeitungshinweis das zur OHG Gesagte entsprechend.

Der P ist Unternehmer, solange er die deutsche Immobilie in Hamburg vermietet (= Umfang des deutschen Unternehmens des P). Es gilt insoweit das Vorgenannte. Es gilt jedoch zu beachten, dass die Vermietung der Immobilien in Portugal nicht der deutschen umsatzsteuerlichen Behandlung unterliegt, da darin ein nicht steuerbarer Umsatz nach § 1 Abs. 1 Satz 1 UStG vorliegt. Dies folgt daraus, dass sich der Ort für die mit der Vermietung ausgeführten sonstigen Leistung

51 Abschnitt 1.6 Abs. 4 Satz 1 UStAE.
52 Abschnitt 1.6 Abs. 3 Satz 2 UStAE.
53 Laut Bearbeitungshinweis vorgegeben.
54 Abschnitt 2.6 Abs. 6 Satz 1 UStAE.
55 EuGH, Urteile v. 14.11.2000 - Rs. C-142/99 „Floridienne und Berginvest“ WAAAB-72578, v. 27.9.2001 - Rs. C-16/00 „Cibo Participations“ DAAAB-04883 und v. 29.4.2004 - Rs. C-77/01 „EDM“ HAAAB-72865, sowie Abschnitt 2.3 Abs. 2 Satz 1 UStAE.
56 Abschnitt 1.6 Abs. 3 Satz 5 UStAE.
57 Abschnitt 1.5 Abs. 3 ff. UStAE.
58 BFH, Urteil v. 1.7.2004 - V R 32/00, BStBl 2004 II S. 1022 BAAAB-25316, sowie Abschnitt 1.6 Abs. 2 Satz 1 UStAE.
59 Abschnitt 2.3 Abs. 8 Satz 1 und 2 UStAE.

nach § 3a Abs. 3 Nr. 1 UStG bestimmt und mithin am Belegenheitsort der Immobilien in Portugal befindet. Die deutsche Unternehmertätigkeit des P endet mangels weiterer Angaben im Sachverhalt mit Veräußerung der Immobile mit Ablauf des 31.5.2024.[60] Zu diesem Zeitpunkt ist der Übergang von Nutzen und Lasten der Immobilie auf den A.

Auch R, H, E und D sind Unternehmer i. S. des § 2 Abs. 1 Satz 1 und 3 UStG. Sie üben jeweils eine gewerbliche oder berufliche Tätigkeit nachhaltig und selbständig mit Einnahmeerzielungsabsicht aus. Die Unternehmertätigkeit ist für R, H, E und D jeweils im gesamten Besteuerungszeitraum 2024 gegeben.

- Bei R die Tätigkeit als Handwerker,
- Bei D und E jeweils der Verkauf von Fahrzeugen und
- Bei H die Herstellung von Transportern.

[2] Die Unternehmer sind, soweit sie in Deutschland umsatzsteuerliche Pflichten haben, zur Regelbesteuerung nach §§ 16, 18 UStG verpflichtet und haben monatliche Voranmeldungen abzugeben. Die persönlichen Voraussetzungen zum Vorsteuerabzug und zur Rechnungserstellung i. S. der §§ 14, 15 UStG sind erfüllt.

HINWEIS

Im Folgenden werden je herausgearbeitetem Einzelsachverhalt der Übungsklausur zunächst die Ausgangsumsätze geprüft. Erst danach werden die Eingangsumsätze je Einzelsachverhalt der Übungsklausur sowie anschließend etwaige Vorsteuerberichtigungen des Einzelsachverhalts geprüft.

Es ergibt erfahrungsgemäß Sinn, sich auch an die genannte Reihenfolge zu halten. Dennoch wird zur besseren Übersicht, da die Klausur sachverhaltsseitig nicht unterteilt ist, jeder herausgearbeitete Einzelsachverhalt erst vollständig abgebildet.

2.4.2 Einzelsachverhalte

Geschäftsveräußerung im Ganzen durch A

[2,5] Für eine Geschäftsveräußerung im Ganzen gemäß § 1 Abs. 1a UStG ist erforderlich, dass die wesentlichen Grundlagen eines Unternehmens oder eines gesondert geführten Betriebs an einen anderen Unternehmer für dessen Unternehmen übertragen werden. Dass J erst durch die Übertragung Unternehmer wird, ist unerheblich, da die unternehmerische Tätigkeit des Erwerbers auch erst mit dem Erwerb des Unternehmens oder des gesondert geführten Betriebs beginnen kann.[61] Es ist jedoch entscheidend, dass die übertragenen Vermögensgegenstände ein hinreichendes Ganzes bilden, welches es dem Erwerber ermöglicht, die bisherige unternehmerische Tätigkeit des Veräußerers fortzusetzen. Zudem ist es zwingend erforderlich, dass der Erwerber dies auch tatsächlich tut.[62] Beides ist im Rahmen einer sogenannten Gesamtwürdigung nach der Art der übertragenen Vermögensgegenstände und des Grades der Übereinstimmung oder Ähnlichkeit zwischen der Tätigkeit, welche vor und nach der Übertragung ausgeübt wird, zu prüfen.[63] Diese Prüfung kann vorliegend als bestanden betrachtet werden, da J insoweit das gesamte Unternehmen des A übernimmt. Da die Tätigkeit jedoch grundsätzlich sofort fortgeführt werden muss, ist es zweifelhaft, ob die Modernisierung durch J der nichtsteuerbaren Geschäftsveräußerung im Ganzen entgegensteht. Nach BFH-Rechtsprechung und Verwaltungsauffassung steht es der Fortsetzung der bisherigen Tätigkeit des Veräußerer jedoch nicht entgegen, wenn der Erwerber den von ihm erworbenen Geschäftsbetrieb – hier die Kanzlei als Patentanwalt – in seinem Zuschnitt ändert oder modernisiert.[64] Soweit für diese Modernisierung eine kurzfristige und insoweit zeitlich unwesentliche Unterbrechung der Tätigkeit erfolgt, ist dies für die Geschäftsveräußerung im Ganzen als nichtsteuerbaren Vorgang unerheblich. Die Tätigkeit der Kanzlei wird

60 Abschnitt 2.6 Abs. 6 Satz 1 UStAE.
61 Abschnitt 1.5 Abs. 1 Satz 1; Abschnitt 2.6 Abs. 1 UStAE.
62 BFH-Urteil vom 18.9.2008 - V R 21/07, BStBl 2009 II S. 254.
63 BFH-Urteil vom 23.8.2007 - V R 14/05, BStBl 2008 II S. 165.
64 BFH-Urteil vom 23.8.2007 - V R 14/05, BStBl 2008 II S. 165; Abschnitt 1.5 Abs. 1a Satz 1 UStAE.

vorliegend unverzüglich – innerhalb nicht mal einer Woche – wiederaufgenommen und von J fortgeführt.

Weiterhin erscheint fraglich, ob der Zurückbehalt einzelner Wirtschaftsgüter der nichtsteuerbaren Geschäftsveräußerung im Ganzen entgegenstehen kann. Dies betrifft zum einen das Buch, jedoch auch die Immobilie, in welcher die Kanzlei betrieben wird. Eine nichtsteuerbare Geschäftsveräußerung im Ganzen ist jedoch auch dann anzunehmen, wenn bei der entgeltlichen oder unentgeltlichen Übereignung eines Unternehmens im Ganzen einzelne unwesentliche Wirtschaftsgüter von dieser Übereignung ausgenommen werden.[65] Somit ist der von A vorgenommene Rückbehalt des Buchs unschädlich für die Anwendung des § 1 Abs. 1a UStG.

Jedoch handelt es sich bei dem Grundstück um eine wesentliche Betriebsgrundlage. Für dieses gelten daher strengere Grundsätze. Dennoch liegt eine nichtsteuerbare Geschäftsveräußerung im Ganzen vor, wenn einzelne wesentliche Wirtschaftsgüter, wie beispielsweise die dem Unternehmen dienenden Grundstücke, nicht mit dinglicher Wirkung übertragen werden. Dies steht jedoch unter dem Vorbehalt, dass diese dem Erwerber vermietet oder verpachtet werden und somit eine dauerhafte Fortführung des Unternehmens durch den Erwerber sichergestellt ist.[66] In diesem Zusammenhang hat die Rechtsprechung definiert, dass eine langfristige Vermietung oder Verpachtung für z. B. acht Jahre[67] ebenso ausreichend ist wie eine Vermietung oder Verpachtung auf unbestimmte Zeit.[68] Da J mit A einen Mietvertrag über zehn Jahre mit zwei jeweils 5-jährigen Verlängerungsoptionen geschlossen hat, ist dies für die Geschäftsveräußerung im Ganzen ausreichend. Somit steht der Zurückbehalt der Immobilie durch A der Geschäftsveräußerung im Ganzen nicht entgegen.

Mithin tritt im Ergebnis der J nach § 1 Abs. 1a Satz 3 UStG an die Stelle des A und der gesamte Vorgang ist nach § 1 Abs. 1a UStG nicht steuerbar. [2,5]

Vermietung der Immobilie durch A an den J

Mit der Vermietung der Immobilie an J erbringt A eine sonstige Leistung nach § 3 Abs. 9 UStG. [0,5] Da er ausschließlich an einen Unternehmer, den J vermietet wird, bestimmt sich der Ort grundsätzlich nach § 3a Abs. 2 UStG als B2B-Umsatz. Allerdings ist hier die Vorschrift des § 3a Abs. 3 Nr. 1 Satz 1 und 2 Buchst. a UStG einschlägig. Ausgeführt werden die sonstigen Leistungen somit an dem Ort, an dem die Immobilie belegen ist, mithin in Hamburg (= Inland, § 1 Abs. 2 Satz 1 UStG). Die Umsätze sind daher nach § 1 Abs. 1 Nr. 1 UStG steuerpflichtig. Aufgrund der monatlichen Mietzahlungen wird die Vermietung in monatlichen Teilleistungen gemäß § 13 Abs. 1 Nr. 1 Buchst. a Satz 2 und 3 UStG erbracht.

Die Räumlichkeiten sind an den Patentanwalt J vermietet. J nutzt die angemieteten Räumlichkeiten für sein Unternehmen. Die Voraussetzungen des § 9 Abs. 1 UStG sind somit erfüllt. [2] Aus seiner unternehmerischen Tätigkeit als Patentanwalt erzielt J grundsätzlich nur steuerpflichtige Ausgangsumsätze, die ihn zum Vorsteuerabzug berechtigen (§ 15 Abs. 1 UStG). Auch die Voraussetzungen des § 9 Abs. 2 UStG sind daher erfüllt. Ausschlussgründe für den Vorsteuerabzug des J aus derTätigkeit als Patentanwalt nach § 15 Abs. 2 UStG liegen grundsätzlich nicht vor. Für die Vermietung an den J kann A somit wirksam zur Steuerpflicht optieren, womit die Vermietung steuerpflichtig ist. Gemäß § 10 Abs. 1 Satz 1 und 2 UStG beträgt die Bemessungsgrundlage als Entgelt 2.500,00 €. Die Umsatzsteuer beträgt bei einem Steuersatz von 19 % (§ 12 Abs. 1 UStG) 475,00 €. Die Steuer entsteht gemäß § 13 Abs. 1 Nr. 1 Buchst. a Satz 2 und 3 UStG mit Ablauf des jeweiligen Voranmeldungszeitraums, in dem die entsprechende Teilleistung erbracht wird, also mit Ablauf der Voranmeldungszeiträume Januar bis Dezember 2024. Steuerschuldner ist gemäß § 13a Abs. 1 Nr. 1 UStG der leistende Unternehmer A.

---

65 BFH-Urteil vom 1.8.2002 - V R 17/01, BStBl 2004 II S. 626.

66 BFH-Urteile vom 15.10.1998 - V R 69/97, BStBl 1999 II S. 41, und vom 4.7.2002 - V R 10/01, BStBl 2004 II S. 662.

67 BFH-Urteil vom 23.8.2007 - V R 14/05, BStBl 2008 II S 165.

68 EuGH-Urteil vom 10.11.2011 - C-444/10 „Schriever“ BStBl 2012 II S. 848, und BFH-Urteil vom 18.1.2012 - XI R 27/08, BStBl II S. 842.

Geschäftsführertätigkeit des A

Durch seine Tätigkeit als Geschäftsführer erbringt A eine sonstige Leistung i. S. des § 3 Abs. 9 UStG an die OHG. Der Ort dieser sonstigen Leistung bestimmt sich nach § 3a Abs. 2 UStG als B2B-Umsatz danach, wo der Leistungsempfänger sein Unternehmen betreibt, mithin in Hamburg (= Inland, § 1 Abs. 2 Satz 1 UStG). Eine Sondervorschrift bzgl. der Ortsbestimmung gem. § 3a Abs. 3 ff. UStG greift nicht. Die Leistung des A an die Gesellschaft erfolgt gegen ein Sonderentgelt im Rahmen eines Leistungsaustauschs zwischen A und der OHG (s. o.). Es liegt somit ein steuerbarer Umsatz nach § 1 Abs. 1 Nr. 1 UStG vor, der mangels Steuerbefreiung des § 4 UStG steuerpflichtig ist. Der anzuwendende Steuersatz beträgt 19 % (§ 12 Abs. 1 UStG). Bemessungsgrundlage ist nach § 10 Abs. 1 Satz 1 und 2 UStG das Entgelt, mithin alles, was der Leistungsempfänger aufwendet, abzüglich der gesetzlich geschuldeten Umsatzsteuer. Das Entgelt beträgt laut Vorgabe im Sachverhalt 2.500,00 € monatlich, die Umsatzsteuer hierauf (2.500,00 € • 19 % =) 475,00 €.

[2,5] Es könnte mithin eine Teilleistung nach § 13 Abs. 1 Nr. 1 Buchst. a Satz 2 und 3 UStG vorliegen. Diese setzen voraus, dass eine nach der wirtschaftlichen Betrachtungsweise sinnvoll teilbare Leistung nicht als Ganzes, sondern jeweils in einzelnen Teilen geschuldet und bewirkt wird.[69] Damit eine Leistung in Teilen geschuldet wird, muss für bestimmte Teile dieser Leistung das jeweilige Entgelt gesondert vereinbart werden gemäß § 13 Abs. 1 Nr. 1 Buchstabe a Satz 3 UStG. Auch in diesen Fällen ist das Entgelt nach den Grundsätzen des § 10 Abs. 1 UStG zu ermitteln. Für die jeweils monatliche Abrechnung der Geschäftsführervergütung ist dies mithin gegeben. Die Steuerentstehung erfolgt nach § 13 Abs. 1 Nr. 1 Buchst. a Satz 2 und 3 UStG als wirtschaftlich sinnvoll teilbare Teilleistung mit Ablauf des jeweiligen Voranmeldungszeitraums Januar bis Dezember 2024. Steuerschuldner ist A als Unternehmer (§ 13a Abs. 1 Nr. 1 UStG).

[0,5] Aus der für die OHG ausgeführten Tätigkeit hat diese einen Vorsteuerabzug, da sie Unternehmerin i. S. des § 2 Abs. 1 Satz 1 und 3 UStG ist und die Voraussetzung des § 15 Abs. 1 Satz 1 UStG erfüllt ist: Es handelt sich hier um eine gesetzlich geschuldete Steuer, die bei der sonstigen Leistung des A an die OHG gezahlt wird (§ 15 Abs. 1 Satz 1 Nr. 1 UStG). Mithin hat die OHG in den Voranmeldungszeiträumen Januar bis Dezember 2024 jeweils einen Vorsteuerabzug in Höhe von 475,00 €; Ausschlussgründe nach § 15 Abs. 2 UStG bestehen nicht.

Vermietung der Immobilie durch den P von Januar bis Mai 2024

[0,5] Mit der Vermietung der Immobilie erbringt P sonstige Leistungen nach § 3 Abs. 9 UStG. Da ausschließlich an Unternehmer (das Handelsunternehmen und den blinden Sommelier) vermietet wird, bestimmt sich der Ort grundsätzlich nach § 3a Abs. 2 UStG als B2B-Umsatz. Allerdings ist hier die Vorschrift des § 3a Abs. 3 Nr. 1 Satz 1 und 2 Buchst. a UStG einschlägig. Ausgeführt werden die sonstigen Leistungen somit an dem Ort, an dem die Immobilie belegen ist, mithin in Hamburg (= Inland, § 1 Abs. 2 Satz 1 UStG). Die Umsätze sind daher nach § 1 Abs. 1 Nr. 1 UStG steuerpflichtig. Aufgrund der monatlichen Mietzahlungen wird die Vermietung in monatlichen Teilleistungen gemäß § 13 Abs. 1 Nr. 1 Buchst. a Satz 2 und 3 UStG erbracht.

HINWEIS

Bei Teilleistungen ist jeweils auf eine wirtschaftlich sinnvolle Teilbarkeit abzustellen. Dies kann u.a. durch monatliche Zahlungen aufgrund eines Dauerschuldverhältnisses gegeben sein.

[1,5] Das EG und das 1. bis 3. OG sind an den Einzelhandel vermietet. Dieser nutzt die angemieteten Räumlichkeiten für sein Unternehmen. Die Voraussetzungen des § 9 Abs. 1 UStG sind somit erfüllt. Aus seiner unternehmerischen Tätigkeit als Handelsunternehmen erzielt das Unternehmen grundsätzlich nur steuerpflichtige Ausgangsumsätze, die zum Vorsteuerabzug berechtigen (§ 15 Abs. 1 UStG). Auch die Voraussetzungen des § 9 Abs. 2 UStG sind daher erfüllt. Ausschlussgründe für den Vorsteuerabzug des Handelsunternehmens nach § 15 Abs. 2 UStG liegen grundsätzlich nicht vor. Für die Vermietung an das Handelsunternehmen kann P somit wirksam zur Steuerpflicht optieren, womit die Vermietung steuerpflichtig ist. Gemäß § 10 Abs. 1 Satz 1 und 2 UStG

69 Abschnitt 13.4 Satz 1 ff. UStAE mit entsprechenden Beispielen.

beträgt die Bemessungsgrundlage als Entgelt 67.226,89 € (80.000,00 € / 1,19). Die Umsatzsteuer beträgt bei einem Steuersatz von 19 % (§ 12 Abs. 1 UStG) somit 12.773,11 €. Die Steuer entsteht gemäß § 13 Abs. 1 Nr. 1 Buchst. a Satz 2 und 3 UStG mit Ablauf des jeweiligen Voranmeldungszeitraums, in dem die entsprechende Teilleistung erbracht wird, also mit Ablauf der Voranmeldungszeiträume Januar bis Mai 2024. Steuerschuldner ist gemäß § 13a Abs. 1 Nr. 1 UStG der leistende Unternehmer P.

Das 4. OG ist an den Sommelier vermietet. Dieser ist unzweifelhaft Unternehmer und nutzt die Räume für sein Unternehmen. Damit sind die Voraussetzungen des § 9 Abs. 1 UStG erfüllt. Mit seiner Tätigkeit als „Blinder" führt der Mieter jedoch steuerfreie Ausgangsumsätze i. S. des § 4 Nr. 19 Buchst. a UStG aus. Er beschäftigt nur eine Mitarbeiterin. Außerdem ist er als Sommelier sicherlich auch in Bezug auf Wein tätig, erbringt aber keine Umsätze die dem Alkoholsteuergesetz unterliegen. Die Voraussetzung zur Option nach § 9 Abs. 2 UStG scheitert, weil die Umsätze nach § 15 Abs. 2 Nr. 1 UStG den Vorsteuerabzug ausschließen. Somit ist eine Option zur Steuerpflicht nicht möglich und die Vermietungen sind zwingend steuerfrei. Mithin bleiben die Umsätze steuerfrei mit einer Bemessungsgrundlage nach § 10 Abs. 1 Satz 1 und Satz 2 UStG von 17.000,00 €. Die Umsätze sind analog § 13 Abs. 1 Satz 1 Nr. 1 Buchst. a Satz 2 und 3 UStG in den monatlichen Voranmeldungszeiträumen Januar bis Mai 2024 als steuerbefreite Umsätze zu erklären. [2]

Grundstücksveräußerung durch P an A

Mit Übergang von Nutzen und Lasten am 1.6.2024 veräußert P die Immobilie an A. Eine Geschäftsveräußerung im Ganzen (§ 1 Abs. 1a UStG) ist in der Veräußerung des P an A nicht zu sehen. Zwar bestand die unternehmerische Tätigkeit des P in der Vermietung der Immobilie, jedoch beabsichtigt A als Erwerber, diese Vermietung nicht fortzusetzen. A beabsichtigt, das bisher fremdvermietete Gebäude in Zukunft für eigene unternehmerische Zwecke zu nutzen, kündigt mit sofortiger Wirkung die bestehenden Mietverträge und möchte diese nicht fortzuführen. Es ist allein auf die weitere Verwendungsabsicht des A abzustellen, mithin den Willen die Vermietung fortzuführen oder diese, wie vorliegend, zu beenden.[70]

Somit erbringt P mit der Veräußerung der Immobilie eine Lieferung gemäß § 3 Abs. 1 UStG. Ort dieser ruhenden Lieferung ist gemäß § 3 Abs. 7 Satz 1 UStG Hamburg (= Inland, § 1 Abs. 2 Satz 1 UStG). Es ist nicht von Bedeutung, dass es sich bei P um einen Unternehmer aus Portugal handelt. Sein Wohnsitz oder von wo er die Immobilie vermietet, ist für die umsatzsteuerliche Beurteilung des Sachverhalts unbeachtlich. Somit ist die Lieferung in Deutschland steuerbar gemäß § 1 Abs. 1 Nr. 1 UStG. Sie ist mit Übergang von Nutzen und Lasten am 1.6.2024 ausgeführt. Es handelt sich um einen Umsatz, der unter das Grunderwerbsteuergesetz fällt. Daher ist auf die Lieferung die Vorschrift zur steuerbefreiten Grundstückslieferung nach § 4 Nr. 9 Buchst. a UStG anzuwenden. [2]

Vorliegend konnte jedoch wirksam auf die Steuerbefreiung verzichtet und zur Umsatzsteuerpflicht optiert werden. A als Unternehmer ist Erwerber und erwirbt die Immobilie für sein Unternehmen, den Modehandel. Die nach § 9 Abs. 1 UStG notwendigen Voraussetzungen sind daher erfüllt. Zudem ist der Verzicht auf die Steuerbefreiung laut Sachverhalt gemäß § 9 Abs. 3 Satz 2 UStG ausdrücklich im Notarvertrag erfolgt. Die ruhende Lieferung ist somit steuerpflichtig, wobei die Bemessungsgrundlage nach § 10 Abs. 1 Satz 1 und 2 UStG 2.000.000,00 € beträgt. Bei dem im Notarvertrag vereinbarten Gesamtkaufpreis handelt es sich um einen Betrag ohne Umsatzsteuer gemäß § 14a Abs. 5 Satz 2 UStG. Die Umsatzsteuer ist auf den Nettobetrag zu berechnen und beträgt bei dem Steuersatz von 19 % nach § 12 Abs. 1 UStG 380.000,00 € (2.000.000,00 € • 19 %).

Steuerschuldner ist hier nicht P, sondern A, da es sich um einen Fall des § 13b Abs. 2 Nr. 3 UStG handelt. Es ist ein umsatzsteuerpflichtiger Umsatz, der unter das Grunderwerbsteuergesetz fällt, gegeben. Damit bleibt der portugiesische P von umsatzsteuerlichen Folgen aus der Veräußerung in Deutschland befreit. Gemäß § 13b Abs. 2 UStG entsteht die Umsatzsteuer mit Ausstellung der [2,5]

70 BFH-Urteil vom 18.9.2008 - V R 21/07, BStBl 2009 II S. 254 und EuGH-Urteil vom 27.11.2003 - C-497/01 „Zita Modes"; Abschnitt 1.5 Abs. 1 Satz 2 und Abs. 1a Satz 2 UStAE.

Rechnung, hier mit Abschluss des Notarvertrag, welcher eine ordnungsgemäße Rechnung i. S. des Umsatzsteuerrechts darstellt,[71] am 16.5.2024, mithin im Voranmeldungszeitraum Mai 2024. Die Steuer entsteht spätestens mit Ablauf des der Ausführung der Leistung folgenden Kalendermonats, jedoch aufgrund der Rechnungsausstellung mit Ausstellung dieser, mithin im Voranmeldungszeitraum Mai 2024. Die Steuerschuldnerschaft geht gemäß § 13b Abs. 5 Satz 1 i. V. m. Abs. 2 Nr. 3 UStG auf den Leistungsempfänger, den Unternehmer A, über.

Erneuerung der Alarmanlage durch R

[2,5] R ist Unternehmer i. S. d. § 2 Abs. 1 Satz 1 und Satz 3 UStG. Mit der Erneuerung der Alarmanlage erbringt er eine Leistung, welche gemäß § 3 Abs. 4 UStG als Werklieferung zu qualifizieren ist und auf welche daher die Grundsätze für Lieferungen Anwendung finden. R bringt sämtliche Hauptstoffe selbst bei.[72] Es gelten zur Ortsbestimmung somit die Regeln zur Lieferung. Da die Alarmanlage sich im Gebäude des P befindet, handelt es sich um eine unbewegte Lieferung gemäß § 3 Abs. 7 Satz 1 UStG. Der Ort ist somit in Hamburg, wodurch ein steuerbarer Umsatz des R vorliegt (§ 1 Abs. 1 Nr. 1 UStG), welcher mangels Steuerbefreiung nach § 4 UStG steuerpflichtig ist. Die Bemessungsgrundlage ist alles, was der Leistungsempfänger aufwendet, abzüglich der Umsatzsteuer, mithin das Entgelt gemäß § 10 Abs. 1 Satz 1 und Satz 2 UStG. Der Steuersatz beträgt gemäß § 12 Abs. 1 UStG 19 %. Hierbei ist zu beachten, dass es sich um einen Fall des § 13b Abs. 2 Nr. 1 UStG handelt. R erbringt an P eine Werklieferung und ist weiterhin gemäß § 13b Abs. 7 Satz 1 UStG im Ausland ansässig, da er in Portugal ansässig ist. Es kommt somit zur Steuerschuldnerschaft des Leistungsempfängers P nach § 13b Abs. 5 Satz 1 UStG und die Steuer entsteht mit Ausstellung der Rechnung, spätestens mit Ablauf des der Ausführung der Leistung folgenden Kalendermonats gemäß § 13b Abs. 2 UStG. Somit entsteht die Steuer in Höhe von 1.045,00 € (5.500,00 € • 19 %) mit Ablauf des Voranmeldungszeitraums Mai 2024, da in diesem die Rechnung ausgestellt wurde.

Kaffee und Tee für den Sommelier

Für den vorzeitigen Auszug des Sommeliers im 4. OG bietet A diesem eine langjährige Kaffee- und Teelieferung an. Die Leistung stellt keinen echten Schadensersatz nach Abschnitt 1.3 Abs. 1 UStAE, sondern Entgelt nach Abschnitt 1.3 Abs. 13 Satz 1 UStAE.[73] Die Bezeichnung des Entgelts ist dabei irrelevant.[74]

[2,0] Durch die jährliche Überlassung erbringt der A eine Lieferung i. S. d. § 3 Abs. 1 UStG im Rahmen eines tauschähnlichen Umsatzes an den blinden Sommelier. Der Ort dieser Lieferung bestimmt sich nach § 3 Abs. 6 UStG bei A in Hamburg (= Inland, § 1 Abs. 2 Satz 1 UStG). Die Lieferung des A erfolgt gegen ein Entgelt im Rahmen eines Leistungsaustauschs zwischen A und dem Sommelier (s. o.). Es liegt somit ein steuerbarer Umsatz nach § 1 Abs. 1 Nr. 1 UStG vor, der mangels Steuerbefreiung des § 4 UStG steuerpflichtig ist. Der anzuwendende Steuersatz beträgt 7 % (§ 12 Abs. 2 i. V. m. mit Anlage 2 Nr. 12 zum UStG). Bemessungsgrundlage ist nach § 10 Abs. 2 Satz 2 UStG der Wert der Leistung des Sommeliers. Die Umsatzsteuer ist nicht Teil der Bemessungsgrundlage. Das Entgelt beträgt laut Vorgabe im Sachverhalt somit 1.200,00 € jährlich mal zehn Jahre, mithin 12.000,00 € und die Umsatzsteuer hierauf (12.000,00 € • 7 % =) 840,00 €.

Es könnten mithin Teilleistungen nach § 13 Abs. 1 Nr. 1 Buchst. a Satz 2 und 3 UStG vorliegen. Diese setzen voraus, dass eine nach der wirtschaftlichen Betrachtungsweise sinnvoll teilbare Leistung nicht als Ganzes, sondern jeweils in einzelnen Teilen geschuldet und bewirkt wird.[75] Damit eine Leistung in Teilen geschuldet wird, muss für bestimmte Teile dieser Leistung das jeweilige Entgelt gesondert vereinbart werden gemäß § 13 Abs. 1 Nr. 1 Buchstabe a Satz 3 UStG. Hier erfolgt die Besteuerung jedoch bereits im Jahr 2024, auf den Zeitpunkt der Beendigung des Mietverhältnisses. Dies ist darauf zurückzuführen, dass die vorzeitige Beendigung des Mietver-

71 Abschnitt 14.1 Abs. 2 Satz 1 UStAE sowie Herleitung aus BFH-Urteil vom 11.10.2007 - V R 27/05, BStBl 2008 II S. 438.

72 Zur Differenzierung von Werklieferung und Werkleistung Abschnitt 3.8 UStAE.

73 BFH-Urteil vom 27.2.1969 - V 102/65, BStBl II S. 386.

74 BFH-Urteile vom 27.2.1969 - V 144/65, BStBl II S. 387, und vom 7.8.1969 - V 177/65, BStBl II S. 696.

75 Abschnitt 13.4 Satz 1 ff. UStAE mit entsprechenden Beispielen.

hältnisses bereits zum 1.6.2024 erfolgt. Zu diesem Zeitpunkt wird, durch den Sommelier eine Leistung erbracht, da er vorzeitig das Mietobjekt räumt. In Beachtung dessen, dass alle Unternehmer laut Sachverhalt vorliegend die Regelbesteuerung nach Soll anwenden müssen, wird damit ein steuerbarer und steuerpflichtiger Umsatz im Zeitpunkt des vorzeitigen Auszugs erbracht, welcher auch in diesem Voranmeldungszeitraum der Umsatzbesteuerung zu unterwerfen ist. Die bloße ratierliche Zahlung des Entgelts ist insoweit unbeachtlich, da sie lediglich die spätere Umsetzung des bereits der Umsatzbesteuerung unterworfenen Umsatzes darstellt. Die Steuerentstehung erfolgt nach § 13 Abs. 1 Nr. 1 Buchst. a Satz 1 UStG mit Ablauf des Voranmeldungszeitraums Mai 2024. Steuerschuldner ist A als Unternehmer (§ 13a Abs. 1 Nr. 1 UStG).

Vorsteuerabzug des A aus der Lieferung der Immobilie

Für den steuerbaren und steuerpflichtigen Erwerb der Immobilie kann A gemäß § 15 Abs. 1 Nr. 4 [0,5] UStG im selben Voranmeldungszeitraum, in welchem der Umsatz anzumelden ist, einen Vorsteuerabzug geltend machen. Es handelt sich um eine Leistung, welche A für sein Unternehmen bezogen hat. Die Grenze des § 15 Abs. 1 Satz 2 UStG in Höhe von mind. 10 % ist überschritten. Hinsichtlich der beim Kauf der Immobilie beabsichtigten Nutzung für eigene unternehmerische Zwecke reicht die Verwendungsabsicht des A für die Geltendmachung des Vorsteuerabzugs nach der Verwaltungsanweisung aus.[76] Für die zum Zeitpunkt des Kaufs noch an den blinden Sommelier vermieteten Räumlichkeiten besteht somit kein Ausschlussgrund gemäß § 15 Abs. 2 Nr. 1 UStG i. V. m. § 4 Nr. 12 Buchst. a UStG. Die Kündigung der Mitverhältnisse wurde so schnell wie möglich durch den A umgesetzt, mithin direkt zur Übernahme der Nutzen und Lasten der Immobilie. Die Vorsteuer ist komplett abziehbar gemäß § 15 Abs. 1 Nr. 4 UStG. Abziehbar sind mithin 380.000,00 €.

Vorsteuerabzug für P aus der Alarmanlage (Rechnung des R)

Die Reparatur der Alarmanlage wurde am 4.4.2024 beendet. P hat diese mithin im April 2024 von einem anderen Unternehmer, dem R, für sein Unternehmen in Anspruch genommen, wobei die gesetzlich geschuldete Umsatzsteuer in Höhe von 1.045,00 € entstanden ist. Laut Sachverhalt wurde im April 2024 eine ordnungsgemäße Rechnung erteilt. Es findet für die Umsatzsteuer die Steuerschuldnerschaft des Leistungsempfängers Anwendung. Der Anspruch auf Vorsteuerabzug für P entsteht somit im Voranmeldungszeitraum April 2024 gemäß § 15 Abs. 1 Nr. 4 UStG. In diesem Voranmeldungszeitraum wurde die Leistung ausgeführt. Die Grenze des § 15 Abs. 1 Satz 2 UStG in Höhe von mind. 10 % ist überschritten.

Auf die Höhe der tatsächlich abziehbaren Vorsteuer hat jedoch die Vermietung des 4. OG Auswirkung. Da dieses steuerfrei vermietet war, bestand nach § 15 Abs. 2 Nr. 1 UStG i. V. m. § 4 Nr. 12 Buchst. a UStG ein Ausschlussgrund. Die Vorsteuer muss gemäß § 15 Abs. 4 UStG aufgeteilt werden. Es ist als Aufteilungsmaßstab die vermietete Grundfläche des Gebäudes heranzuziehen:[77]

- 800 qm von 1.000 qm (= 80 %) sind steuerpflichtig vermietet,
- 200 qm von 1.000 qm (= 20 %) sind steuerfrei vermietet

Abziehbar als Vorsteuer ist somit ein Betrag in Höhe von 836,00 € (1.045,00 € • 80 %). Dieser Be- [1,0] trag ist im Monat der Rechnungserteilung, mithin im Voranmeldungszeitraum April 2024, durch den P abziehbar.

Vorsteuerberichtigung bei P bezüglich der Veräußerung der Immobilie

Gemäß § 15 UStG entsteht das Recht zum Vorsteuerabzug im Zeitpunkt des Leistungsbezugs oder im Falle der sogenannten Vorauszahlung bzw. Anzahlung im Zahlungszeitpunkt. Wenn sich bei einem der in § 15a Abs. 2 UStG genannten Berichtigungsobjekte die für den ursprünglichen Vorsteuerabzug maßgebenden Verhältnisse ändern, ist der maßgebliche Vorsteuerabzug zu berichtigen. Erforderlich ist, dass die Grenzen des § 44 UStDV überschritten sind. Damit verfolgt § 15a UStG das Ziel, dass der Vorsteuerabzug so berichtigt wird, dass dieser den tatsächlichen

76 BFH-Urteil vom 22.3.2001 - V R 46/00, BStBl 2003 II S. 433; Abschnitt 15.12 Abs. 1 Satz 5 bis 8 UStAE.

77 BFH-Urteil 12.3.1992 - V R 70/87, BStBl II S. 755; Abschnitt 15.17 Abs. 7 Satz 4 UStAE.

wirtschaftlichen und umsatzsteuerlichen Verhältnissen bei der Verwendung des fraglichen Wirtschaftsguts oder der entsprechenden sonstigen Leistung angepasst wird. Als Wirtschaftsgüter für Zwecke des § 15a UStG kommen Gegenstände infrage, an denen nach § 3 Abs. 1 UStG die Verfügungsmacht verschafft werden kann. Dabei muss das Wirtschaftsgut aus der Sicht des Durchschnittsverbrauchers selbständig verkehrsfähig und bewertbar sein.[78] Sofern das Wirtschaftsgut bzw. die sonstige Leistung dabei nicht nur einmalig zur Ausführung von Umsätzen verwendet wird, ist auf die tatsächliche Verwendung und die maßgeblichen Verhältnisse während des gesamten Berichtigungszeitraums abzustellen. Verfahrenstechnisch ist der Ausgleich des Vorsteuerabzugs grundsätzlich bei der Steuerfestsetzung für den Voranmeldungszeitraum vorzunehmen, in welchem sich die Verhältnisse gegenüber den für den ursprünglichen Vorsteuerabzug maßgebenden Verhältnissen geändert haben.[79]

Der maßgebliche Berichtigungszeitraum, für den eine Anpassung des Vorsteuerabzugs durchzuführen ist, beträgt in der Regel volle fünf Jahre ab dem Beginn der erstmaligen tatsächlichen Verwendung des entsprechenden Wirtschaftsgutes. Bei Grundstücken einschließlich ihrer wesentlichen Bestandteile, bei Berechtigungen, für die die Vorschriften des bürgerlichen Rechts über Grundstücke gelten, und bei Gebäuden auf fremdem Grund und Boden verlängert sich der Berichtigungszeitraum auf volle zehn Jahre nach § 15a Abs. 1 Satz 2 UStG. Dieser Berichtigungszeitraum von zehn Jahren gilt auch für Betriebsvorrichtungen, die als wesentliche Bestandteile auf Dauer in ein Gebäude eingebaut werden.[80] Sofern Wirtschaftsgütern eine kürzere tatsächliche Verwendungsdauer haben, ist der entsprechend kürzere Berichtigungszeitraum anzusetzen, § 15a Abs. 5 Satz 2 UStG. Für die Prüfung, ob von einer kürzeren Verwendungsdauer auszugehen ist, ist auf die betriebsgewöhnliche Nutzungsdauer, die nach ertragsteuerlichen Grundsätzen für das Wirtschaftsgut anzusetzen ist, abzustellen. Es ist zu beachten, dass § 45 UStDV für die Ermittlung des Beginns des Berichtigungszeitraums analog anzuwenden ist.[81]

[2,0] Aufgrund der Veräußerung der Immobilie wird eine Vorsteuerberichtigung (§ 15a UStG) ausgelöst. Grund dafür ist, dass bei Erwerb P für den steuerpflichtig vermieteten Teil (EG + 1. bis 3. OG) aus § 15 Abs. 1 Nr. 4 UStG der volle Vorsteuerabzug zustand, für den steuerfrei vermieteten Teil (4. OG) dagegen nicht. Durch die nunmehr vollständig steuerpflichtige Veräußerung der gesamten Immobilie im Mai 2024 auf den Beginn Juni 2024 haben sich die für den ursprünglichen Vorsteuerabzug maßgeblichen Verhältnisse, bezogen auf das 4. OG geändert. Die damit einhergehende Änderung der Nutzungsverhältnisse nach § 15a Abs. 8 und Abs. 9 UStG lässt die Vorsteuerberichtigung zu. P hat ein nicht nur einmalig verwendbares Wirtschaftsgut, welches noch verwendungsfähig ist, vor Ablauf des nachfolgend aufgezeigten maßgeblichen Berichtigungszeitraums veräußert. Diese Veräußerung ist anders zu beurteilen als die für den ursprünglichen Vorsteuerabzug maßgeblichen Verhältnisse.

[1] Die Immobilie ist ein Wirtschaftsgut, das nicht nur einmalig zur Ausführung von Umsätzen verwendet wird. Daher beträgt der Berichtigungszeitraum nach § 15a Abs. 1 Satz 1 und Satz 2 UStG zehn Jahre. Er beginnt im Grundsatz mit erstmaliger Verwendung am 1.4.2020 und endet mithin zehn Jahre später am 31.3.2030. § 45 Satz 1 UStDV, wonach der Berichtigungszeitraum in den Fällen, in denen dieser vor dem 16. eines Kalendermonats endet, ohne Berücksichtigung dieses Monats ermittelt wird, führt zu keiner Änderung. Eine Vereinfachung nach § 44 Abs. 1 UStDV entfällt, da die auf die Anschaffungskosten entfallende Vorsteuer die Grenze von 1.000,00 € überstieg.

HINWEIS

Zur Vermeidung von Fehlern sollte im Rahmen des § 45 UStDV immer vom ermittelten Enddatum des Berichtigungszeitraums ausgegangen werden (und nicht vom Beginn). Sodann ist eine Rückberechnung auf den Beginn vorzunehmen.

78 BFH-Urteil vom 3.11.2011 - V R 32/10, BStBl 2012 II S. 525.
79 Vgl. für diese Einleitung zu Vorsteuerberichtigungen Abschnitt 15a.1 Abs. 1 UStAE.
80 BFH-Urteil vom 14.7.2010 - XI R 9/09, BStBl II S. 1086.
81 Vgl. für diese Einleitung zu Vorsteuerberichtigungen Abschnitt 15a.3 Abs. 1 UStAE.

Ermittlung des Berichtigungsbetrags für 2024:

- Beabsichtigte vorsteuerunschädliche Nutzung 2024: 12 Monate • 80 % = 960 % / 12 Monate = 80 %.
- Tatsächliche vorsteuerunschädliche Nutzung 2024:
  - 5 Monate • 80 % = 400 %
  - 7 Monate • 100 % = 700 %
  - = 1.100 % / 12 Monate = 91,67 %
- Bisher in Abzug gebrachte Vorsteuer für 2024: 380.000,00 € • 1/10 • 80 % = 30.400,00 €.
- Nunmehr in Abzug zu bringende Vorsteuer für 2024: 380.000,00 € • 1/10 • 91,67 % = 34.834,60 €.

HINWEIS

Die Darstellung des § 15a UStG bzw. der Berechnung kann auch anders erfolgen. Wichtig ist, dass neben dem Ergebnis auch die Berechnung nachvollzogen werden kann und herausgestellt wird, wie sich die prozentuale Veränderung darstellt, um die Vereinfachungen des§ 44 UStDV zu prüfen.

Die Differenz in Höhe von 4.434,60 € wurde 2024 bisher zu wenig an Vorsteuer berücksichtigt und ist [1,5]
zugunsten des P zu berichtigen, sofern keine Vereinfachung nach § 44 Abs. 2 UStDV greift. Da es sich bei der Berichtigung um einen Betrag über 10 % Nutzungsänderung handelt, entfällt § 44 Abs. 2 Satz 1 UStDV. Die Vereinfachung nach § 44 Abs. 2 Satz 2 UStDV ist mithin nicht mehr zu prüfen.

Da es sich hier um einen Fall des § 15a Abs. 8 UStG handelt, sind § 15a Abs. 9 UStG und § 44 Abs. 3 Satz 2 UStDV einschlägig. Die Berichtigung ist demnach so vorzunehmen, als wenn die Immobilie bis zum Ende des Berichtigungszeitraums für das Unternehmen verwendet worden wäre. Dabei ist die Berechnung für das Jahr der Lieferung und die folgenden Kalenderjahre bereits in dem Voranmeldungszeitraum vorzunehmen, in dem die Lieferung stattgefunden hat. Mithin ist für Juni 2024 (Übergang Nutzen und Lasten) die gesamte Berichtigung anzumelden.

Ermittlung des Berichtigungsbetrags für 2025 bis 2029:

- Beabsichtigte vorsteuerunschädliche Nutzung 2025 bis 2029 jeweils: 12 Monate • 80 % = 960 %.
- Tatsächliche vorsteuerunschädliche Nutzung 2021 bis 2025 jeweils: 12 Monate • 100 % = 1.200 %.

Die Differenz in Höhe von (240 % / 12 Monate =) 20 % ist zusätzlich zugunsten des P als Vorsteuer in Abzug zu bringen: 380.000,00 € • 1/10 • 20 % = 7.600 €; für die fünf Jahre: 7.600,00 € • 5 = 38.000,00 €.

Ermittlung des Berichtigungsbetrags für 2030:

- Beabsichtigte vorsteuerunschädliche Nutzung 2030: 3 Monate • 80 % = 240 % / 3 Monate = 80 %.
- Tatsächliche vorsteuerunschädliche Nutzung 2030: 3 Monate • 100 % = 300 % / 3 Monate = 100 %.

Die Differenz in Höhe von 60 % / 3 Monate = 20 % ist zusätzlich zugunsten des P als Vorsteuer zum Abzug zu bringen: 380.000,00 € • 1/10 • 3/12 • 20 % = 1.900,00 €.

Ermittlung des im Juni 2024 zusätzlich zum Abzug zu bringenden Gesamtbetrags aus der Vor- [2]
steuerberichtigung für P:

2024:	4.434,60 €
2025–2029:	38.000,00 €
2030:	1.900,00 €
Gesamt	**44.334,60 €**

HINWEIS

Die Korrektur ergibt rechnerisch auch im Umkehrschluss Sinn. Es handelt sich hier um einen Zeitraum von 50 Monaten, in dem ein 80 %iger Vorsteuerabzug korrekt ist. Auf diese 50 Monate entfallen nach nebenstehender Rechnung für die 20 % (380.000,00 € • 50/120 • 20 % =) 31.666,67 €. Addiert man 31.666,67 € mit den 44.334,60 € resultiert hieraus ein Betrag von 76.001,27 € (Rundungsdifferenz 1,27 €), der bisher nicht in Abzug gebracht wurde.

Vorsteuerberichtigung bei P bezüglich Alarmanlage

Mit dem Verkauf der Immobilie geht für P eine weitere Vorsteuerberichtigung einher. Die steuerpflichtige Veräußerung der Immobilie an den A führt zu einer Änderung der ursprünglichen Nutzungsabsicht, womit der Tatbestand des § 15a Abs. 3 UStG erfüllt wird. Dies ermöglicht i. V. m. § 15a Abs. 8 UStG die Vorsteuerberichtigung, sofern die weiteren Voraussetzungen erfüllt sind. Die Änderung der Nutzungsabsicht lässt den Ausschlussgrund vom Vorsteuerabzug für die Reparatur der Alarmanlage im Nachhinein wegfallen (§ 15 Abs. 2 Nr. 1 UStG i. V. m. § 4 Nr. 12 Buchst. a UStG) und ermöglicht die Vorsteuerberichtigung. Die Erneuerung der Alarmanlage ist als eigenständiges Berichtigungsobjekt[82] zu beurteilen und unterliegt analog der Immobilie einem Berichtigungszeitraum von zehn Jahren nach § 15a Abs. 1 Satz 2 UStG. Eingetreten ist die Änderung der Nutzungsverhältnisse durch die Veräußerung der Immobilie, § 15a Abs. 8 UStG.

[1,5] Der Berichtigungszeitraum beginnt im Grundsatz mit erstmaliger Verwendung am 4.4.2024 und endet mithin zehn Jahre später am 3.4.2034. Hier greift sodann allerdings § 45 Satz 1 UStDV, wonach der Berichtigungszeitraum in den Fällen, in denen dieser vor dem 16. eines Kalendermonats endet, ohne Berücksichtigung dieses Monats ermittelt wird. Berichtigungszeitraum ist daher der 1.4.2024 bis zum 31.3.2034. Die Veräußerung der Immobilie erfolgte zum 1.6.2024, mithin innerhalb des Berichtigungszeitraums. Eine Vereinfachung nach § 44 Abs. 1 UStDV entfällt, da die auf die Anschaffungskosten entfallende Vorsteuer die Grenze von 1.000,00 € übersteigt.

HINWEIS

Zur Vermeidung von Fehlern sollte im Rahmen des § 45 UStDV immer vom ermittelten Enddatum des Berichtigungszeitraums ausgegangen werden (und nicht vom Beginn). Sodann ist eine Rückberechnung auf den Beginn vorzunehmen.

Ermittlung des Berichtigungsbetrags für 2024:

- Beabsichtigte vorsteuerunschädliche Nutzung 2024: 9 Monate • 80 % = 720 % / 9 Monate = 80 %.
- Tatsächliche vorsteuerunschädliche Nutzung 2024:
  - 2 Monate • 80 % = 160 %
  - 7 Monate • 100 % = 700 %
  - = 860 %/9 Monate = 95,55 %
- Bisher in Abzug gebrachte Vorsteuer für 2024: 1.045,00 € • 1/10 • 9/12 • 80 % = 62,70 €.
- Nunmehr in Abzug zu bringende Vorsteuer für 2024: 1.045,00 € • 1/10 • 9/12 • 95,55 % = 74,89 €.

HINWEIS

Die Darstellung des § 15a UStG bzw. der Berechnung kann auch anders erfolgen, wichtig ist, dass neben dem Ergebnis auch die Berechnung nachvollzogen werden kann und herausgestellt wird, wie sich die prozentuale Veränderung darstellt, um die Vereinfachungen des § 44 UStDV zu prüfen.

[2] Die Differenz in Höhe von 12,19 € wurde 2024 bisher zu wenig an Vorsteuer berücksichtigt und ist zugunsten des P zu berichtigen, sofern keine Vereinfachung nach § 44 Abs. 2 UStDV greift. Da es sich bei der Berichtigung um einen Betrag über 10 % Nutzungsänderung handelt, entfällt § 44 Abs. 2 Satz 1 UStDV. Die Vereinfachung nach § 44 Abs. 2 Satz 2 UStDV ist mithin nicht mehr zu prüfen.

Da es sich hier jedoch um einen Fall des § 15a Abs. 8 UStG handelt, sind § 15a Abs. 9 UStG und § 44 Abs. 3 Satz 2 UStDV einschlägig. Die Berichtigung ist demnach so vorzunehmen, als wenn das Wirtschaftsgut bis zum Ende des Berichtigungszeitraums für das Unternehmen verwendet worden wäre. Dabei ist die Berechnung für das Jahr der Lieferung und die folgenden Kalenderjahre bereits in dem Voranmeldungszeitraum vorzunehmen, in dem die Lieferung stattgefunden hat. Mithin ist für Juni 2024 die gesamte Berichtigung anzumelden.

82 Abschnitt 15a.6 Abs. 5 Satz 1 und 2 UStAE.

Ermittlung des Berichtigungsbetrags für 2025 bis 2033:

- Beabsichtigte vorsteuerunschädliche Nutzung 2025 bis 2033 jeweils: 12 Monate • 80 % = 960 %.
- Tatsächliche vorsteuerunschädliche Nutzung 2025 bis 2033 jeweils: 12 Monate • 100 % = 1.200 %.

Die Differenz in Höhe von (240 % / 12 Monate =) 20 % ist zusätzlich zugunsten des P als Vorsteuer in Abzug zu bringen: 1.045,00 € • 1/10 • 20 % = 20,90 €; für die 9 Jahre: 20,90 € • 9 = 188,10 €.

Ermittlung des Berichtigungsbetrags für 2034:

- Beabsichtigte vorsteuerunschädliche Nutzung 2034: 3 Monate • 80 % = 240 % / 3 Monate = 80 %.
- Tatsächliche vorsteuerunschädliche Nutzung 2034: 3 Monate • 100 % = 300 % / 3 Monate = 100 %.

Die Differenz in Höhe von 60 % / 3 Monate = 20 % ist zusätzlich zugunsten des P als Vorsteuer zum Abzug zu bringen: 1.045,00 € • 1/10 • 3/12 • 20 % = 5,23 €.

Ermittlung des im Juni 2024 zusätzlich zum Abzug zu bringenden Gesamtbetrags aus der Vorsteuerberichtigung für P: [2]

2024:	12,19 €
2025–2033:	188,10 €
2034:	5,23 €
Gesamt	**205,52 €**

HINWEIS

Die Korrektur ergibt rechnerisch auch im Umkehrschluss Sinn. Es handelt sich hier um einen Zeitraum von zwei Monaten, in dem ein 80 %iger Vorsteuerabzug korrekt ist. Auf diese zwei Monate entfallen nach nebenstehender Rechnung für die 20 % (1.045,00 € • 2/120 • 20 % =) 3,48 €. Addiert man 3,48 € mit den 205,52 €, resultiert hieraus ein Betrag von 209,00 €, der bisher nicht in Abzug gebracht wurde.

Erwerb des Mercedes durch A

Bei Erwerb des Mercedes am 2.7.2024 möchte A den PKW zu 100 % seinem Unternehmensvermögen zuordnen. Da er infolge seiner Tätigkeit als Händler jeder Art, der Vermietung an J und der Vermietung an Privatpersonen Unternehmer i. S. des § 2 Abs. 1 Satz 1 und 3 UStG ist, kann er den Pkw seinem Unternehmen zuordnen.

Des Weiteren erfolgt der Erwerb des PKW zu 100 % zu unternehmerischen Zwecken, so dass § 15 Abs. 1 Satz 1 UStG zu prüfen und zu bejahen ist. Die Grenze des § 15 Abs. 1 Satz 2 UStG in Höhe von mind. 10 % ist überschritten. Zudem sind die Voraussetzungen des § 15 Abs. 1 Satz 1 Nr. 1 UStG erfüllt, denn A hat eine Lieferung von einem anderen Unternehmer bezogen und die gesetzlich geschuldete Steuer entsteht. Eine Aufteilung des Vorsteuerabzugs aufgrund der Verwendung zu 50 % für Zwecke, die den Vorsteuerabzug nicht ausschließen, kommt nach § 15 Abs. 4 UStG in Frage und wird durchgeführt, da die Vermietung den Ausschluss nach § 15 Abs. 2 UStG erfüllt. Der Vorsteuerabzug ist im Voranmeldungszeitraum Juli 2024 in Höhe von (38.000,00 € • 50 % =) 19.000,00 € möglich.[83] Ein Vorsteuerabzug der OHG, die den Pkw laut Sachverhalt ab 1.8.2024 unentgeltlich nutzt, scheidet bereits deshalb aus, weil die Rechnung nicht auf die OHG ausgestellt wurde.[84] [2]

Überlassung des Mercedes durch A

Mit der unentgeltlichen Überlassung des Pkw an die OHG ab 1.8.2024 erbringt A eine gleichgestellte sonstige Leistung nach § 3 Abs. 9a Nr. 1 UStG. Der Vorsteuerabzug aus dem Erwerb war [2]

83 Abschnitt 15.20 Abs. 2 Satz 1 UStAE, m. w. N.
84 Abschnitt 15.20 Abs. 2 Satz 2 UStAE.

möglich und ist teilweise – in Höhe von 50 % – erfolgt. Die unentgeltliche Überlassung liegt außerhalb des Unternehmens des A. Ort der sonstigen Leistung ist Hamburg (= Inland, § 1 Abs. 2 Satz 1 UStG), da § 3a Abs. 2 UStG einschlägig ist. Hamburg ist hier der Ort, an dem die OHG ihr Unternehmen betreibt. Der Umsatz ist steuerbar nach § 1 Abs. 1 Nr. 1 UStG; ein Entgelt ist nicht erforderlich infolge der Gleichstellung mit einer sonstigen Leistung gegen Entgelt. Der Umsatz unterliegt dem Steuersatz von 19 % (§ 12 Abs. 1 UStG). Die Bemessungsgrundlage bestimmt sich hier nach § 10 Abs. 4 Satz 1 Nr. 2 UStG; die Umsatzsteuer wird daher nicht berücksichtigt (§ 10 Abs. 4 Satz 2 UStG). Es erfolgt die Ermittlung der Bemessungsgrundlage unter Beachtung von Abschnitt 15.23 Abs. 5 Satz 4 Nr. 1 Buchst. b UStAE[85] laut Sachverhalt mit der Fahrtenbuchmethode.

[2] Bemessungsgrundlage sind mithin:

1. die monatlichen, zum Vorsteuerabzug berechtigenden Aufwendungen im Verhältnis der Nutzung von 50 %, mithin in Höhe von (1.400,00 € • 50 % =) 700,00 €,
2. die anteiligen Anschaffungskosten des Pkw nach § 10 Abs. 4 Satz 1 Nr. 2 Satz 3 UStG i. V. m. § 15a Abs. 1 Satz 1 UStG in Höhe von monatlich (200.000,00 € • 1/5 • 1/12 • 50 % =) 1.666,67 €, die zum Vorsteuerabzug berechtigten, sowie
3. die Aufwendungen für die durchgeführten Reparaturen und den Einbau des Sicherheitssystems. Die Aufwendungen für alle 4 Maßnahmen betragen über 500 €. Sie sind in analoger Anwendung des § 10 Abs. 4 Satz 1 Nr. 2 Satz 3 UStG i. V. m. § 15a Abs. 1 Satz 1 UStG auf den Zeitraum von fünf Jahren zu verteilen und monatlich entsprechend mit 1/60 zu berücksichtigen. Die Reparaturen beeinflussen durch den Einbau in unterschiedlichen Monaten die Bemessungsgrundlage in unterschiedlicher Höhe. Die Beträge für die Reparaturen finden jeweils schon im Monat der Reparatur Einzug in die Bemessungsgrundlage. Zur Berechnung der Nettobeträge für die Bemessungsgrundlage wird insbesondere auf die weiteren Ausführungen verwiesen.

Bemessungsgrundlage für August 2024:

700,00 € + 1.666,67 € + ([1.500 € • 1/60] • 50 % =) 2.379,17 €; Umsatzsteuer: 2.379,17 € • 19 % = 452,04 €.

Bemessungsgrundlage für September 2024:

700,00 € + 1.666,67 € + ([1.500 € • 1/60] • 50 %) + ([(35.126,05 €) • 1/60] • 50 % =) 2.671,89 €; Umsatzsteuer: 2.671,89 € • 19 % = 507,66 €.

Bemessungsgrundlage für Oktober 2024:

700,00 € + 1.666,67 € + ([1.500 € • 1/60] • 50 %) + ([(35.126,05 €) • 1/60] • 50 % + ([12.588,24 € • 1/60] • 50 %) =) 2.776,79 €; Umsatzsteuer: 2.776,79 € • 19 % = 527,59 €.

Die Steuer entsteht nach § 13 Abs. 1 Nr. 1 Buchst. a Satz 2 und Satz 3 UStG mit Ablauf der monatlichen Voranmeldungszeiträume August, September und Oktober und wird nach § 13a Abs. 1 Nr. 1 UStG von A geschuldet.

[2] Aus den tatsächlichen Aufwendungen für den Mercedes hat A in den Monaten Juli bis Oktober grundsätzlich einen Vorsteuerabzug auf die jeweiligen zum Vorsteuerabzug berechtigenden Aufwendungen von monatlich 1.400,00 €, da die Voraussetzungen des § 15 Abs. 1 Satz 1 Nr. 1 UStG erfüllt sind. Der Vorsteuerabzug ist jeweils nur zu 50 % möglich, denn die Verwendung zu vorsteuerschädlichen Umsätzen schließt einen weitergehenden Vorsteuerabzug aus (§ 15 Abs. 4 UStG i. V. m. § 15 Abs. 2 Satz 1 Nr. 1 UStG). Es ergibt sich mithin ein monatlicher Vorsteuerabzug auf 700,00 €, mithin als 133,00 €, zugunsten des A.

Schäden am Mercedes und Einbau des Sicherheitssystems

[1] 2024 erbringt C vier sonstige Leistungen an A in Form der drei Reparaturen und des Einbaus des Sicherheitssystems. Hierbei handelt es sich in allen Fällen um sonstige Leistungen nach § 3 Abs. 9

85 BMF, Schreiben v. 27.8.2004 - IV B 7 - S 7300 - 70/04, BStBl 2004 I S. 864.

UStG. Der Ort bestimmt sich jeweils nach § 3a Abs. 2 UStG (B2B-Umsatz), da die sonstigen Leistungen an einen anderen Unternehmer, A, erbracht werden. In keinem Fall greift eine Sondervorschrift bzgl. der Ortsbestimmung. Somit liegt der Ort aller sonstigen Leistungen in Hamburg (= Inland, § 1 Abs. 2 Satz 1 UStG). Die sonstigen Leistungen erfolgen auch i. R. d. Unternehmens des C und gegen Entgelt, so dass alle Voraussetzungen des § 1 Abs. 1 Nr. 1 UStG erfüllt sind und ein steuerbarer Umsatz gegeben ist, der mangels Steuerbefreiung nach § 4 UStG steuerpflichtig ist.

HINWEIS

Alternative: Inwieweit die reparierten Schäden den Tatbestand einer Werklieferung oder Werkleistung erfüllen, ist aus dem Sachverhalt nicht abschließend und eindeutig herzuleiten, weil keine Angaben zu der Bereitstellung der notwendigen Materialien vorliegen. Bei den Karosseriearbeiten ist eine Einschätzung als Werklieferung i. S. des § 3 Abs. 4 UStG i. V. m. Abschnitt 3.8 UStAE sehr wahrscheinlich, da regelmäßig die Hauptstoffe vom Werkhersteller gestellt werden. Hingegen ist weitaus schwieriger zu beurteilen, inwieweit dies für die Reparatur der Frontscheinwerfer und den Einbau des Sicherheitssystems gegeben ist. Auch die Abgrenzung nach Abschnitt 3.8 Abs. 6 Satz 6 UStAE bzgl. des prozentualen Anteils ist insoweit mangels Ausführungen im Sachverhalt nicht zielführend. Gleichwohl ergeben sich hier aus der Einschätzung als Werklieferung bzw. Werkleistung lediglich abweichende Ortsbestimmungen, die keinen Einfluss auf die Beurteilung des Sachverhalts im Weiteren haben, da der Ort zwangsläufig in Deutschland (= Inland, § 1 Abs. 2 Satz 1 UStG) belegen ist. Dies ist daraus herzuleiten, dass bei Behandlung als Werklieferung oder Werkleistung insoweit die Regelungen für Lieferungen und sonstige Leistungen analog Anwendung finden.

Der Steuersatz beträgt jeweils 19 % (§ 12 Abs. 1 UStG). Bemessungsgrundlage ist alles, was der Leistungsempfänger aufwendet, abzüglich der gesetzlich geschuldeten Steuer nach § 10 Abs. 1 Satz 1 und 2 UStG. Mithin ergeben sich folgende Bemessungsgrundlagen und Steuerbeträge:

Frontscheinwerfer:

Bemessungsgrundlage = 1.500,00 €; Umsatzsteuer (19 %) = 285,00 €.

Unfall und Sicherheitssystem:

Bemessungsgrundlage = (41.800,00 € / 1,19 =) 35.126,05 €; Umsatzsteuer (19 %) = 6.673,95 €.

Auffahrunfall:

Bemessungsgrundlage = (14.980,00 € / 1,19 =) 12.588,24 €; Umsatzsteuer (19 %) = 2.391,76 €. Der unrichtige Steuerausweis nach § 14c Abs. 1 UStG[86] mit nur 7 % führt nicht dazu, dass nur diese Steuer geschuldet wird. Vielmehr wird die gesamte gesetzlich geschuldete Steuer geschuldet.

Die Steuer entsteht für die drei Reparaturen und den Einbau in den Voranmeldungszeiträumen [2]
August (Frontscheinwerfer), September (Unfall und Sicherheitssystem) und Oktober (Auffahrunfall) nach § 13 Abs. 1 Nr. 1 Buchst. a Satz 1 UStG und wird vom Unternehmer C nach § 13a Abs. 1 Nr. 1 UStG geschuldet. Für Aspekte des § 14c Abs. 1 UStG, der hier bzgl. des Auffahrunfalls einschlägig ist, wird die Steuer ebenfalls nach § 13a Abs. 1 Nr. 1 UStG im September geschuldet.

Der Zuschlag für die verspätete Zahlung an C in Höhe von 25,00 € stellt für diesen einen echten Schadensersatz dar, der mangels Leistungsaustauschs nicht steuerbar nach Abschnitt 1.3 Abs. 3 Satz 4 UStAE ist.[87]

Aus den Reparaturen und dem Einbau des Sicherheitssystems hat A die Möglichkeit des Vor- [2]
steuerabzugs, soweit er die Leistungen nach § 15 Abs. 1 Satz 1 UStG als Unternehmer und nach § 15 Abs. 1 Satz 1 Nr. 1 UStG durch einen anderen Unternehmer für sein Unternehmen bezieht. Es greift zudem wieder § 15 Abs. 4 UStG. Die Reparatur der Frontscheinwerfer (Frontscheinwerfer) erfüllt mithin die o. g. Bedingungen genauso wie die Reparatur nach dem Unfall (Unfall) und der Einbau des Sicherheitssystems. Somit ergibt sich für diese beiden sonstigen Leistungen ein Vorsteuerabzug in Höhe von (285,00 € • 50 % =) 142,50 € (Frontscheinwerfer) und (6.673,95 € • 50 % =) 3.336,98 € (Unfall und Sicherheitssystem). Der Vorsteuerabzug für die Frontscheinwerfer ist im August 2024 möglich, der Vorsteuerabzug für den Unfall und den Einbau des Sicherheits-

86 Abschnitt 14c.1 Abs. 9 ff. UStAE.
87 BFH, Urteil v. 27.4.1961 - V 263/58 U, BStBl 1961 III S. 300.

systems im September 2024. Auf die Zahlung kommt es nicht an, sofern die Rechnung vorliegt und die Leistung erbracht wurde (§ 15 Abs. 1 Satz 1 Nr. 1 Satz 2 UStG).[88]

[3] Aus der Rechnung für den Auffahrunfall hat A grundsätzlich einen Vorsteuerabzug in Höhe der gesetzlich geschuldeten Steuer von (2.391,76 € • 50 % =) 1.195,88 €. Jedoch liegt ihm lediglich eine Rechnung über 980,00 € vor, die somit unrichtig ist. Ein Vorsteuerabzug in voller anteiliger Höhe kann somit erst erfolgen, wenn A eine berichtigte Rechnung erhalten hat.[89] Diese kann er von C anfordern.[90] Dennoch sieht das Beispiel in Abschnitt 14c.1 Abs. 9 UStAE die Möglichkeit eines Vorsteuerabzugs für den bisher ausgewiesenen (zu niedrigen) Betrag in Höhe von 980,00 € vor. Somit steht A aus der Rechnung im Oktober 2024 einen Vorsteuerabzug in Höhe von 980,00 € zu. Argumentiert wird insoweit mit einem Vertrauensschutz des A, da dem Fiskus im Grunde kein Schaden durch den Abzug in Höhe von 980,00 € entsteht. Dies ist darauf zurückzuführen, dass A somit noch immer weniger Vorsteuer abziehen kann, als ihm bei Vorliegen einer korrekten Rechnung zustehen würde.

HINWEIS

Alternative: Es kann auch profiskalisch argumentiert werden, dass dem A nur der hälftige Vorsteuerabzug aus den 980,00 € zusteht, da er nur zu 50 % die Steuer abziehen kann. Damit wird er jedoch nach der hier vertretenen Auffassung ungerechtfertigt benachteiligt

Verkauf des PKW durch A

Am 1.11.2024 wird der Pkw von A veräußert. Dabei handelt es sich um eine Lieferung als Hilfsgeschäft i. S. des § 3 Abs. 1 UStG, deren Ort sich nach § 3 Abs. 6 Satz 1 und 2 UStG dort bestimmt, wo die Lieferung beginnt, mithin am Ort des Unternehmens des A, in Hamburg (= Inland, § 1 Abs. 2 Satz 1 UStG). Die Lieferung erfolgt gegen Entgelt und i. R. d. Unternehmens des A. Sie ist somit steuerbar nach § 1 Abs. 1 Nr. 1 UStG und mangels Steuerbefreiungsvorschrift nach § 4 UStG steuerpflichtig.

[2,5] Der Umsatz unterliegt dem Regelsteuersatz nach § 12 Abs. 1 UStG in Höhe von 19 %. Bemessungsgrundlage nach § 10 Abs. 1 Satz 1 und Satz 2 UStG sind 150.000,00 €, mithin das Entgelt. Die Umsatzsteuer beträgt (150.000,00 € • 19 % =) 28.500,00 €. Die Steuer entsteht mit Ablauf des monatlichen Voranmeldungszeitraums November 2024 nach § 13 Abs. 1 Nr. 1 Buchst. a UStG und wird nach § 13a Abs. 1 Nr. 1 UStG von A geschuldet.

Vorsteuerberichtigung bei A bezüglich des Verkaufs des Mercedes

Des Weiteren ist eine Vorsteuerberichtigung nach § 15a Abs. 8 UStG zu prüfen, weil der Verkauf des Pkws anders zu beurteilen ist als die ursprünglich für den Vorsteuerabzug maßgebenden Verhältnisse. Der Verkauf unterliegt komplett der Umsatzsteuer, während bei Erwerb des PKW, der voll dem Unternehmen zugeordnet wurde, nur ein teilweiser Vorsteuerabzug vorgenommen wurde, da eine 50 %ige Nutzung für Zwecke der steuerfreien Vermietung der Immobilien vorlag.

[2] Der Pkw ist ein Wirtschaftsgut, das nicht nur einmalig zur Ausführung von Umsätzen verwendet wird. Daher beträgt der Berichtigungszeitraum nach § 15a Abs. 1 Satz 1 UStG fünf Jahre. Er beginnt im Grundsatz mit erstmaliger Verwendung am 2.7.2024 und endet mithin fünf Jahre später mit Ablauf des 1.7.2029. Hier greift sodann allerdings § 45 Satz 1 UStDV, wonach der Berichtigungszeitraum in den Fällen, in denen dieser vor dem 16. eines Kalendermonats endet, ohne Berücksichtigung dieses Monats ermittelt wird. Berichtigungszeitraum ist daher der 1.7.2024 bis zum 30.6.2029. Eine Vereinfachung nach § 44 Abs. 1 UStDV entfällt, da die auf die Anschaffungskosten entfallende Vorsteuer die Grenze von 1.000,00 € übersteigt.

88 Abschnitt 15.2 Abs. 2 Satz 1 UStAE.
89 Abschnitt 15.2a Abs. 7 Satz 2 UStAE.
90 Abschnitt 15.2a Abs. 1 Satz 1 UStAE und Abschnitt 15.2a Abs. 7 Satz 1 UStAE.

Ermittlung des Berichtigungsbetrags für 2024:

- Beabsichtigte vorsteuerunschädliche Nutzung 2024: 6 Monate • 50 % = 300 % / 6 Monate = 50 %.
- Tatsächliche vorsteuerunschädliche Nutzung 2024:
  - 4 Monate • 50 % = 200 %
  - 2 Monate • 100 % = 200 %
  - = 400 % / 6 Monate = 66,67 %
- Bisher in Abzug gebrachte Vorsteuer für 2024 anteilig: 38.000,00 € • 1/5 • 6/12 • 50 % = 1.900,00 €.
- Nunmehr in Abzug zu bringende Vorsteuer für 2024 anteilig: 38.000,00 € • 1/5 • 6/12 • 66,67 % = 2.533,46 €.

HINWEIS

Die Darstellung des § 15a UStG bzw. der Berechnung kann auch anders erfolgen, wichtig ist, dass neben dem Ergebnis auch die Berechnung nachvollzogen werden kann und herausgestellt wird, wie sich die prozentuale Veränderung darstellt, um die Vereinfachungen des § 44 UStDV zu prüfen.

Die Differenz in Höhe von 633,46 € wurde 2024 bisher zu wenig an Vorsteuer berücksichtigt und ist zugunsten des A zu berichtigen, sofern keine Vereinfachung nach § 44 Abs. 2 UStDV greift. Da es sich bei der Berichtigung um einen Betrag über 10 % Nutzungsänderung handelt, entfällt § 44 Abs. 2 Satz 1 UStDV. Die Vereinfachung nach § 44 Abs. 2 Satz 2 UStDV ist mithin nicht mehr zu prüfen.

Da es sich hier jedoch um einen Fall des § 15a Abs. 8 UStG handelt, sind § 15a Abs. 9 UStG und [2,5]
§ 44 Abs. 3 Satz 2 UStDV einschlägig. Die Berichtigung ist demnach so vorzunehmen, als wenn das Wirtschaftsgut bis zum Ende des Berichtigungszeitraums für das Unternehmen verwendet worden wäre. Dabei ist die Berechnung für das Jahr der Lieferung und die folgenden Kalenderjahre bereits in dem Voranmeldungszeitraum vorzunehmen, in dem die Lieferung stattgefunden hat. Mithin ist im November 2024 die gesamte Berichtigung anzumelden.

Ermittlung des Berichtigungsbetrags für 2025 bis 2028:

- Beabsichtigte vorsteuerunschädliche Nutzung 2025 bis 2028 jeweils: 12 Monate • 50 % = 600 %.
- Tatsächliche vorsteuerunschädliche Nutzung 2025 bis 2028 jeweils: 12 Monate • 100 % = 1.200 %.

Die Differenz in Höhe von (600 % / 12 Monate =) 50 % ist zusätzlich zugunsten des A als Vorsteuer in Abzug zu bringen: 38.000,00 € • 1/5 • 50 % = 3.800,00 €; für die 4 Jahre: 3.800,00 € • 4 = 15.200 €.

Ermittlung des Berichtigungsbetrags für 2029: [1]

- Beabsichtigte vorsteuerunschädliche Nutzung 2029: 6 Monate • 50 % = 300 %/6 Monate = 50 %.
- Tatsächliche vorsteuerunschädliche Nutzung 2029: 6 Monate • 100 % = 600 %/6 Monate = 100 %.

Die Differenz in Höhe von 300 % / 6 Monate = 50 % ist zusätzlich zugunsten des A als Vorsteuer zum Abzug zu bringen: 38.000,00 € • 1/5 • 6/12 • 50 % = 1.900,000 €.

Ermittlung des im November 2024 zusätzlich zum Abzug zu bringenden Gesamtbetrags aus der Vorsteuerberichtigung für A:

2024:	633,46 €	[2]
2025–2028:	15.200,00 €	
2029:	1.900,00 €	
Gesamt	**17.733,46 €**	

HINWEIS

Die Korrektur ergibt rechnerisch auch im Umkehrschluss Sinn. Es handelt sich hier um einen Zeitraum von vier Monaten, in dem ein 50 %iger Vorsteuerabzug korrekt ist. Auf diese vier Monate entfallen nach nebenstehender Rechnung für die 50 % (38.000,00 € • 4/60 • 50 % =) 1.266,67 €. Addiert man 1.266,67 € mit den 17.733,46 €, resultiert hieraus ein Betrag von 19.000,13 € (Rundungsdifferenz 0,13 €), der bisher nicht in Abzug gebracht wurde.

Mit dem Verkauf geht noch eine weitere Vorsteuerberichtigung einher. Denn durch die Unfälle und Schäden des Mercedes wurden wiederholt Arbeiten ausgeführt, die den Tatbestand des § 15a Abs. 3 UStG erfüllen. Diese ermöglichen i. V. m. § 15a Abs. 8 UStG die Vorsteuerberichtigung, sofern die weiteren Voraussetzungen erfüllt sind. Zu differenzieren ist dabei zwischen den hier ausgeführten Leistungen und deren umsatzsteuerrechtlicher Einordnung.

[2] Bei dem Einbau der Frontscheinwerfer und des Sicherheitssystems handelt es sich um Fälle des § 15a Abs. 3 Satz 1 Halbsatz 1 UStG, da jeweils ein Wirtschaftsgut in den Pkw eingeht und dabei seine körperliche und wirtschaftliche Eigenart verliert (vgl. insoweit die Angaben im Sachverhalt). Bei den beiden Reparaturen an der Karosserie (Unfall und Auffahrunfall) handelt es sich um Fälle des § 15a Abs. 3 Satz 1 Halbsatz 2 UStG, da es sich um sonstige Leistungen handelt, die an einem Wirtschaftsgut ausgeführt werden. Für alle Aspekte kommt im Grundsatz eine Zusammenfassung nach § 15a Abs. 3 Satz 2 UStG zu einem Berichtigungsobjekt in Betracht, sofern die weiteren Voraussetzungen einer Vorsteuerberichtigung erfüllt sind.

HINWEIS

Alternative: Die Einordnung in § 15a Abs. 3 Satz 1 Halbsatz 1 bzw. 2 UStG kann durch die Annahme von Werklieferungen und Werkleistungen differieren. Dies hat jedoch keine Auswirkung auf die allgemeine Anwendung des § 15a Abs. 3 UStG. Insoweit ist insbesondere auf Abschnitt 15a.6 Abs. 11 Satz 1 UStAE zu verweisen, der herausstellt, dass die Zusammenfassung über die Grenzen von Lieferung und Leistung hinweg möglich ist.

Für das Sicherheitssystem und die Frontscheinwerfer greift § 15a Abs. 1 Satz 1 UStG, da es sich um den Einbau in einen Mercedes handelt, welcher dem Berichtigungszeitraum von fünf Jahren unterliegt (§ 15 Abs. 1 Satz 1 UStG). Für die Frage, ob es sich bei den Gegenständen um Bestandteile i. S. des § 15a Abs. 3 Satz 1 Halbsatz 1 UStG handelt, ist auf den einheitlichen Nutzungs- und Funktionszusammenhang abzustellen,[91] wobei Abschnitt 3.3 Abs. 2 UStAE einschlägig ist. Abschnitt 3.3 Abs. 2 Satz 3 UStAE stellt dabei auf den Verlust der körperlichen und wirtschaftlichen Eigenart ab, der hier vorliegt, und erfordert überdies eine Werterhöhung, die aber nach Abschnitt 15a.6 Abs. 1 Satz 3 UStAE für die Vorsteuerberichtigung nicht relevant ist und abbedungen wird. Abschnitt 3.3 Abs. 4 UStAE ist vorliegend nicht einschlägig, da die Grenze von 1.000,00 € hier überschritten wird.

[1,5] Die Zusammenfassung zu einem Berichtigungsobjekt entfällt hier jedoch für diese beiden Maßnahmen, da es sich nicht um „eine Maßnahme" i. S. der Norm handelt.[92] Beide Leistungen erfolgen zu einem unterschiedlichen Zeitpunkten und sind, obwohl es sich jeweils um den Eingang von Wirtschaftsgütern in ein Wirtschaftsgut handelt, einzeln zu betrachten. Die beiden Aspekte stehen in keinem Zusammenhang.

[1,5] Allerdings könnte eine Zusammenfassung des Einbaus des Sicherheitssystems mit den zwei Reparaturen aufgrund der Unfälle in Betracht kommen.[93] Die Reparaturen infolge der Unfälle stehen nach den Schilderungen im Sachverhalt in einem einheitlichen Zusammenhang und sind daher als „eine Maßnahme" zu beurteilen. Zudem müsste es sich bei den Reparaturen um sonstige Leistungen i. S. des § 15a Abs. 3 Satz 1 Halbsatz 2 UStG handeln. Dies ist nach Abschnitt 15a.6 Abs. 5 bis 7 UStAE auch der Fall, da kein wirtschaftlicher Verbrauch der sonstigen Leistungen anzunehmen ist und eine Werthaltigkeit über den Nutzungszeitraum laut Sachverhalt besteht. Zudem verweist Abschnitt 15a.6 Abs. 7 Satz 3 Nr. 3 UStAE explizit auf Neulackierungen, die regelmäßig mit Karosseriereparaturen im Zusammenhang stehen. Der von Abschnitt 15a.6 Abs. 11 Satz 3 UStAE genannte Zeitraum von drei Monaten ist ebenfalls erfüllt und kann dementsprechend für die Zusammenfassung ausgelegt werden.

Somit ergeben sich aus allen Leistungen des C insgesamt zwei Berichtigungsobjekte:

1. Einmal handelt es sich um die Frontscheinwerfer, die einzeln zu würdigen sind, und

91 Abschnitt 15a.6 Abs. 1 Satz 2 UStAE.

92 Abschnitt 15a.6 Abs. 11 Satz 1 UStAE.

93 Abschnitt 15a.6 Abs. 11 Beispiel 2 UStAE.

2. einmal um die Zusammenfassung aus den zwei Reparaturen aufgrund der Unfälle und dem Einbau des Sicherheitssystems, da die beiden Unfälle zusammenhängen und der Einbau des Sicherheitssystems durch den Zusammenhang mit einem der Umsätze ebenfalls erfasst wird.

Für diese sind nunmehr die weiteren Voraussetzungen der Vorsteuerberichtigung nach § 15a Abs. 1 UStG zu prüfen:

Für den Einbau der Frontscheinwerfer entfällt eine Vorsteuerberichtigung, da die Vereinfachung des § 44 Abs. 1 UStDV greift. Die Vorsteuer beträgt in diesem Fall lediglich 285,00 € und liegt somit unterhalb der Grenze von 1.000,00 €. Es kommt keine Vorsteuerberichtigung zugunsten des A in Betracht.

Für das zusammengefasste Berichtigungsobjekt ist die Grenze von § 44 Abs. 1 UStDV überschrit- [3]
ten. Es handelt sich insgesamt um Vorsteuerbeträge in Höhe von 6.673,95 € (Unfall und Sicherheitssystem) und 2.391,76 € (Auffahrunfall). Allerdings sind nur die Vorsteuerbeträge aus dem ersten Unfall (Unfall) und des Sicherheitssystems einer Berichtigung zugänglich. Die Beträge aus dem zweiten Unfall (Auffahrunfall) wurden schon in maximaler Höhe unter Beachtung des unrichtigen Steuerausweises abgezogen, sofern keine berichtigte Rechnung vorliegt. Der Berichtigungszeitraum beginnt nach Abschnitt 15a.6 Abs. 11 Satz 8 UStAE mit der erstmaligen Verwendung des Wirtschaftsguts nach Ausführung der Maßnahme, mithin am 1.11.2024. Er endet grundsätzlich mit Ablauf des 31.10.2029; nach § 45 Satz 1 UStDV verbleibt es auch bei dem 31.10.2029. Beginn des Berichtigungszeitraums ist somit in analoger Anwendung des § 45 Satz 1 UStDV der 1.11.2024.[94]

Ermittlung des Berichtigungsbetrags für 2024:

- Beabsichtigte vorsteuerunschädliche Nutzung 2024: 2 Monate • 50 % = 100 % / 2 Monate = 50 %.
- Tatsächliche vorsteuerunschädliche Nutzung 2024: 2 Monate • 100 % = 200 % / 2 Monate = 100 %.
- Bisher in Abzug gebrachte Vorsteuer für 2024 anteilig: 6.673,95 € • 1/5 • 2/12 • 50 % = 111,23 €.
- Nunmehr in Abzug zu bringende Vorsteuer für 2024 anteilig: 6.673,95 € • 1/5 • 2/12 • 100 % = 222,46 €.

HINWEIS

Die Darstellung des § 15a UStG bzw. der Berechnung kann auch anders erfolgen. Wichtig ist, dass neben dem Ergebnis auch die Berechnung nachvollzogen werden kann und herausgestellt wird, wie sich die prozentuale Veränderung darstellt, um die Vereinfachungen des§ 44 UStDV zu prüfen.

Die Differenz in Höhe von 111,23 € ist also in 2024 bisher zu wenig an Vorsteuer berücksichtigt [2]
worden und nachzuholen, sofern keine Vereinfachung nach § 44 Abs. 2 UStDV greift. Da es sich bei der Berichtigung um einen Betrag über 10 % handelt, entfällt § 44 Abs. 2 Satz 1 UStDV. Die Vereinfachung nach § 44 Abs. 2 Satz 2 UStDV ist mithin nicht mehr zu prüfen.

Allerdings handelt es sich hier um einen Fall des § 15a Abs. 8 UStG, sodass § 15a Abs. 9 UStG und § 44 Abs. 3 Satz 2 UStDV einschlägig sind. Die Berichtigung ist demnach so vorzunehmen, als wenn das Wirtschaftsgut bis zum Ende des Berichtigungszeitraums für das Unternehmen verwendet worden wäre. Dabei ist die Berechnung für das Jahr der Lieferung und die folgenden Kalenderjahre bereits in dem Voranmeldungszeitraum vorzunehmen, in dem die Lieferung stattgefunden hat. Mithin ist im November 2024 die gesamte Berichtigung anzumelden.

Ermittlung des Berichtigungsbetrags für 2025 bis 2028:

- Beabsichtigte vorsteuerunschädliche Nutzung 2025 bis 2028 jeweils: 12 Monate • 50 % = 600 %.
- Tatsächliche vorsteuerunschädliche Nutzung 2025 bis 2028 jeweils: 12 Monate • 100 % = 1.200 %.

94 Abschnitt 15a.3 Abs. 1 Satz 6 UStAE.

Die Differenz in Höhe von (600 % / 12 Monate =) 50 % ist zusätzlich zugunsten des A als Vorsteuer in Abzug zu bringen: 6.673,93 € • 1/5 • 50 % = 667,40 €; für 4 Jahre: 667,40 € • 4 = 2.669,60 €.

Ermittlung des Berichtigungsbetrags für 2029:

- Beabsichtigte vorsteuerunschädliche Nutzung 2029: 10 Monate • 50 % = 500 % / 10 Monate = 50 %.
- Tatsächliche vorsteuerunschädliche Nutzung 2029: 10 Monate • 100 % = 1.000 % / 10 Monate = 100 %.

Die Differenz in Höhe von (500 % / 10 Monate =) 50 % ist zusätzlich zugunsten des A als Vorsteuer in Abzug zu bringen: 6.673,95 € • 1/5 • 10/12 • 50 % = 556,16 €.

Ermittlung des im November 2024 zusätzlich zum Abzug zu bringenden Gesamtbetrags aus der Vorsteuerberichtigung für A:

[2]

2024:	111,23 €
2025–2028:	2.669,60 €
2029:	556,16 €
Gesamt	**3.336,99 €**

HINWEIS

Die Korrektur schließt sich direkt an den Monat des nur 50 %igen Vorsteuerabzugs an. Es wird somit nach der Vorsteuerberichtigung im Monat November der gesamte Vorsteuerbetrag, welcher bisher nicht abgezogen werden konnte in Abzug gebracht.

HINWEIS

Alternative: Die alternative Einschätzung der ausgeführten Leistungen als Werklieferung oder Werkleistung hat auf die Beurteilung des § 15a Abs. 3 UStG keine Auswirkung. Diese Vorschrift greift sowohl in Fällen einer Lieferung, bei der der Gegenstand eingeht, als auch bei sonstigen Leistungen. Zudem bestehen keine Anhaltspunkte, die eine Zusammenfassung von Lieferungen und sonstigen Leistungen zu einem Berichtigungsobjekt ausschließen würden. Bisweilen erfüllt es vielmehr die tatsächlichen Gegebenheiten, dass Lieferungen und sonstige Leistungen zusammen als eine Maßnahme auftreten. Dann entspricht die Zusammenfassung auch dem wirtschaftlichen Willen der Beteiligten.

Lieferung des LKW durch A

[1,5] Die Lieferung des Lieferfahrzeugs gemäß § 3 Abs. 1 UStG hat ihren Ort nicht gemäß § 3c UStG im übrigen Gemeinschaftsgebiet, da § 3c Abs. 1 UStG erfordert, dass die Versendung durch den Lieferer und nicht wie im vorliegenden Sachverhalt gegeben, durch den Abnehmer vorzunehmen ist. Der Lieferort bestimmt sich daher gemäß § 3 Abs. 6 Satz 1 bis Satz 4 UStG nach dem Ort der Übergabe an den Beauftragten in Hamburg (= Inland gemäß § 1 Abs. 2 Satz 1 UStG). Da ein Entgelt für das Lieferfahrzeug gezahlt wird, ist der Vorgang steuerbar nach § 1 Abs. 1 Nr. 1 Satz 1 UStG. Zwar gelangt der Gegenstand vom Inland in das übrige Gemeinschaftsgebiet, jedoch liegt keine gemäß § 4 Nr. 1 Buchst. b UStG steuerfreie innergemeinschaftliche Lieferung vor, da es sich beim Abnehmer weder um einen Unternehmer noch eine juristische Person noch den Käufer eines neuen Fahrzeugs handelt. Es greift deshalb § 6a Abs. 1 Nr. 2 UStG nicht. Damit ist die Lieferung mangels einer Steuerbefreiung nach § 4 UStG steuerpflichtig.

HINWEIS

Das Lieferfahrzeug kann die Voraussetzungen für das Vorliegen eines neuen Fahrzeugs unzweifelhaft nicht erfüllen.

[1] Die Anwendung der Differenzbesteuerung wäre im vorliegenden Sachverhalt zwar grundsätzlich denkbar, erübrigt sich jedoch, da keine die Bemessungsgrundlage mindernde Differenz vorliegt. Der A hat das Lieferfahrzeug unentgeltlich erhalten. Die Bemessungsgrundlage ist somit gemäß § 10 Abs. 1 Satz 1 und Satz 2 UStG 126.050,42 € (150.000,00 € / 1,19). Der Steuersatz beträgt gemäß § 12 Abs. 1 UStG 19 %, der belgische Steuersatz ist unbeachtlich. Die Umsatzsteuer auf den Umsatz in Höhe von 23.949,58 € entsteht gemäß § 13 Abs. 1 Nr. 1 Buchst. a Satz 1 UStG mit

Ablauf des Voranmeldungszeitraums Dezember 2024. Für die Umsatzsteuer ist A der Steuerschuldner gemäß § 13a Abs. 1 Nr. 1 UStG.

Unrichtiger Steuerausweis des A

In der Rechnung des A erfolgt ein zu hoher Steuerausweis, wodurch § 14c Abs. 1 UStG ausgelöst [1]
wird. Der A schuldet daher den Mehrbetrag in Höhe von 2.083,48 € (26.033,06 € - 23.949,58 €) zusätzlich zur oben genannten Umsatzsteuer. Es ist nämlich nur die deutsche Umsatzsteuer maßgebend, nicht jedoch die belgische Umsatzsteuer. Die Steuer entsteht gemäß § 13 Abs. 1 Nr. 3 UStG für den Voranmeldungszeitraum Dezember 2024 und der Steuerschuldner gemäß § 13a Abs. 1 Nr. 1 UStG ist der A. Es bleibt dem A jedoch unbenommen eine Berichtigung entsprechend § 17 Abs. 1 UStG durchzuführen und dadurch den unrichtigen Steuerausweis zu korrigieren, § 14 Abs. 1 Satz 2 UStG.

HINWEIS

Alternative: Es kann für den vorliegenden Sachverhalt auch die Auffassung vertreten werden, dass dieser keine Steuer gemäß § 14c Abs. 1 UStG in Deutschland auslöst. Dies sollte sodann darauf zurückzuführen sein, dass A vorliegend explizit von der belgischen Umsatzsteuer spricht. Als Folge könnte dies dazu führen, dass in Belgien, beruhend auf einer analogen belgischen Regelung zu § 14c UStG gemäß Art. 203 MwStSystRL, eine Steuer ausgelöst wird, welche von A dort zu zahlen ist. In Deutschland könnte es sodann bei der gesetzlich geschuldeten Steuer in Höhe von 23.949,58 € verbleiben.

Reihengeschäft zwischen den vier Unternehmern

Beurteilung des Umsatzes bis zur Lieferung des H: Hinsichtlich der Lieferung des Lieferfahrzeugs [1,5]
handelt es sich um ein Reihengeschäft gemäß § 3 Abs. 6a Satz 1 UStG, da mehrere Unternehmer i. S. d. § 2 Abs. 1 Satz 1 und Satz 3 UStG, hier H, E, D und A uber denselben Gegenstand, den Transporter, mehrere Umsatzgeschäfte (drei Lieferungen) abschließen. Der Transporter gelangt dabei unmittelbar vom ersten Unternehmer in der Kette, dem H, zum letzten Abnehmer der Warenkette, dem A. Gemäß § 3 Abs. 6a Satz 1 UStG ist zu beachten, dass im Rahmen eines Reihengeschäfts die bewegte Warenlieferung nur einer der Lieferungen zuzurechnen ist. Unter Beachtung von § 3 Abs. 6a Satz 4 Halbsatz 2 UStG ist die Warenbewegung daher der Lieferung der E an D zuzurechnen. Grund dafür ist, dass E als sogenannte Zwischenhändlerin die Beförderung des Transporters übernommen hat und aufgrund der vertraglich vereinbarten Lieferkonditionen als Lieferer auftritt.[95] Da der Gegenstand aus dem Drittland in das Gemeinschaftsgebiet gelangt, ist jedoch als speziellere Vorschrift § 3 Abs. 6a Satz 7 i. V. m. Satz 4 UStG einschlägig, da für E die Einfuhr in das Gemeinschaftsgebiet erfolgt.

H führt als Hersteller des Transporters im Rahmen seines Unternehmens eine entgeltliche Lieferung gemäß § 3 Abs. 1 UStG aus. Es handelt sich dabei um eine unbewegte Lieferung, die der bewegten Lieferung der E vorangeht. Damit bestimmt sich der Lieferort nach § 3 Abs. 7 Satz 2 Nr. 1 UStG und ist in Brasilien belegen (= Drittland gemäß § 1 Abs. 2a Satz 3 UStG). Die Lieferung ist somit in Deutschland nicht steuerbar gemäß § 1 Abs. 1 Nr. 1 UStG.

E verwirklicht mit der durch sie erfolgten Anmeldung des Transporters zum freien Verkehr in ihrem Namen eine Einfuhr in das Gemeinschaftsgebiet, da der Transporter als Gegenstand vom Drittlandsgebiet in das Gemeinschaftsgebiet gelangt. Die Einfuhr gilt dabei in dem Mitgliedstaat als verwirklicht, in dem die Anmeldung zum freien Warenverkehr erfolgt, mithin in Portugal. Somit ist die Einfuhr nicht in Deutschland steuerbar gemäß § 1 Abs. 1 Nr. 4 UStG, da diese nicht ins Inland erfolgt. Die Einfuhr im Namen der E reicht als Erfordernis des § 3 Abs. 6a Satz 7 UStG.

Außerdem führt E im Rahmen ihres Unternehmens eine gemäß § 3 Abs. 1 UStG entgeltliche [2,5]
Lieferung aus. Es handelt sich um die bewegte Lieferung im Rahmen eines Reihengeschäfts, somit richtet sich der Lieferort im Grundsatz nach § 3 Abs. 6 Satz 1 und Satz 2 UStG und ist dort, wo die Warenbewegung des Transporters beginnt, mithin in Brasilien. Es kommt jedoch aufgrund der Besonderheit des § 3 Abs. 8 UStG zu einer Verlagerung des Lieferortes nach Portugal. Die E ist als Lieferin der bewegten Warenlieferung die Schuldnerin der Einfuhrumsatzsteuer in Portu-

95 Abschnitt 3.14 Abs. 9 und 10 UStAE.

gal, wodurch der Lieferort sich nach Portugal verlagert und die Lieferung in Portugal als ausgeführt gilt. Auch diese Lieferung ist somit in Deutschland mangels des Inlandserfordernisses nicht steuerbar gemäß § 1 Abs. 1 Nr. 1 UStG.

D ist der Leistungsempfänger der bewegten Lieferung und verwirklicht als Unternehmer somit einen innergemeinschaftlichen Erwerb gemäß § 1a Abs. 1 UStG. Grund dafür ist, dass der Transporter von einem Mitgliedstaat, hier Portugal, in einen anderen Mitgliedstaat, hier Deutschland, gelangt, gemäß § 1a Abs. 1 Nr. 1 UStG. Weiterhin ist der Erwerber D Unternehmer und erwirbt den Transporter auch für sein Unternehmen, um diesen an A zu verkaufen. Damit ist § 1a Abs. 1 Nr. 2 UStG erfüllt. Zudem liefert E als Lieferin, wie oben genannt, im Rahmen ihres Unternehmens gegen Entgelt und ist keine Kleinunternehmerin gemäß § 19 UStG. Somit sind auch die Erfordernisse des § 1a Abs. 1 Nr. 3 UStG erfüllt. Der Ort des innergemeinschaftlichen Erwerbs richtet sich daher nach § 3d Satz 1 UStG und liegt im Inland, weil dort die Warenbewegung des Transporters in Hamburg endet. Dieser Umsatz ist somit in Deutschland steuerbar gemäß § 1 Abs. 1 Nr. 5 UStG. Weiterhin gilt der Erwerb gemäß § 3d Satz 2 UStG auch in Frankreich als verwirklicht, weil D als Erwerber aus Frankreich seine französische Umsatzsteuer-Identifikationsnummer verwendet.

[2,5] Es besteht keine Steuerbefreiung nach § 4b UStG für diesen innergemeinschaftlichen Erwerb. Grundsätzlich kommt für D in Deutschland jedoch ein Vorsteuerabzug gemäß § 15 Abs. 1 Nr. 3 UStG in Betracht. Er hat den Transporter für sein Unternehmen erworben und der Erwerb ist gemäß § 3d Satz 1 UStG in Deutschland bewirkt. Da der innergemeinschaftliche Erwerb des D gemäß § 25b Abs. 3 UStG als besteuert gelten könnte, wenn in diesem Fall ein innergemeinschaftliches Dreiecksgeschäft vorliegt, ist jedoch dieses vorrangig zu prüfen.

Bevor das etwaige innergemeinschaftliche Dreiecksgeschäft geprüft wird, ist darauf hinzuweisen, dass D im Rahmen seines Unternehmens eine entgeltliche Lieferung gemäß § 3 Abs. 1 UStG an A ausführt. Als unbewegte Warenlieferung, welche der bewegten Lieferung der E folgt, hat diese Lieferung ihren Ort gemäß § 3 Abs. 7 Satz 2 Nr. 2 UStG am Ende der Warenbewegung, mithin in Hamburg (= Inland gemäß § 1 Abs. 2 Satz 1 UStG). Diese Lieferung ist somit in Deutschland gemäß § 1 Abs. 1 Nr. 1 UStG steuerbar und mangels einer Steuerbefreiung nach § 4 UStG steuerpflichtig mit einem Steuersatz von 19 % gemäß § 12 Abs. 1 UStG. Jedoch könnte die Steuerschuld für diese Lieferung gemäß § 25b Abs. 2 UStG auf den Leistungsempfänger A übergehen, wenn ein im Folgenden zu prüfendes innergemeinschaftliches Dreiecksgeschäft vorliegt.

[2,5] Sofern kein innergemeinschaftliches Dreiecksgeschäft vorläge, käme für den A ein Vorsteuerabzug nach § 15 Abs. 1 Nr. 1 UStG in Betracht, da er von D eine Lieferung für sein Unternehmen in Anspruch nimmt und die Umsatzsteuer als gesetzlich geschuldete Steuer anfällt. Die von D erteilte Rechnung weist jedoch keinen offenen Steuerausweis laut Sachverhalt auf, woran der Vorsteuerabzug zunächst scheiterte. Wenn es sich um das im Folgenden zu prüfende innergemeinschaftliches Dreiecksgeschäft handelt, könnte der A jedoch gemäß § 25b Abs. 5 UStG zum Vorsteuerabzug berechtigt sein.

Innergemeinschaftliches Dreiecksgeschäft zwischen E, D und A

Die Norm des § 25b UStG enthält eine Vereinfachungsregelung für die Besteuerung von innergemeinschaftlichen Dreiecksgeschäften innerhalb der europäischen Mitgliedsstaaten. Die Vereinfachung besteht im Wesentlichen darin, dass eine steuerliche Registrierung des mittleren der drei beteiligten Unternehmer im Bestimmungsland vermieden werden kann. Ausgangspunkt ist, dass bei einem innergemeinschaftlichen Dreiecksgeschäft unter Berücksichtigung der allgemeinen Regelungen für Reihengeschäfte nach § 3 Abs. 6a und Abs. 7 UStG grundsätzlich vier Umsätze ausgeführt werden. Dabei handelt es sich zunächst um eine innergemeinschaftliche Lieferung des ersten am Dreiecksgeschäft beteiligten Unternehmers in dem Mitgliedstaat, in dem die Beförderung oder Versendung des Gegenstands beginnt nach § 3 Abs. 6 Satz 1 UStG. Weiterhin liegt ein innergemeinschaftlicher Erwerb des mittleren am Dreiecksgeschäft beteiligten Unternehmers in dem Mitgliedstaat, in dem die Beförderung oder Versendung des Gegenstands endet gemäß § 3d Satz 1 UStG vor. Ein weiterer innergemeinschaftlicher Erwerb liegt durch den ersten

Abnehmer in dem Mitgliedstaat vor, der dem ersten Abnehmer die von ihm verwendete Umsatzsteueridentifikationsnummer erteilt hat. Dies folgt aus § 3d Satz 2 UStG. Zudem erfolgt eine Inlandslieferung des ersten Abnehmers in dem Mitgliedstaat, in dem die Beförderung oder Versendung des Gegenstands endet, nach den Grundsätzen des § 3 Abs. 7 Satz 2 Nr. 2 UStG. Sofern diese Voraussetzungen erfüllt sind, liegt ein innergemeinschaftliches Dreiecksgeschäft vor und die Steuerschuld für die Inlandslieferung wird unter den Voraussetzungen des § 25b Abs. 2 UStG von dem ersten auf den letzten jeweils am Dreiecksgeschäft beteiligten Abnehmer übertragen. Im Falle der Übertragung der Steuerschuld fingiert das Gesetz, das zugleich auch der innergemeinschaftliche Erwerb des ersten Abnehmers als besteuert gilt, § 25b Abs. 3 UStG.[96]

Zunächst gilt es bei der Prüfung des innergemeinschaftlichen Dreiecksgeschäfts zu beachten, dass dieses nach der Verwaltungsauffassung auch zwischen drei Unternehmern bei Reihengeschäften mit mehr als drei Beteiligten vorliegen kann, wenn die drei Unternehmer unmittelbar nacheinander liefern und am Ende des Reihengeschäfts stehen.[97] Da der in Brasilen ansässige H am Anfang steht, trifft diese Voraussetzung für die Unternehmer E, D und A zu.

Somit sind die Voraussetzungen des § 25b Abs. 1 Satz 1 UStG zu prüfen. § 25b Abs. 1 Satz 1 Nr. 1 UStG ist mithin erfüllt, da, wie dargestellt, ein Reihengeschäft vorliegt, an welchem die Unternehmer E, D und A als letzte in der Lieferkette beteiligt sind. § 25b Abs. 1 Satz 1 Nr. 2 UStG ist ebenfalls erfüllt, da die 3 Unternehmer in jeweils verschiedenen Mitgliedstaaten für Zwecke der Umsatzsteuer erfasst sind. E ist in Portugal registriert, D in Frankreich und A in Deutschland. Auch § 25b Abs. 1 Satz 1 Nr. 3 UStG ist erfüllt, da der Transporter von Portugal nach Deutschland gelangt und somit von dem Gebiet eines Mitgliedsstaates in das Gebiet eines anderen Mitgliedsstaates. Zuletzt ist auch § 25b Abs. 1 Satz 1 Nr. 4 UStG erfüllt. Der Liefergegenstand wird durch E als erste der 3 Unternehmer in der Lieferkette befördert. [3]

Es sind für das innergemeinschaftliche Dreiecksgeschäft daher in einem nächsten Schritt die Voraussetzungen des § 25b Abs. 2 UStG zu prüfen. § 25b Abs. 2 Nr. 1 UStG ist erfüllt, da der Lieferung des D an den A, wie oben genannt, ein innergemeinschaftlicher Erwerb durch D im Inland vorausgegangen ist. Weiterhin ist auch § 25b Abs. 2 Nr. 2 UStG im vorliegenden Fall erfüllt. Der erste Abnehmer der Kette, D, ist nicht in Deutschland ansässig. Somit ist er nicht dort ansässig, wo die Warenbewegung endet. Er ist in Frankreich ansässig. Zudem verwendet D gegenüber E und A laut der Bearbeitungshinweise seine französische Umsatzsteuer-Identifikationsnummer. Laut Sachverhalt ist auch § 25b Abs. 2 Nr. 3 UStG erfüllt, da D dem A eine Rechnung ohne gesonderten Ausweis der Umsatzsteuer erteilt hat. Weiterhin ist mit Rücksicht auf die Bearbeitungshinweise eine ordnungsgemäße Rechnung mit Hinweis auf das innergemeinschaftliche Dreiecksgeschäft und die Steuerschuldnerschaft des Leistungsempfängers A anzunehmen. § 25b Abs. 2 Nr. 4 UStG ist darüber hinaus auch erfüllt, da der letzte Abnehmer A seine deutsche Umsatzsteuer-Identifikationsnummer verwendet. [2]

Es liegt ein innergemeinschaftliches Dreiecksgeschäft vor. Daher schuldet der letzte Abnehmer A für die von dem französischen Unternehmer D in Deutschland verwirklichte Lieferung des Transporters gemäß § 25b Abs. 2 UStG die Umsatzsteuer und nicht der D. Die Bemessungsgrundlage beträgt in diesem Fall gemäß § 25b Abs. 4 UStG 100.000,00 €. Daraus ergibt sich bei einem Steuersatz von 19 % gemäß § 12 Abs. 1 UStG eine Umsatzsteuer in Höhe von 19.000,00 € (100.000,00 € • 19 %), welche gemäß § 13 Abs. 1 Nr. 1 Buchst. a Satz 1 UStG mit Ablauf des Voranmeldungszeitraums Dezember 2024 entsteht. Weiterhin ergeben sich als Rechtsfolge, dass der von D in Deutschland und gemäß § 3d Satz 2 UStG auch in Frankreich verwirklichte innergemeinschaftliche Erwerb aufgrund des § 25b Abs. 3 UStG als besteuert gelten. [1,5]

Vorsteuerabzug im Zusammenhang mit dem innergemeinschaftlichen Dreiecksgeschäft

Als Folge des Vorgenannten entfällt der Vorsteuerabzug für die Erwerbssteuer in Deutschland. Jedoch hat A gemäß § 25b Abs. 5 UStG unter Erfüllung der weiteren Voraussetzungen des § 15 UStG ein Recht auf Vorsteuerabzug für die nach § 25b Abs. 2 UStG geschuldete Steuer. Es sind im [1]

96 Vgl. für diese Einleitung zu Vorsteuerberichtigungen Abschnitt 15a.3 Abs. 1 UStAE.
97 Abschnitt 25b.1 Abs. 2 Satz 2 UStAE.

Sachverhalt keine Ausschlussgründe ersichtlich, daher kann A mit Erteilung der Rechnung im Voranmeldungszeitraum Dezember 2024 die Vorsteuer in Höhe von 19.000,00 € gemäß § 15 Abs. 1 Satz 1 Nr. 1 UStG geltend machen.

2.5 Punkteschlüssel

Summe der Punkte

Von	Bis	Note
0	19,5	6,0
20	29,5	5,5
30	39,5	5,0
40	49,5	4,5
50	58,5	4,0
59	66,5	3,5
67	73,5	3,0
74	80,5	2,5
81	87,5	2,0
88	94,5	1,5
95	100	1,0

STICHWORTVERZEICHNIS

Symbole

1 % Methode 59
§ 14c UStG 75

A

Abgabe Voranmeldungen 38
Abzugsverbot 68
Aktivierungsgebot 71
Änderung der Bemessungsgrundlage 36
Ansässigkeit 66
Anschaffungskosten 65, 118, 124
Anteilseigner 61
Aufmerksamkeiten 18 f., 60
Aufteilung 69, 121
Aufteilungsmaßstab 69, 117
Aufwendungen 68
Aufwendungsersatz 45
Ausfuhrlieferung 23, 51, 55
Ausgangsumätze 8
Ausland 67, 74
Auslandsumsätze 48
Ausschluss 69
Ausschlussgründe 114, 117
Ausschluss vom Vorsteuerabzug 68

B

Bagatellgrenze 73
Bauleistungen 68
Beendigung 48
Beförderung 12, 28, 78, 130
Beförderungslieferung 56
Beginn der Beförderung 57
Beitragsverhältnis 45
Belegenheitsort 17
Bemessungsgrundlage 9, 22, 25, 36, 44, 51, 59, 61, 76, 116
Berichtigung 75
Berichtigungsobjekt 126 f.
Berichtigungszeitraum 43, 70, 72, 118
Besteuerungsform 6, 38
Besteuerungszeitraum 71
Bestimmungsland 37, 130
Bestimmungslandprinzip 55
Beteiligung 42, 48
Betrieb 40
Betriebsausgaben 69
Betriebsstätte 67
Bewirtungsaufwendungen 68
Bruttobetrag 27
Bruttoentgelt 25
Bruttolistenneupreis 59

D

Differenzbesteuerung 38, 66, 76 f.
Dreiecksgeschäft 51, 130
Drittlandsbezug 56
Drittstaaten 48
Drittstaatensachverhalte 48

E

Eigennutzung 63
Einbringung 41, 44, 111
Einfuhr 20, 22, 69, 129
Eingangsleistung 69
Eingangsumsatz 8, 68
Eintrittsberechtigung 17, 28
Einzellieferungen 56
Einzelunternehmen 106
Elektrizität 66
Emissionszertifikaten 66
Ende des Berichtigungszeitraums 119
Entgelt 114
Entnahme 46
Erbbaurechts 15
Erfüllungsgehilfen 12
Ergänzungsnormen 55
ermäßigte Steuersätze 28
Erneuerung 116
Erwerbsschwelle 37
Erwerbsteuer 80
Erzielung von Einnahmen 9

F

Fahrtenbuchmethode 59
Finanzamt 38
Finanzverwaltung 47
Freier Warenverkehr 129
Funktionszusammenhang 126

G

Gas 11, 66
Gastronomie 28
Gebäude 118
Gebäudeteile 68
Gegenleistung 27, 47
Gesamtumsatz 76
Geschäftsfreunde 60
Geschäftsführer 114
Geschäftsführervergütung 114

Geschäftsführung 45, 74, 106
Geschäftsveräußerung im Ganzen 9, 39, 62, 72, 105, 112, 115
Geschenke 18, 60
Gesellschaft 47 f.
Gesellschafter 42, 46 f.
Gesellschafterbeitrag 45 f., 111
Gesellschaftsanteile 23, 42
Gesellschaftsverhältnis 44
Gesellschaftsvorgänge 105
Gewerbebetriebes 10
Gewerbliche und/oder berufliche Tätigkeit 10, 39
Gewinnbeteiligung 47
Gewinnvorab 45
Grunderwerbsteuer 115
Grunderwerbsteuergesetz 23, 64, 66
Grundlagen der Lieferung 11
Grundstücke 11
Grundstückslieferung 12, 67
Grundstücksumsätze 67
Grund und Boden 118
Gründung 39, 45
Güterbeförderung 18, 23

H

Hauptstoffe 14
Heilbäder 28
Heilbehandlungen 24
Herstellungskosten 61, 65, 70
Hilfsgeschäfte 11
Hilfsmittel 3
Höhe der Umsatzsteuer 27
Humanmedizin 24

I

Immobilie 62, 107
Immobilienumsätze 64
Inland 76
Innenumsätze 41
Innenverhältnis 10
Innergemeinschaftliche Lieferung 23, 51
Innergemeinschaftlicher Erwerb 20, 36
Innergemeinschaftliches Dreiecksgeschäft 30, 78
Innergemeinschaftliches Reihengeschäft 56
Insolvenz 66
Investitionsausgaben 39
Istversteuerung 38

J

Jahreserklärung 38
juristische Person 74

K

Kalendermonat 38, 110
Kalendervierteljahr 38
Kälte 66
Kapitalgesellschaft 43
Katalogleistungen 17
Klausureinleitung 6
Klausurtechnik 5 f.
Kleinunternehmerregelung 38, 71, 75 ff.
Körperschaft 61
Kostenerstattung 45
Kunstgegenstände 78

L

Leistung 44
Leistungsaustausch 43 ff., 123
Leistungsbezeichnung 75
Leistungsempfänger 55, 79
Liefergegenstand 11
Lieferkonditionen 79
Lieferort 12, 128
Lieferschwelle 37, 54
Liefer- und Erwerbsschwellen 22
Lieferung 11
Liquidation 48
Liquidationserlös 48
Lohnveredelung 23
Lösungsschema 6

M

Margenbesteuerung 77
Mindestbemessungsgrundlage 27, 57, 60 f.
Mindest-Ist-Besteuerung 29
Mitunternehmer 10, 106
Modernisierung 42, 112
Montagelieferung 12
MwStSystRL 40

N

Nachhaltigkeit 10
Nachträgliche Anschaffungskosten 71
Nachweise 110
Nachweisvorschriften 55
Nebenkosten 78
Nebenleistungen 11, 27
Nettowiederbeschaffungskosten 61
Nichtsteuerbarkeit 40
Nießbrauchsrechts 15
Notarvertrag 64
Nutzung 46, 70
Nutzungsänderung 70, 72, 119, 125
Nutzungsdauer 118

Nutzungsentnahme 59
Nutzungsfläche 65
Nutzungsüberlassung 36, 46
Nutzungsverhältnisse 120

O

Öl 11
Option 38
Option nach § 9 UStG 24
Optionsmöglichkeiten 9
Option zur Steuerpflicht 24, 42, 62
ordnungsgemäße Rechnung 36
Organgesellschaft 41, 74
Organschaft 41, 74
Organträger 10, 74
Ort der Lieferung 12
Ort der sonstigen Leistung 15
Ortsbestimmung 19, 123

P

Personenbeförderung 18
Personengesellschaft 10, 43 f.
Personenzusammenschlüsse 10
Pkw-Nutzungsüberlassung 58
Proforma-Rechnung 51
Prüfungsschwerpunkte 1

R

Rechnung 68, 75, 80
Rechnungsberichtigung 75
Rechnungsstellung 36
Rechte 11
Rechtsberatung 82, 89
Rechtsform 10
Regelbesteuerung 38, 77, 110, 112
Reihengeschäft 56 f., 79 f., 129
Reinigung 66
Reiseleistungen 77
Reparatur 120
Restaurationsleistungen 17, 28
Rückbehalt 40, 113
Rückgabe 36
Rückgängigmachung 36

S

Sacheinlage 111
Sachen i. S. d. §§ 90, 90a BGB 11
Schadensersatz 75, 116, 123
Schätzung 60, 69
Schönheitsreparaturen 77
Schwellenerwerber 37
Selbständigkeit 10
Shares 42
Sicherungsgeber 66
Sicherungsnehmer 66
Sicherungsübereignung 41
Sitz 18, 55
Software 100
Sonderentgelt 45, 47
Sondervorschriften 17, 123
Sonstige Leistung 11, 14
Sportboot 17
Steuerbarkeit 7
Steuerbefreiung 22 ff., 48, 64, 128
Steuerbefreiungsvorschriften 7, 9, 51
Steuerbilanz 71
Steuerentstehung 22, 29
Steuerfreie Umsätze 23
Steuerpflicht 23
Steuersatz 22, 25, 27, 59
Steuerschuldner 29, 115
Steuerschuldnerschaft 9, 30, 64 f., 80
Steuerschuldnerschaft des Leistungsempfängers 67

T

Tätigkeitsort 17
Tausch 27
Tauschvorgänge 14, 27
Teilbetrag 69
Teilleistungen 7, 29, 113 f.
teilunternehmerische Nutzung 65
Teilvermögen 62
Transportrisiko 56

U

Übereignung des Unternehmens 41
Übergabeort 17
Übergang der Steuerschuldnerschaft 65
Überlassung 121
Übriges Gemeinschaftsgebiet 67
Umfang des Unternehmens 9
Umsatzbeteiligung 45
Umsatzgrenze 76
Umsatzsteuer 59, 80
Umsatzsteuerjahreserklärung 71
unberechtigter Steuerausweis 75
unbewegliche Sachen 11
unbewegte Lieferungen 56
Unentgeltliche Übertragungen 41
Unentgeltliche Wertabgabe 18, 60, 70, 105
unrichtiger Steuerausweis 75, 129
Unternehmen 59
Unternehmensteil 40
Unternehmensvermögen 40, 65, 121
Unternehmer 9, 41, 75
Unternehmereigenschaft 6, 9, 39, 42
Unternehmerstellung 43

Unternehmertätigkeit 111
UStID 21, 57

V

Veräußerung 70
verbrauchsteuerpflichtige Waren 38
vereinbartes Entgelt 29
Vereinfachung 118
Vereinfachungsregelungen 70
Verfügungsmacht 11 f., 29, 118
Vergünstigungen 57
Verlagerung des Lieferort 79
Vermietung 28
Vermietungsleistungen 29
Vermietungstätigkeit 108
Vermietungsumsätze 18
Vermietungsunternehmen 42, 63
Vermittlungsleistungen 17
Vermögen 48
Verpachtungen 41
Verpflichtungsgeschäft 12
Verschaffung der Verfügungsmacht 12
Versendung 12, 78, 130
Versendungslieferung 56
Versicherungsschutz 23
Vertretungsleistungen 46
Verwendungsabsicht 69
Verwendungsdauer 118
Verzicht 78
Vorabgewinn 45
Voranmeldungen 38
Voranmeldungszeitraum 8, 29, 64, 76
Vorbereitung 2
Vorsteuerabzug 8, 30, 54, 61, 68, 77, 117, 122
Vorsteuerberichtigung 36, 68 f., 71, 76, 105, 119, 126
Vorüberlegungen 9
Vorwegvergütung 45

W

Wahlrecht 74
Warenlieferung 56
Wärme 11, 66
Weiterveräußerung 42
Werkleistung 14, 67, 126
Werklieferung 14, 66, 126
Wettbewerbsverzicht 15
Wiederverkäufer 77
Wiederzulassung 69
Wiederzulassung zum Vorsteuerabzug 8
wirtschaftliche Tätigkeit 40
wirtschaftliche Vorteil 14
Wirtschaftsgut 27, 70 f., 124
Wohnsitz 18, 55

Z

Zahlungspflichten 65
Zahntechniker 28
Zollfreigebiete 55
Zuordnungsgrundsätze 58
zusammenfassende Meldung 74
Zuzahlung 27
Zwischenhändler 57

EUROPA-FACHBUCHREIHE
für elektronische Berufe

SPS
Theorie und Praxis

mit Übungsaufgaben

8. Auflage

VERLAG EUROPA-LEHRMITTEL · Nourney, Vollmer GmbH & Co. KG
Düsselberger Straße 23 · 42781 Haan-Gruiten

Europa-Nr.: 30009

Autor

Herbert Tapken Dipl.-Ing (FH), Dipl. Berufspädagoge 26203 Wardenburg

ISBN 978-3-7585-3281-8

8. Auflage 2024
Druck 5 4 3 2

Alle Drucke derselben Auflage sind parallel einsetzbar, da sie bis auf die Korrektur von Druckfehlern identisch sind.

Bei Fragen zur Produktsicherheit wenden Sie sich bitte an produktsicherheit@europa-lehrmittel.de.

Alle Rechte vorbehalten. Das Werk ist urheberrechtlich geschützt. Jede Verwertung außerhalb der gesetzlich geregelten Fälle muss vom Verlag schriftlich genehmigt werden.

© 2024 by Verlag Europa-Lehrmittel, Nourney, Vollmer GmbH & Co. KG, 42781 Haan-Gruiten
www.europa-lehrmittel.de

Umschlag: Media-Creativ, 40723 Hilden
Satz und Layout: rkt, 51379 Leverkusen, ab der 8. Auflage: Dipl. Des. Susanne Beckmann, 59514 Welver
Druck: Himmer GmbH, 86167 Augsburg

Hinweis zur Software:

Die Aufgaben können mit jeder beliebigen SPS bearbeitet werden.

TIA-Portal: Im Buch wird die Software TIA-Portal, inklusive PLCSIM, von Siemens vorgestellt. Alle Lösungen sind ebenfalls mit dem TIA-Portal erstellt worden. Die Software kann bei Siemens und vielen anderen Anbietern erworben werden.

PLC-LAB Software: Viele Aufgaben im Buch können mit der Simulationssoftware PLC-LAB-Runtime getestet werden. Download-Link: https://www.mhj-download.de/plclab/plc_lab_runtime_stp.zip.
Nach der Installation kann man die kostenlose 8-Tage-Demoversion aktivieren. Nach Ablauf der 8 Tage können Sie bei Bedarf die PLC-Lab Runtime direkt bei MHJ-Software für 19 € kaufen. Um die Praxis-Beispiele im Buch mit PLC-Lab-Runtime durchführen zu können, benötigen Sie das TIA PORTAL (Basic oder Professional) ab der Version 14.